OMISSÃO LEGISLATIVA INCONSTITUCIONAL E RESPONSABILIDADE DO ESTADO LEGISLADOR

ANDRÉ PUCCINELLI JÚNIOR

Advogado Militante, Doutor e Mestre em Direito Constitucional pela Pontifícia Universidade Católica de São Paulo (PUCSP), Professor da Universidade Federal de Mato Grosso do Sul (UFMS), Membro do Instituto Brasileiro de Direito Constitucional e da Academia Sul-Mato-Grossense de Letras Jurídicas.

OMISSÃO LEGISLATIVA INCONSTITUCIONAL E RESPONSABILIDADE DO ESTADO LEGISLADOR

2ª edição

2013

Editora Saraiva

Editora Saraiva

Rua Henrique Schaumann, 270, Cerqueira César — São Paulo — SP
CEP 05413-909
PABX: (11) 3613 3000
SACJUR: 0800 055 7688
De 2ª a 6ª, das 8:30 às 19:30
saraivajur@editorasaraiva.com.br
Acesse: www.editorasaraiva.com.br/direito

FILIAIS

AMAZONAS/RONDÔNIA/RORAIMA/ACRE
Rua Costa Azevedo, 56 – Centro
Fone: (92) 3633-4227 – Fax: (92) 3633-4782 – Manaus

BAHIA/SERGIPE
Rua Agripino Dórea, 23 – Brotas
Fone: (71) 3381-5854 / 3381-5895
Fax: (71) 3381-0959 – Salvador

BAURU (SÃO PAULO)
Rua Monsenhor Claro, 2-55/2-57 – Centro
Fone: (14) 3234-5643 – Fax: (14) 3234-7401 – Bauru

CEARÁ/PIAUÍ/MARANHÃO
Av. Filomeno Gomes, 670 – Jacarecanga
Fone: (85) 3238-2323 / 3238-1384
Fax: (85) 3238-1331 – Fortaleza

DISTRITO FEDERAL
SIA/SUL Trecho 2 Lote 850 – Setor de Indústria e Abastecimento
Fone: (61) 3344-2920 / 3344-2951
Fax: (61) 3344-1709 – Brasília

GOIÁS/TOCANTINS
Av. Independência, 5330 – Setor Aeroporto
Fone: (62) 3225-2882 / 3212-2806
Fax: (62) 3224-3016 – Goiânia

MATO GROSSO DO SUL/MATO GROSSO
Rua 14 de Julho, 3148 – Centro
Fone: (67) 3382-3682 – Fax: (67) 3382-0112 – Campo Grande

MINAS GERAIS
Rua Além Paraíba, 449 – Lagoinha
Fone: (31) 3429-8300 – Fax: (31) 3429-8310 – Belo Horizonte

PARÁ/AMAPÁ
Travessa Apinagés, 186 – Batista Campos
Fone: (91) 3222-9034 / 3224-9038
Fax: (91) 3241-0499 – Belém

PARANÁ/SANTA CATARINA
Rua Conselheiro Laurindo, 2895 – Prado Velho
Fone/Fax: (41) 3332-4894 – Curitiba

PERNAMBUCO/PARAÍBA/R. G. DO NORTE/ALAGOAS
Rua Corredor do Bispo, 185 – Boa Vista
Fone: (81) 3421-4246 – Fax: (81) 3421-4510 – Recife

RIBEIRÃO PRETO (SÃO PAULO)
Av. Francisco Junqueira, 1255 – Centro
Fone: (16) 3610-5843 – Fax: (16) 3610-8284 – Ribeirão Preto

RIO DE JANEIRO/ESPÍRITO SANTO
Rua Visconde de Santa Isabel, 113 a 119 – Vila Isabel
Fone: (21) 2577-9494 – Fax: (21) 2577-8867 / 2577-9565
Rio de Janeiro

RIO GRANDE DO SUL
Av. A. J. Renner, 231 – Farrapos
Fone/Fax: (51) 3371-4001 / 3371-1467 / 3371-1567
Porto Alegre

SÃO PAULO
Av. Antártica, 92 – Barra Funda
Fone: PABX (11) 3616-3666 – São Paulo

101.038.002.001 | 963206

ISBN 978-85-02-20642-7

Puccinelli Júnior, André
Omissão legislativa inconstitucional e responsabilidade do Estado legislador / André Puccinelli Júnior : prefácio de Flávia Piovesan : apresentação de Gilmar Ferreira Mendes. – 2. ed. São Paulo : Saraiva, 2013.

1. Brasil - Constituição 2. Constituição 3. Leis - Constitucionalidade 4. Omissão legislativa 5. Responsabilidade do governo I. Mendes, Gilmar Ferreira. II. Piovessan, Flávia. III. Título.

CDU-342.52:353.2(81)

Índice para catálogo sistemático:

1. Brasil : Omissão legislativa inconstitucional : Direito constitucional 342.52:353.2(81)

Diretor editorial *Luiz Roberto Curia*
Gerente de produção editorial *Lígia Alves*
Editora *Thaís Camargo Rodrigues*
Assistente editorial *Sarah Raquel Silva Santos*
Produtora editorial *Clarissa Boraschi Maria*
Preparação de originais *Ana Cristina Garcia*
Maria Izabel Barreiros Bitencourt Bressan
Arte e diagramação *Cristina Aparecida Agudo de Freitas*
Claudirene de Moura Santos Silva
Revisão de provas *Rita de Cássia Queiroz Gorgati*
Amanda Maria de Carvalho Anhoque
Rita de Cassia S. Pereira
Serviços editoriais *Marília Cordeiro*
Surane Vellenich
Capa *IDÉE arte e comunicação*
Produção gráfica *Marli Rampim*
Impressão *Corprint Gráfica e Editora Ltda.*
Acabamento *Corprint Gráfica e Editora Ltda.*

Data de fechamento da edição: 5-6-2013

Dúvidas?
Acesse www.editorasaraiva.com.br/direito

Agradecimentos

É chegada a hora mais difícil.

Agradeço a meus pais, André e Elizabeth, meus dois heróis particulares, com os quais aprendi a cultivar os valores da retidão moral, da honestidade e da grandeza de caráter, e a defender com valentia as minhas convicções. A você, papai, homem sem preço, e a você, mamãe, mulher de fibra, minhas sinceras homenagens.

Agradeço a Priscilla Ocáriz Puccinelli, minha esposa e companheira nos momentos mais importantes, e aos meus filhos, André Neto e Luiz Eduardo, aos quais devoto também profundo amor, pela alegria proporcionada diariamente.

Agradeço especialmente à Doutora Flávia Piovesan, minha orientadora, docente exemplar, humana e intensa em tudo o que faz, pelos conselhos e pelas lições de vida que transcendem o âmbito do Direito Positivo. Desfrutar de seu convívio foi e continua a ser uma experiência enriquecedora.

Agradeço, finalmente, ao Ministro Gilmar Ferreira Mendes e à Doutora Maria Garcia, que muito contribuíram para a realização deste trabalho, bem como aos professores, parentes, amigos e colegas de escritório que conviveram comigo ao longo dessa jornada de estudos. A todos vocês, minha eterna gratidão.

Sumário

"Escolhas constitucionais devem ser feitas; a todos nós cabe o desafio de fazê-las com sabedoria (...)
A Constituição é em parte a soma dessas escolhas. Mas é mais do que isso. Ela deve ser mais se deve ser uma fonte tanto de crítica como de legitimação dessas escolhas. Dessa maneira, assim como as escolhas constitucionais são guiadas e limitadas por quem nós somos e pelas nossas vivências, também são limitadas e guiadas pelo texto, estrutura e história constitucional, pela linguagem e tradição da Constituição, que abrem alguns caminhos e fecham outros. Ignorar ou negar tais limites é pretender um poder que não cabe a nós. Mas alegar que esses limites não nos deixam qualquer liberdade de escolha ou que nos guiam para as mesmas conclusões é negar uma responsabilidade que é, inescapavelmente, nossa."

(Laurence H. Tribe)

Prefácio

O livro *Omissão legislativa inconstitucional e responsabilidade do Estado legislador*, de André Puccinelli Júnior, que tenho a honra de prefaciar, é fruto da dissertação de mestrado do autor, brilhantemente defendida e aprovada na PUC/SP, em junho de 2005.

Como orientadora do trabalho e professora do autor no Programa de Pós-Graduação da PUC/SP, na disciplina de Direitos Humanos, posso atestar as extraordinárias qualidades acadêmicas de André Puccinelli Júnior. Desde logo, impressionaram-me sua dedicação, seu compromisso, sua vocação científica e sua entrega à cultura constitucionalista democrática. Em minha memória pulsam os nossos vivos diálogos acadêmicos, seu espírito atento e sua sede por um saber emancipatório.

Esta obra é capaz de revelar estas tantas qualidades, ao enfrentar o instigante tema da omissão legislativa inconstitucional e a responsabilidade do Estado legislador.

Estruturado em nove capítulos, o estudo adota como ponto de partida a Constituição e a busca de um conceito ideal, para, então, identificar aspectos aferíveis no controle de constitucionalidade, com destaque à tipologia das normas constitucionais quanto à eficácia. Estas reflexões propiciam compreender a Constituição como um sistema de princípios e regras, merecendo menção aos princípios da efetividade, proporcionalidade, separação dos poderes e supremacia constitucional.

A omissão legislativa inconstitucional é, assim, situada no contexto deste quadro constitucional principiológico. Problematizam-se a questão das lacunas inconstitucionais, o momento de caracterização da omissão legislativa; bem como o alcance da omissão — total ou parcial. Também é investigada a omissão legislativa no Direito Comparado e na Constituição de 1988.

Feita a análise da omissão legislativa, transita-se ao estudo dos instrumentos jurídicos de controle, com ênfase à ação direta de inconstitucionalidade por omissão, ao mandado de injunção e à iniciativa popular.

O livro se encerra com o exame da responsabilidade do Estado legislador, percorrendo as diversas fases históricas, que incluíram desde a irresponsabilidade do Poder Público, a responsabilidade subjetiva, a responsabilidade objetiva, até a extensão desta responsabilidade ao âmbito legislativo. O estudo ainda se propõe a avaliar os fundamentos da responsabilidade por ações ou omissões legislativas e a possibilidade de indenização por inconstitucionalidade positiva ou negativa.

Com competência e consistência argumentativa, a obra questiona o silêncio legislativo inconstitucional e seu perverso impacto. Sustenta que o dogma da soberania parlamentar deve ser revisitado à luz do princípio da supremacia constitucional.

As preciosas lições da obra, sua alma e seu cerne vão, sobretudo, contribuir para um novo enfoque hermenêutico-concretizante, inspirado na legitimação das aspirações sociais, a estimular uma jurisdição aberta, emancipatória e criativa, radicada na prevalência da dignidade humana.

Compartilho desta mesma busca e crença. Aposto, como o autor, em um constitucionalismo efetivo, norteado pela concretização de direitos fundamentais, com Poderes Públicos responsáveis e comprometidos com a realização de valores constitucionais. A obra vem a brindar a vitalidade deste constitucionalismo que tanto cultuamos, capaz de celebrar a supremacia constitucional, os direitos fundamentais e a dignidade humana, como ponto de partida e de chegada de qualquer hermenêutica jurídica. Por tudo, o livro engrandece e ilumina a emergência de um constitucionalismo democrático, ético e emancipatório.

Flávia Piovesan
Professora doutora em Direito Constitucional e Direitos Humanos da PUC/SP; Professora de Direitos Humanos dos Programas de Pós-Graduação da PUC/SP e da PUC/PR; Professora do Programa de Doutorado da Universidade Pablo de Olavide (Espanha); *visiting fellow* do Human Rights Program da Harvard Law School (1995 e 2000); *visiting fellow* do Centre for Brazilian Studies da University of Oxford (2005); procuradora do Estado de São Paulo e membro do Conselho Nacional de Defesa dos Direitos da Pessoa Humana

Apresentação

André Puccinelli Júnior introduz sua obra *Omissão legislativa inconstitucional e responsabilidade do Estado legislador*, expressando seu

> "forte sentimento de indignação pessoal com o menosprezo dispensado aos fundamentos nucleares da República Federativa do Brasil, em especial à soberania popular, à cidadania, à dignidade da pessoa humana e aos novos direitos sociais, econômicos e culturais do homem contemporâneo".

A presente obra foi o tema de sua dissertação de Mestrado em Direito do Estado pela Pontifícia Universidade Católica de São Paulo. O trabalho acadêmico foi defendido, com brilhantismo, em meados de 2005. Merecidamente, essas investigações são, agora, publicadas pela Editora Saraiva.

No que se refere ao controle de constitucionalidade da omissão, o constituinte de 1988 emprestou significado ímpar ao tema, com a instituição dos processos de mandado de injunção e da ação direta de inconstitucionalidade por omissão.

Como essas inovações não foram precedidas de estudos criteriosos e de reflexões mais aprofundadas, afigura-se compreensível o clima de insegurança e perplexidade que elas acabaram por suscitar nos primeiros tempos, e mesmo nos dias de hoje, conforme a pertinente preocupação expressa pelo autor André Puccinelli Júnior.

Na medida em que atribuiu particular significado ao controle de constitucionalidade da chamada *omissão do legislador*, a Constituição de 1988 abriu a possibilidade para o desenvolvimento sistemático da *declaração de inconstitucionalidade sem a pronúncia da nulidade.*

O art. 5º, LXXI, da Constituição, previu, expressamente, a concessão do mandado de injunção sempre que a falta de norma regulamentadora tornar inviável o exercício dos direitos e liberdades constitucionais e das prerrogativas inerentes à nacionalidade, à soberania e à cidadania.

Ao lado desse instrumento destinado, fundamentalmente, à defesa de direitos individuais contra a omissão do ente legiferante, introduziu o constituinte, no art. 103, § 2º, um sistema de controle abstrato da omissão.

A adoção do mandado de injunção e do processo de controle abstrato da omissão tem dado ensejo a intensas controvérsias na doutrina. O conteúdo, o significado e a amplitude das decisões proferidas nesses processos vêm sendo analisados de forma diferenciada pela jurisprudência.

E, não obstante o hercúleo esforço das referidas doutrina e jurisprudência, muitas questões sobre a omissão inconstitucional continuam em aberto, ou parecem não ter encontrado, ainda, uma resposta adequada.

Esse estado de incerteza decorre, em parte, do desenvolvimento relativamente recente de uma *teoria da omissão inconstitucional*. Aqueles que quiserem aprofundar-se no exame do tema perceberão que o seu estudo sistemático constituía, até muito pouco tempo, monopólio da dogmática constitucional alemã. Esse aspecto contribuiu, sem dúvida, para que a questão fosse tratada, inicialmente, como uma quase excentricidade do modelo constitucional, desenvolvido a partir da promulgação da Lei Fundamental de Bonn.

O reconhecimento da inconstitucionalidade por omissão é também um fenômeno relativamente recente na dogmática jurídica alemã. Em 1911, ressaltava Kelsen que a configuração de um dever do Estado de editar determinada lei afigurava-se inadmissível[1]. Anteriormente, reconhecera Georg Jellinek que a impossibilidade de formular pretensão em face do legislador constituía *communis opinio*[2].

Sob o império da Constituição de Weimar (1919) negava-se, igualmente, a possibilidade de se formular qualquer pretensão contra o legislador. Esse entendimento assentava-se, de um lado, na ideia de uma irrestrita liberdade legislativa e, de outro, na convicção de que o legislador somente atuava no interesse da coletividade[3].

Esse entendimento sofreu significativa mudança com o advento da Lei Fundamental de 1949. A expressa vinculação do legislador aos direitos fundamentais (art. 1º, par. 3º) e à Constituição como um todo (art. 20, III) estava a exigir o desenvolvimento de uma nova concepção.

---

[1] KELSEN, Hans. *Hauptprobleme der Staatsrechtslehre*. Tübingen: JCB Mohr, 1911, p. 410.

[2] JELLINEK, Georg. System der subjektiven öffentlichen Rechte. 2. Aufl. Tübingen, 1905, p. 80, nota 1.

[3] ANSCHÜTZ, Gerhard; THOMA, Richard (Hrsg.). Handbuch des Deutschen Staatsrechts. Tübingen: Mohr, 1932, t. II, p. 608; GENZMER, Felix. Die Verwaltungsgerichtsbarkeit, Handbuch des Deutschen Staatsrechts. 1932, t. II, p. 506 e s.

Já em 1951 passa a doutrina a admitir, pela voz eloquente de Bachof, a possibilidade de responsabilização do Estado em virtude de ato de índole normativa[4], caracterizando uma ruptura com o entendimento até então vigente, baseado na própria jurisprudência do *Reichsgericht*[5].

Bachof rejeitava, porém, uma pretensão à edição de uma lei, por entender que isso seria incompatível com o princípio da divisão de poderes[6]. A Corte Constitucional alemã viu-se, então, compelida a arrostar a questão atinente à omissão do legislador logo no seu primeiro ano de atividade.

Entre nós, há de se reconhecer que, apesar das dificuldades e indefinições que vêm enfrentando os institutos da ação direta por omissão e do mandado de injunção, um salutar esforço vem sendo desenvolvido para descobrir o significado, o conteúdo e a natureza dos referidos institutos.

E todos aqueles que, tópica ou sistematicamente, já se depararam com uma ou outra questão atinente à omissão inconstitucional, hão de ter percebido que a problemática é de transcendental importância para a realização de diferenciadas e legítimas pretensões individuais.

Vale mencionar o Mandado de Injunção n. 670[7], impetrado pelo Sindicato dos Servidores Policiais Civis do Espírito Santo – SINDIPOL, com o objetivo de compelir o Congresso Nacional a regulamentar o inciso VII do art. 37 da Constituição Federal, que exige lei específica para definição dos termos e limites do exercício do direito de greve do servidor público, e ora em julgamento pelo Plenário do Supremo Tribunal Federal.

Em voto-vista proferido no referido julgamento, em sessão plenária do dia 7-6-2006, recomendei a adoção de uma "solução normativa e concretizadora" para a omissão verificada, no sentido de que fosse aplicada a Lei n. 7.783/89, enquanto não suprida a lacuna legislativa. No mesmo sentido, o voto do Ministro Eros Grau, no Mandado de Injunção n. 712[8].

---

4 BACHOF, Otto. *Die verwaltungsgerichtliche Klage auf Vornahme einer Amtshandlung*. 2. Aufl. Tübingen: Mohr, 1968, p. 18.

5 Cf. acórdão do Reichsgericht in: *RGZ* 125, 282, no qual se assentou, expressamente, a impossibilidade de responsabilização do Estado por ato legislativo.

6 BACHOF, Otto. *Die verwaltungsgerichtliche Klage auf Vornahme einer Amtshandlung*, cit., p. 18.

7 MI 670/ES, Rel. Min. Mauricio Corrêa, julgamento ainda não concluído.

8 MI 712/PA, Rel. Min. Eros Grau, julgamento ainda não concluído.

André Puccinelli Júnior, na conclusão de sua obra, chama a atenção para o fato de constituir a omissão parcial fenômeno dos mais complexos, e propõe a aprovação de emenda constitucional que empreste nova redação ao § 2º do art. 103 da Constituição Federal de 1988, com o intuito de garantir a eficácia das decisões proferidas pelo Supremo Tribunal Federal em sede de ação direta por omissão:

> O fenômeno da omissão parcial é dos mais complexos, pois não raro sinaliza o ingresso no território da exclusão de benefício incompatível com a isonomia, que se confunde facilmente com a inconstitucionalidade por ação. (...)
>
> No tocante à omissão legislativa, abstraindo o constrangimento de ordem moral, verifica-se que nenhuma eficácia remanesce na decisão proferida pelo Supremo Tribunal Federal, posto inexistir prazo para o adimplemento do dever constitucional de legislar.
>
> Por isso, defende-se a aprovação de emenda constitucional que dê nova redação ao § 2º do art. 103 da Constituição Federal, outorgando competência ao Supremo Tribunal Federal para, após declarar a omissão inconstitucional, fixar prazo para a adoção das medidas legislativas pertinentes e, transcorrido este lapso sem o adimplemento do dever constitucional de legislar, expedir normas provisórias vigentes até a promulgação de lei que suprirá, em definitivo, a lacuna normativa.
>
> Emenda desta natureza não vulnera o princípio da separação dos poderes, petrificado pelo art. 60, § 4º, III, da Constituição Federal (...).

Assinale-se, outrossim, que o estudo da omissão inconstitucional é indissociável do estudo sobre a força normativa da Constituição.

O aprofundamento de tal estudo é, portanto, fundamental, sobretudo para a concretização da Constituição como um todo, isto é, para a realização do próprio Estado de Direito Democrático, fundado na soberania, na cidadania, na dignidade da pessoa humana, nos valores sociais do trabalho e da iniciativa privada, ademais do pluralismo político, tal como estabelecido no art. 1º da Carta Magna.

Como se pode ver, a obra de André Puccinelli Júnior abrange temas da maior importância na atualidade de nosso sistema constitucional.

E, nesse contexto, tenho a firme convicção de que a presente obra configura contribuição significativa para o estudo dos institutos da ação direta por omissão e do mandado de injunção, auxiliando, de forma decisiva, no enriquecimento do debate doutrinário sobre a omissão legislativa inconstitucional.

Brasília, 4 de dezembro de 2006.

Gilmar Ferreira Mendes
Ministro do Supremo Tribunal Federal

Introdução

A seleção do tema objeto desta obra traduz um forte sentimento de indignação pessoal com o menosprezo dispensado aos fundamentos nucleares da República Federativa do Brasil, em especial à soberania popular, à cidadania, à dignidade da pessoa humana e aos novos direitos sociais, econômicos e culturais do homem contemporâneo.

A força normativa da Constituição depende, em grande parte, da disseminação dos valores plasmados na Lei Maior sob a veste de princípios ordenadores do sistema jurídico.

Entretanto, a implementação dessa pauta axiológica só pode operar-se por uma gama de medidas, que vão desde a invalidação de ações contrárias ao espírito do texto constitucional até a efetiva integração das normas de eficácia limitada.

Retalhada por mais de cinco dezenas de emendas, a Constituição Federal de 1988, convertida assim em verdadeiro "periódico", enfrenta hoje o desafio de recuperar a identidade que lhe é inerente, qual seja: a de estatuto inaugural do Estado brasileiro.

Para tanto, torna-se imperioso fulminar todo comportamento, positivo ou negativo, que lhe seja contrário. Nesse particular, qualquer liberalidade ou tolerância importará a ruptura do sistema e a quebra do princípio da supremacia do texto constitucional.

A Constituição brasileira, enquanto diploma aberto à integração normativa e à interpretação dos mais diversos atores sociais, longe está de alcançar a tão comemorada eficácia prospectiva e conformadora da realidade jurídica subjacente.

Três fatores têm contribuído incisivamente para desintegrar sua força normativa. O primeiro deles diz respeito à arrogante discricionariedade e resistência dos órgãos políticos, especialmente das casas legislativas, em viabilizar o exercício de direitos sociais, econômicos e culturais, sob o falacioso argumento da ineficácia de certas normas constitucionais.

Paralelamente, o enfoque da separação de poderes sob prisma eminentemente conservador aliado ao culto autômato do pensamento silogístico e consequente amesquinhamento do Poder Judiciário, reduzido nesse contexto à simples "boca da lei", levaram ao descrédito das teorias construtivistas mais apegadas ao ativismo judicial, desfigurando o papel reservado às cortes jurisdicionais, em especial ao Supremo Tribunal Federal, tido como mero legislador negativo.

O último elemento de desestabilização prende-se à passividade dos destinatários da Constituição, indiferentes à tutela e à efetividade de suas normas. Se a história do constitucionalismo é a narrativa da conscientização popular quanto à necessidade de partilhar o poder, de implantar o regime democrático e de prover as reivindicações liberais, políticas, econômicas e sociais da humanidade, essa história de conquistas perde muito do significado seminal quando o maior interessado em mantê-las — o povo — não assume a condição de protagonista do processo de interpretação normativa, fiscalizando a atuação dos órgãos públicos e da própria sociedade, a fim de harmonizá-la aos imperativos constitucionais.

A revitalização da consciência constitucional, de que fala Karl Loewenstein[1], e a construção de uma sociedade aberta de intérpretes para a discussão das questões que mais profundamente tocam o ordenamento jurídico, advogada por Peter Häberle[2], exercem importância crucial para a concretização das normas constitucionais.

Preencher o hiato entre a ordenação escrita e a realidade social, fundindo os dois elementos numa só substância, com realce à dimensão normativo-prospectiva da Constituição dirigente, é o desafio mais emblemático da nova jurisdição constitucional.

Tendo por objeto o comportamento humano, o Direito leva em consideração a dinâmica dos fatos sociais e os empecilhos de ordem fática que tolhem a normatização de direitos socioeconômicos. Daí não se depreende, contudo, que a invocação de argumentos especiosos tenha o condão de afastar a incidência de normas programáticas.

Conquanto reserve um espaço autônomo ao florescimento da atividade política, a Constituição repreende severamente a omissão de medidas

---

[1] LOEWESTEIN, Karl. *Teoría de la Constitución*. Trad. Alfredo Gallego Anabitarte. Barcelona: Ariel, 1986, p. 222-231.

[2] HÄBERLE, Peter. *Hermenêutica constitucional*. A sociedade aberta dos intérpretes da Constituição: contribuição para a interpretação pluralista e procedimental da Constituição. Trad. Gilmar Ferreira Mendes. Porto Alegre: Fabris, 1997, p. 47-48.

voltadas a conferir plena efetividade aos direitos fundamentais, além de vedar o retrocesso social causado pela revogação de leis regulamentadoras de cânones constitucionais, sem a consequente aprovação de normas substitutivas, com o que abrir-se-ia uma fissura, uma lacuna, enfim, um vácuo normativo não tolerado pela ordem jurídica.

De acordo com a abalizada voz de José Alfredo de Oliveira Baracho[3], a jurisdição constitucional, concebida como a parte da administração da justiça predisposta à defesa dos valores supremos ancorados no texto magno, desempenha relevante papel corretivo da legislação ordinária e, em certos casos, supletivo da omissão dos Poderes Públicos.

Não obstante a significativa evolução registrada no combate à inconstitucionalidade por ação, certo é que as técnicas engendradas para suprir as omissões inconstitucionais ainda suscitam grande controvérsia doutrinária e jurisprudencial.

A correlação entre a efetividade das normas constitucionais, de um lado, e a omissão dos Poderes Públicos, de outro, é um dos assuntos que mais atormentam os constitucionalistas no limiar do novo milênio, sobretudo em razão da dificuldade de se encontrar solução adequada.

Sabe-se, doutro vértice, que a inconstitucionalidade por omissão pode apresentar maior potencial danoso do que a lesão derivada de ato comissivo. Enquanto esta, em dadas circunstâncias, pode atender parcialmente os desígnios do constituinte, a omissão, ao revés, culmina sempre por inviabilizar o exercício de direitos constitucionais, em face da ausência de integração normativa ou de implementação de medidas político-governamentais.

É melhor errar buscando acertos do que sequer tentar alcançá-los. A omissão, insista-se, é um pecado tão ou mais grave do que a ação faltosa. Aliás, não de hoje, já sustentava o padre Antônio Vieira: "Pelo que fizeram, se hão de condenar muitos; pelo que não fizeram, todos. A omissão é um pecado; quase faz, não fazendo"[4].

O desafio de implantar um constitucionalismo forte, atuante e capaz de responder a um renovado catálogo de direitos prestacionais depende, como já aduzimos, da assimilação dos princípios que informam o sistema

---

3 BARACHO, José Alfredo de Oliveira. *Processo constitucional*. Rio de Janeiro: Forense Universitária, 1985, p. 97.

4 VIEIRA, Padre Antônio. *Sermões*. Porto: Lellos, 1951.

jurídico, conferindo-lhe harmonia e coerência interna, dentre os quais sobressaem os princípios da efetividade, da proporcionalidade e da supremacia constitucional.

Espelho de uma sociedade plural e complexa, a Constituição brasileira, eminentemente compromissária e programática, abarca numerosas "normas-tarefa" que vinculam os Poderes Públicos ao cumprimento das promessas do *Welfare State*. Ao bom intérprete cabe envidar esforços para concretizá-las no menor espaço de tempo possível, tendo em vista que o caráter compromissário da Carta de 1988 representa uma força, não uma debilidade.

Por isso, a fim de suplantar os obstáculos que se antepõem à concretização da vontade constitucional, bem como desenvolver um conceito juridicamente operante de Constituição, cumpre empreender breve incursão sobre o processo de evolução do Estado Liberal para o Estado Social, enfatizando a importância do dirigismo estatal para a implementação de direitos sociais, econômicos e culturais.

O voo que pretendemos alçar também demandará prévia análise da natureza, origem, classificação e eficácia das diversas espécies de normas constitucionais, a fim de superar preconceitos e dogmas ultrapassados, demarcando sua juridicidade, bem como sobre a importância da hermenêutica, da sociedade aberta de intérpretes e dos novos afazeres jurisdicionais para tonificar a consciência constitucional e outorgar plena efetividade às disposições da Lei Maior.

Partindo dessas premissas iniciais, estudaremos então os remédios jurídicos incorporados pela nova ordem constitucional, enfatizando a importância da ação direta de inconstitucionalidade por omissão e do mandado de injunção para controlar as omissões do Poder Legislativo.

Na sequência, ênfase será conferida à iniciativa popular para apresentação de projetos de lei, instrumento de democracia participativa que vem assumindo relevante papel em outras nações, mas que no Brasil jaz esquecido em "berço esplêndido".

Finalmente, num último aceno de esforço acadêmico, cuidaremos do direito à indenização pelos prejuízos advindos da inércia dos órgãos de direção política, especialmente das câmaras legislativas. Sob o prisma da ilicitude, a omissão inconstitucional é um elemento a acrescer a outros para a responsabilização do Estado. Se no plano objetivo as omissões legislativas desnudam a insinceridade normativa de uma Constituição que afirma o que não é verdade e promete o que não será cumprido, no plano subjetivo elas repercutem sobre interesses concretos quase sempre indenizáveis, não importa se de ordem moral ou material.

Assim, sopesando os argumentos vertidos, serão inicialmente apontadas as particularidades que circundam o tema para, ao final, adotar-se uma posição que, sem a pretensão de ditar a palavra final sobre o assunto, ao menos se mostrará coerente com os argumentos expendidos ao longo do discurso, guardando estreita conexão com o princípio da máxima efetividade das normas constitucionais. É este o escopo que nos anima.

1 Constituição: em busca de um conceito ideal

Como observa Regina Ferrari[5], da multiplicidade de acepções semânticas do vocábulo "Constituição" decorre a heterogeneidade de concepções e a ausência de consenso doutrinário na esfera conceitual.

Apesar das coincidências apontadas pelas diferentes escolas doutrinárias, a dogmática jurídica ainda não chegou a aclarar o conceito de Constituição a ponto de granjear aceitação suficientemente ampla para fixar uma opinião dominante. No círculo acadêmico, reina grande imprecisão terminológica e conceitual.

De mais a mais, o recurso à Filologia ou à Etimologia espraia poucas luzes sobre a matéria. Sem desprezar o aporte científico de outros ramos do saber, até porque, à maneira de Canotilho, compreende-se o Direito Constitucional como uma ciência intertextual[6], é muito pouco provável que o nevoeiro de dúvidas se reduza a uma simples questão linguística ou morfossintática. Aliás, apenas a título de ilustração, impende dizer que Aurélio Buarque de Holanda Ferreira, um dos maiores filólogos brasileiros, indica nada menos do que seis significados distintos para o termo Constituição[7], o

[5] FERRARI, Regina Maria Macedo Nery. *Normas constitucionais programáticas*. São Paulo: Revista dos Tribunais, 2001, p. 15-16.

[6] CANOTILHO, José Joaquim Gomes. *Direito constitucional e Teoria da Constituição*. 3. ed. Coimbra: Almedina, 1998, p. 17.

[7] Para o filólogo, as conotações que o vocábulo pode assumir são as seguintes: "1. Ato de constituir, de estabelecer, de firmar. 2. Modo pelo qual se constitui uma coisa, um ser vivo, um grupo de pessoas; organização, formação. 3. Lei fundamental e suprema dum Estado, que contém normas respeitantes à formação dos poderes públicos, forma de governo, distribuição de competências, direitos e deveres dos cidadãos, etc.; carta constitucional, carta magna. 4. Conjunto de normas reguladoras de uma instituição, corporação, etc.; estatuto. [Sin., nas acepç. 3 e 4: carta.] 5. *Biotip*. O conjunto das características anatômicas, funcionais, reacionais e psíquicas que marcam um indivíduo. 6. *P. ext.* A constituição (5) de um indivíduo; complei-

que, antes de simplificar, acaba dificultando a resolução da intrincada questão conceitual.

Por certo, a diversidade de sentidos reflete as opções ideológicas de cada corrente doutrinária, bem assim o ângulo de enfoque e a metodologia empregada para descrever a dinâmica constitucional. No entanto, à margem de convicções filosóficas ou de crendices pessoais, ninguém discorda que o prestígio de uma ciência é tanto maior quanto mais coerentes e menos contraditórios forem os seus fundamentos teóricos.

Pressente-se que a linguagem jurídica deve moldar-se pela harmonia que preside os sistemas lógicos baseados nos princípios da identidade, da não contradição e da unidade semântica. Ponderações desse jaez permitem deduzir que, embora a Constituição possa ser estudada à luz da Sociologia, da Filosofia, da Política e de outras tantas ciências sociais, a definição de um conceito juridicamente operante deve enfatizar o seu aspecto jurídico.

A compreensão do fenômeno constitucional sob o prisma eminentemente jurídico não despreza a dinâmica dos acontecimentos mundanos ou o repertório de valores sociais. Apenas esclarece que a Constituição não é uma simples folha de papel que levita e se transforma ao sabor da história, sem possuir força suficiente para conter explorações, revoltas e abusos.

Mesclando-se os três elementos — o social, o normativo e o valorativo —, pretende-se demonstrar que a Constituição não é mero produto final, mas verdadeiro estopim da transformação operada no meio social, máxime porque intenta, por meio da limitação do poder e definição de garantias mínimas, implantar o Estado Democrático de Direito.

Entretanto, a percepção global desse fenômeno suscitará, já nas próximas linhas, breve incursão pelas diferentes escolas doutrinárias que se debruçaram sobre a questão conceitual, escalonando-se a análise, por razões didáticas, em tópicos enfocados sob a perspectiva histórica.

1.1 Constituição em sentido sociológico

Se o grande mérito da concepção sociológica está em realçar a íntima conexão existente entre Direito e realidade social, a dependência crônica

---

ção". (FERREIRA, Aurélio Buarque de Holanda. *Novo Aurélio Século XXI*: o dicionário da língua portuguesa. 3. ed. Rio de Janeiro: Nova Fronteira, 1999, p. 536).

do sistema normativo perante os fatores reais do poder constitui o seu calcanhar de aquiles.

Fácil notar que a escola sociológica desenha um retrato extremamente pessimista do Direito. Inserida num cenário de profunda fermentação social, a Constituição seria o produto final das mudanças operadas no seio comunitário após sangrentas revoluções e sucessivos embates econômicos. Teríamos aqui a mais nítida expressão do *"governo dos homens"* e não do *"governo das leis"*. Cumprindo função descritiva e não conformadora da realidade circunspecta, a eficácia da Constituição estaria condicionada à maior ou menor correspondência de suas normas com a profusão dos acontecimentos que dominam o ambiente político, social e econômico.

Dentre os sectários das alas mais radicais dessa escola sobressai Ferdinand Lassalle. Ao lançar as bases extremas de uma concepção sociológico-ufanista, este estudioso germânico, após manter estreitos laços de amizade com Karl Marx — o que talvez explique sua adesão à vertente sociológica —, asseverou que a Constituição real e efetiva pode ser esquematizada como um paralelogramo particular das forças sociais que atuam numa determinada nação.

Ordenação erigida pelos fatores políticos e econômicos prevalentes em certo momento, a Constituição teria seus contornos gizados pelo jogo de disputas e de interesses presentes no corpo social. Por conseguinte, qualquer diploma escrito que não espelhasse tal realidade não passaria de um aglomerado caótico de palavras destituídas de sentido, valor e eficácia normativa. Vale dizer, cuidar-se-ia de um conjunto de letras mortas e vazias, apostas naquilo que Lassalle ironicamente denomina "folha de papel":

> Os problemas constitucionais não são problemas de *direito*, mas do *poder*; a verdadeira Constituição de um país somente tem por base os fatores reais e efetivos do poder que naquele país vigem e as constituições escritas não têm valor nem são duráveis a não ser que exprimam fielmente os fatores do poder que imperam na realidade social: eis aí os critérios fundamentais que devemos sempre lembrar.
>
> (...)
>
> Se alguma vez os meus ouvintes ou leitores tiverem que dar seu voto para oferecer ao país uma Constituição, estou certo de que saberão como devem ser feitas estas coisas e que não limitarão

sua intervenção assinando uma folha de papel, deixando incólumes as forças reais que mandam no país[8].

Aludindo a pesquisa realizada em meados do século passado pelo americano CHARLES BEARD, que buscou efetuar uma leitura econômica dos cânones constitucionais, TÉRCIO SAMPAIO FERRAZ JÚNIOR conclui ser "inteiramente falso o conceito de que a Constituição é uma peça de legislação abstrata, na qual são secundários os interesses econômicos"[9]. Isso porque a presença marcante do componente político e o antagonismo de interesses que adornam os textos constitucionais desmentiriam, no plano dos fatos, a suposta blindagem que os protegeria contra investidas socioeconômicas.

Para muitos autores, o descompasso entre a Constituição real e a Constituição escrita, antevisto por LASSALLE há quase dois séculos, explicaria a escassa permeabilidade das normas constitucionais no domínio social, especialmente daquelas de eficácia limitada que se encontram "na incômoda situação de 'letras mortas', à espera da edição de leis ordinárias ou complementares, que lhes integrem o sentido e possibilitem a sua observância"[10]. Nesse ambiente hostil de pressões econômicas e políticas, a regulamentação legislativa de vários preceitos constitucionais seria tolhida pela força inexorável dos fatos sociais, frustrando as expectativas de seus destinatários imediatos.

Ao que nos parece, tomada em suas consequências, a teoria sociológica desmerece o Direito enquanto ciência normativa, mormente porque a ideia de uma força incontrolável proveniente das relações fáticas não significa outra coisa senão a própria negação do Direito Constitucional, cuja base teórica reside na limitação jurídica do poder. É KONRAD HESSE quem aponta essa contradição que a vertente sociológica não consegue explicar:

> Essa negação do direito constitucional importa na negação do seu valor enquanto ciência jurídica. Como toda ciência jurídica, o Direito Constitucional é ciência normativa. Diferencia-se, assim, da Sociologia e da Ciência Política enquanto ciências da realidade. Se as normas constitucionais nada mais expressam do que relações fáticas altamente mutáveis, não há como deixar de reconhecer

---

[8] LASSALLE, Ferdinand. *A essência da Constituição*. 6. ed. Rio de Janeiro: Lumen Juris, 2001, p. 40.

[9] FERRAZ JÚNIOR, Tércio Sampaio. *Constituinte: assembleia, processo, poder*. 2. ed. São Paulo: Revista dos Tribunais, 1986, p. 17.

[10] FERRARI, Regina Maria Macedo Nery. *Normas constitucionais programáticas*, cit., p. 18.

que a ciência da Constituição jurídica constitui uma ciência jurídica na ausência do direito, não lhe restando outra função senão a de constatar e comentar os fatos criados pela Realpolitik. Assim, o Direito Constitucional não estaria a serviço de uma ordem estatal justa, cumprindo-lhe tão somente a miserável função — indigna de qualquer ciência — de justificar as relações de poder dominantes. Se a Ciência da Constituição adota essa tese e passa a admitir a Constituição real como decisiva, tem-se a sua descaracterização como ciência normativa, operando-se a sua conversão numa simples ciência do ser. Não haveria mais como diferençá-la da Sociologia ou da Ciência Política[11].

Enquanto ciência direcionada ao comportamento humano, o Direito não pode menosprezar a sucessão de fatos que mudam o curso da história, regram o exercício do poder e influem nas decisões políticas fundamentais. Mas tal interação não implica negar o influxo conformador que as normas jurídicas exercem sobre a realidade social.

Em permanente tensão dialética, o Direito projeta-se sobre o futuro e limita o poder dos homens. Estabelecendo uma pauta de direitos e deveres recíprocos, disciplina as relações interpessoais e abre espaço para o convívio harmônico. Não raro, rompe com dogmas até então absolutos e fixa diretrizes para o desenvolvimento ulterior de novas instituições[12]. Em uma frase: a Constituição lida com o substrato social, dele recebendo influência decisiva e, num movimento de retroalimentação, incide com vigor nor-

---

[11] HESSE, Konrad. *A força normativa da Constituição*. Trad. Gilmar Ferreira Mendes. Porto Alegre: Fabris, 1991, p. 11.

[12] Dois exemplos elucidarão o papel prospectivo do Direito. O primeiro deles se refere à Lei n. 3.353, de 13 de maio de 1888, sancionada pela princesa Isabel, que extinguiu a escravidão no Brasil. Conquanto inconcebível para os padrões atuais, naquela época os negros integravam o patrimônio do senhorio. A Lei Áurea, portanto, foi promulgada num ambiente hostil e dominado por grandes latifundiários, que chegaram inclusive a cogitar, pasmem, uma possível indenização pelas perdas econômicas sofridas. Não obstante, a abolição foi ratificada, abrindo espaço para o desenvolvimento da gramática dos direitos humanos, agora com caráter universal, passando a incluir minorias étnicas socialmente excluídas. Na mesma senda, a Lei n. 6.015/77, ao instituir o divórcio no Brasil, minou a indissolubilidade do matrimônio, superando os anacronismos de uma sociedade patriarcal, de molde a abrir espaço para uma cultura feminista verdadeiramente emancipatória. Em ambas as situações, o Direito se desvencilhou de amarras históricas e fixou diretrizes para o desenvolvimento de novas instituições, cumprindo função eminentemente prospectiva ao fomentar importantes mudanças na estrutura social.

mativo sobre a realidade, derramando novos valores sobre a consciência coletiva e cobrando-lhe uma postura afeita aos seus imperativos, com o que devolve toda a influência dantes recebida.

A rigor, portanto, a construção sociológica mais se afigura a uma tentativa de restringir o caráter ambivalente da Constituição, desfigurando-lhe a força normativa, para reduzi-la à condição de mero documento histórico em que se compaginam interesses nem sempre altruísticos, razão pela qual o Direito não lhe empresta maior prestígio.

1.2 O Positivismo e a Constituição em sentido jurídico

O Positivismo Jurídico reconhece a influência de fatores sociais, econômicos e políticos na elaboração do sistema normativo, mas não se preocupa em analisar a Constituição à luz de outras ciências que não o próprio Direito. Portanto, essa doutrina, que alcançou seu ápice com Hans Kelsen e sua *Teoria pura do direito*, busca varrer do universo jurídico toda e qualquer sorte de especulação sobre a origem e os fins das normas postas pelo Estado.

Amparado no princípio da pureza, o Positivismo rompe com a concepção tradicional que, de modo inteiramente acrítico, confundia o Direito com a Política, Sociologia, Ética e Filosofia. Embora não se ignore a interpenetração dos vários ramos científicos, delimita-se o objeto de estudo do Direito ao campo normativo, a fim de evitar o sincretismo metodológico, que obscurece e dilui os limites impostos à ciência jurídica.

Segundo Hans Kelsen, estruturado sob a forma de sistema, o ordenamento jurídico se comporia pela reunião ordenada de normas jurídicas, com mútuas implicações e dispostas em escala hierárquica. Neste quadro, as normas inferiores iriam buscar fundamento de validade nas que lhes fossem imediatamente superiores, formando-se aquilo que se convencionou denominar pirâmide jurídica.

No ápice desta "construção escalonada de diferentes camadas ou níveis de normas jurídicas" repousaria a Constituição, concebida como a Lei Fundamental que regula a produção das demais normas jurídicas, prescrevendo-lhes os processos formais de elaboração e o conteúdo que devem revestir[13].

---

[13] KELSEN, Hans. *Teoria pura do direito*. Trad. João Baptista Machado. São Paulo: Martins Fontes, 2000, p. 247.

Assim, dispondo da capacidade de regular sua própria criação mediante normas que estabelecem o processo de elaboração legislativa, o Direito prescindiria do auxílio de outras ciências sociais para explicar sua dinâmica. A estrutura hierárquica, por si só, seria capaz de dirimir qualquer conflito normativo, uma vez que, perante normas de hierarquia diversa, sempre prevalecerá a superior, isto é, a de mais alta hierarquia, pois à outra, exatamente por contraditá-la, faltará validade.

Para KELSEN, a unidade sistêmica é conferida pela relação de dependência, consistente no fato de que a validade de uma norma jurídica apoia-se sobre outra norma superior que lhe determinou a produção, cuja validade também pode ser reconduzida a escalões sucessivos até chegarmos ao diploma situado no mais alto degrau da pirâmide jurídica: a Constituição.

Para evitar o regresso *ad infinitum*, KELSEN esclareceu que o fundamento de validade da Constituição jamais poderia ser uma norma posta por autoridades estatais, até porque, antes do advento do texto inaugural, seria ilógico conceber regras explícitas sobre as competências normativas dos entes públicos. Deste modo, sua validade seria determinada por uma norma hipotética fundamental (*Grundnorm*), ou seja, por uma norma pressuposta (imaginada, presumida, conjecturada etc.), valorativamente neutra, que, à semelhança de um postulado científico, não pode ser questionada justamente porque serve de base à independência de um ramo autônomo do conhecimento humano e a toda construção teórica subjacente.

No âmbito jurídico, o importante é saber como funciona o Direito, e não por que ele existe. Depreende-se, pois, que qualquer tentativa de investigar o fundamento de validade da norma hipotética fundamental, que dá suporte à Constituição, deverá, invariavelmente, enveredar pelo campo da Filosofia, da Sociologia ou da Ética, em relação às quais o Positivismo se mostra arredio. Isso porque, em termos estritamente jurídicos, a Constituição é o diploma supremo do Estado, que repousa no vértice do sistema e condiciona a validade das demais espécies normativas, sem estar condicionada por nenhuma força jurídica. Logo, qualquer limite que se pretenda impor à Constituição só poderia provir de fontes alheias ao universo jurídico como, v. g., a Sociologia, a Filosofia ou a Ética. Mas tal discussão já não interessa ao Direito Positivo.

Em geral, reconhece-se nas construções teóricas do Positivismo o germe da rigidez constitucional. Rígida "é a Constituição somente alterável mediante processos, solenidades e exigências formais especiais, diferentes e mais difíceis que os de formação das leis ordinárias ou complementares"[14]. A esse conceito contrapõe-se o de Constituição flexível, sujeita a alteração segundo o mesmo procedimento estabelecido para a modificação das leis ordinárias.

Da rigidez da Constituição resulta a sua supremacia sobre os demais atos normativos federais, estaduais ou municipais, sendo inconstitucional — e, portanto, inválido — qualquer comportamento vulnerador de seus preceitos.

É de notar, porém, que a doutrina sempre distinguiu duas espécies de supremacia: a material e a formal. De acordo com a primeira, seriam constitucionais todas as normas relacionadas à separação dos poderes, estruturação dos órgãos de governo, definição do regime político e demarcação de direitos fundamentais. Assim, gozariam de supremacia mesmo não estando entalhadas no corpo de uma Constituição escrita e solene.

Já sob o aspecto formal, seriam constitucionais apenas as normas insculpidas numa Carta escrita e rígida, independentemente de seu conteúdo intrínseco. Vale dizer: o simples fato de serem absorvidas pelo diploma situado no altiplano da topografia jurídica outorgaria o *status* de norma suprema.

Em tempos hodiernos, dentro de uma moldura estritamente jurídica, é forçoso concluir que a rigidez constitucional pressupõe a existência de um pacto formal, escrito e solene. De fato, as regras situadas em escalões inferiores, mesmo lidando com matérias afetas ao Direito Constitucional, não exigem *quorum* especial para sua elaboração. É dizer, como podem ser aprovadas, modificadas ou revogadas, por maioria simples e num único turno de votação, não gozam de estabilidade e flutuam ao sabor das variantes políticas. Logo, não podem ser tidas como normas constitucionais, já que despidas de proteção especial contra as investidas do legislador ordinário. É por isso que Celso Ribeiro Bastos sentencia com acerto:

> Dentre todas as conceituações de Constituição, a mais relevante para o direito brasileiro é aquela calcada no critério formal. Isto porque as classificações, as categorizações ou as conceituações apenas apresentam relevância diante do direito, na medida em

---

[14] SILVA, José Afonso da. *Curso de direito constitucional positivo*. 23. ed. São Paulo: Malheiros, 2004, p. 42.

que a elas se faça corresponder um regime jurídico próprio, vale dizer, um feixe de normas pertinentes[15].

A despeito dos avanços transportados para o campo da segurança jurídica, a doutrina positivista apresenta algumas deficiências. A crítica mais contundente que se pode fazer ao Positivismo é a de que ele cerra os olhos à realidade que o circunda, erigindo-se como categoria normativa abstrata que se diz capaz de solver os problemas do mundo, sem deter um mínimo de lastro social. A cisão traumática, sem anestesia, entre o Direito, enquanto ciência do "dever-ser", e as demais ciências sociais, pertencentes ao reino do "ser", leva ao culto extremado do paradigma legalista.

As leis valem porque emanam segundo o procedimento estabelecido por normas superiores, independentemente do seu conteúdo intrínseco. Nesse contexto, "matar" ou "não matar" se resume a uma questão de política legislativa. E, como a autorização legal torna qualquer ato legítimo — inclusive matar, exilar ou escravizar —, certamente o desfecho desse quadro deve ser dos mais trágicos[16].

1.3 A concepção culturalista e aberta da Constituição

Tanto a escola sociológica quanto a positivista pecam pela unilateralidade de fundamentos. Há de se reconhecer, contudo, que não é fácil formular um conceito unitário de Constituição, até porque o apego aos próprios ideais nos impele a preferir uma perspectiva a outra.

Porém, se quisermos concluir com êxito essa tarefa, é preciso esclarecer que as duas concepções anteriormente estudadas não se excluem, mas, ao revés, devem ser conjugadas para apreender por completo o significado corrente de uma Constituição.

Já vimos que a Constituição não é a simples expressão dos fatores reais de poder, nem um compêndio de disposições rígidas e insensíveis à marcha da história. Trata-se antes de uma entidade viva, que interage com o presente e se projeta sobre o futuro, acompanhando o desenvolvimento

---

[15] BASTOS, Celso Ribeiro. *Curso de direito constitucional*. São Paulo: Celso Bastos Editor, 2002, p. 66.

[16] Em palavras do próprio Kelsen: "(...) todo e qualquer conteúdo pode ser Direito. Não há qualquer conduta humana que, como tal, por força do seu conteúdo, esteja excluída de ser conteúdo de uma norma jurídica" (KELSEN, Hans. *Teoria pura do direito*, cit., p. 210).

da sociedade, e que só assim logra domar a força dos acontecimentos sociais e cumprir o seu papel regulador, como bem enfatiza José Afonso da Silva:

> Busca-se, assim, formular uma concepção estrutural de constituição, que a considera no seu aspecto normativo, não como norma pura, mas como conexão com a realidade social, que lhe dá o conteúdo fático e o sentido axiológico. Trata-se de um complexo, não de partes que se adicionam ou se somam, mas de elementos e membros que se enlaçam num todo unitário. O sentido jurídico de constituição não se obterá, se a apreciarmos desgarrada da totalidade da vida social, sem conexão com o conjunto da comunidade. Pois bem, certos modos de agir em sociedade transformam-se em condutas humanas valoradas historicamente e constituem-se em fundamento do existir comunitário, formando os elementos constitucionais do grupo social, que o constituinte intui e revela como preceitos normativos fundamentais: *a constituição*[17].

Fugindo ao unilateralismo das concepções sociológica e jurídica, Regina Ferrari explica "que o fenômeno constitucional, assim como a norma jurídica em geral, ao mesmo tempo que é produzido pela sociedade é, também, capaz de influir sobre ela, modificando-a, disciplinando-a"[18] e, dessa forma, desenvolve uma concepção culturalista do Direito e da Constituição, estribada no conceito de cultura e em uma filosofia de valores diretamente recolhidos do substrato social.

O excerto parece dos mais felizes, pois consegue identificar, numa perspectiva unitária, os elementos sociológicos, políticos, econômicos e jurídicos da Constituição, como diferentes aspectos de um mesmo ser. É por isso que Meirelles Teixeira[19], aplaudindo o viés conciliador da concepção culturalista, define Constituição como o conjunto de normas fundamentais, condicionadas pela cultura total, e ao mesmo tempo condicionantes desta, emanadas da vontade existencial da unidade política, e reguladoras da existência, estrutura e fins do Estado e do modo de exercício e limites do poder político.

---

[17] SILVA, José Afonso da. *Curso de direito constitucional positivo*, cit., p. 39.

[18] FERRARI, Regina Maria Macedo Nery. *Normas constitucionais programáticas*, cit., p. 25.

[19] TEIXEIRA, J. H. Meirelles. *Curso de direito constitucional*. São Paulo: Forense Universitária, 1991, p. 77.

Se quisermos evitar "o que Oliveira Vianna denominou o 'idealismo' das Constituições brasileiras e o fracasso de muitas instituições, com a consequente instabilidade política e social"[20], não podemos cifrar o conceito de Constituição a uma fortaleza puramente jurídica, afastando-a da base empírica que a condicionou. O Direito, repita-se, não é uma construção exclusivamente racional, apática às relações de poder[21]. Na medida em que encontra limites na natureza das coisas, o Direito não detém força para engendrar substâncias desconhecidas. Cumpre-lhe apenas conformar a realidade já existente e dirigi-la mediante estímulos positivos e negativos, o que, no entanto, permite-lhe assumir as rédeas do progresso social.

Quanto mais se avizinhar do real e do concreto, mais efetivo será o Direito. O inverso também procede, pois o descompasso entre fato e norma induz a chamada "ilusão constitucional", que o arsenal marxista desnuda sem pudor[22].

Sob esse prisma, a Constituição há de ser compreendida como um sistema normativo aberto, condicionante e condicionado pela ordem social, que aponta para uma unidade de sentido ditada por valores fundamentais, assim reconhecidos pela sociedade.

A abertura que as normas constitucionais propiciam à axiologia é um convite dirigido aos seus destinatários para construir um sistema adaptado ao nosso cotidiano e capaz de despertar a vontade de vivê-las — as normas constitucionais — em todos os aspectos. E, como os valores plasmados sob a veste de princípios detêm conotação elástica, a abertura do texto cede

---

[20] TEIXEIRA, J. H. Meirelles. *Curso de direito constitucional*, cit., p. 52.

[21] CUNHA JÚNIOR, Dirley da. *Controle judicial das omissões do Poder Público*. São Paulo: Saraiva, 2004, p. 32.

[22] Também aqui permanece atual a advertência do professor da Universidade de Freiburg e ex-presidente da Corte Constitucional alemã: "Mas, — esse aspecto afigura-se decisivo — a pretensão de eficácia de uma norma constitucional não se confunde com as condições de sua realização; a pretensão de eficácia associa-se a essas condições como elemento autônomo. A Constituição não configura, portanto, apenas expressão de um ser, mas também de um dever ser; ela significa mais do que o simples reflexo das condições fáticas de sua vigência, particularmente as forças sociais e políticas. Graças à pretensão de eficácia, a Constituição procura imprimir ordem e conformação à realidade política e social. Determinada pela realidade social e, ao mesmo tempo, determinante em relação a ela, não se pode definir como fundamental nem a pura normatividade, nem a simples eficácia das condições sociopolíticas e econômicas. A força condicionante da realidade e a normatividade da Constituição podem ser diferençadas; elas não podem, todavia, ser definitivamente separadas ou confundidas" (HESSE, Konrad. *A força normativa da Constituição*, cit., p. 15).

espaço para a atuação de intérpretes e de legisladores comprometidos em concretizá-los.

É neste sentido que Flávia Piovesan esclarece que "a unidade da Constituição só pode ser interpretada sob a perspectiva dinâmica, como unidade de atuação, como algo que se postula como intenção, algo a que se procura alcançar e constituir, tendo como vetor referencial os princípios constitucionais que consagram os valores prestigiados pela ordem jurídica"[23].

Para o mesmo ponto convergem as reflexões de Hermann Heller, o qual, após vislumbrar a necessária conexão entre normatividade (Direito) e normalidade (ordem social), esclareceu que, como "situação política existencial, como forma e ordenação concretas, a Constituição só é possível porque os partícipes consideram essa ordenação e essa forma já realizadas ou por realizar-se no futuro, como algo que deve ser e o atualizam; seja que a forma de atividade ajustada à Constituição se tenha convertido para eles, por meio do hábito, em uma segunda natureza, em conformação habitual, do seu próprio ser apenas considerada como exigência normativa consciente; seja que os membros motivem a sua conduta de modo mais ou menos consciente, por normas autônomas ou heterônomas"[24].

Como diploma inaugural do sistema jurídico, a Constituição busca definir os seus lineamentos básicos sem qualquer pretensão de completude. Limita-se, portanto, a fixar princípios fundamentais e estabelecer diretrizes para o ulterior desenvolvimento da legislação ordinária. Sob esta ótica, a variedade de normas de eficácia limitada hoje existentes apenas reforça o caráter aberto da tessitura jurídico-constitucional, na medida em que investe o legislador na obrigação de proceder sua regulamentação legal.

De igual modo, a infinidade de expressões abstratas e polissêmicas, dispersas em sua maioria nas normas de cunho programático, conclama todos os operadores do Direito, mormente os magistrados, a participar ativamente do processo de interpretação e aplicação dos cânones constitucionais, de molde a ajustá-los à realidade do presente, mas sempre mirando o amanhã.

---

[23] PIOVESAN, Flávia. *Proteção judicial contra omissões legislativas.* 2. ed. São Paulo: Revista dos Tribunais, 2003, p. 27.

[24] HELLER, Hermann. *Teoria do Estado.* Trad. Lycurgo Gomes da Motta. São Paulo: Mestre Jou, 1968, p. 296.

Surge, assim, a necessidade de reinterpretar o múnus jurisdicional que no Estado Democrático de Direito incorpora novos afazeres. O juiz não mais pode adotar uma postura passiva, resignando-se, como já se sustentou outrora, a ser a "boca da lei". Em vez disso, cobra-se dele um atuar dinâmico e construtivo, comprometido com a força normativa da Constituição e com a efetividade de seus preceitos.

De notar que este chamado à atuação deflagra o fenômeno conhecido por mutação constitucional ou revisão informal, mediante o qual o sentido de uma disposição escrita é atualizado pela via interpretativa, sem o concurso do processo formal de emenda. Deveras, se a interpretação está limitada pelo plano histórico e cultural, qualquer mudança operada nos valores vigentes em uma dada sociedade influi positivamente no sentido atribuído às normas constitucionais.

Ao cabo do quanto se expôs acerca da concepção aberta e culturalista, julgamos correto sustentar que a Constituição não vale unicamente por suas disposições escritas ou por sua posição na hierarquia das fontes, mas vale, sobretudo, pelo que somos, pelo que fazemos e pelo que buscamos realizar.

Destarte, tomando a Constituição aberta como a regra estrutural do Estado e da sociedade, baseada na tônica da interação, transita-se agora para o estudo das concepções liberais e sociais, pois a biografia nem sempre edificante do ideário liberal tem revelado a superação de um constitucionalismo indiferente à defesa dos valores que a sociedade, como um todo, resolveu prestigiar.

1.4 As Constituições liberais (negativas) e sociais (dirigentes)

Do último suspiro da Idade Média até a queda da Bastilha, em 14 de julho de 1789, duas forças conseguiram se amplificar a ponto de exercer ascendência sobre os demais estratos sociais. De um lado, o poder régio, com o auxílio de milícias financiadas por capitalistas burgueses, logrou suplantar o regime feudal e consolidar o absolutismo. De outro, com as grandes navegações e com a euforia decorrente da expansão comercial, a burguesia firmou-se como classe detentora do poder econômico.

Porém, num curto espaço de tempo, realeza e burguesia passaram de aliados a adversários. Alijados do jogo político, privados de suas liberdades públicas e espoliados por um apetite fiscal que parecia insaciável, os comerciantes burgueses entreviram no Estado Absolutista a figura do grande Leviatã[25].

Praguejado de norte a sul, esse modelo centrado no poder régio passou a ser contemplado como o maior estorvo à liberdade humana e à expansão das forças produtivas. Segundo Paulo Bonavides, "na doutrina do liberalismo, o Estado foi sempre o fantasma que atemorizou o indivíduo", aparecendo "na moderna teoria constitucional como o maior inimigo da liberdade"[26].

Duas revoluções puseram fim às rivalidades. A primeira, armada, decretou a morte do *ancien régimen*, quando uma tropa de vinte mil infantes se recusou a empunhar baionetas, ajudando a depor o rei Luís XVI. A segunda, e mais importante, travou-se no campo intelectual quando a doutrina absolutista de Hobbes, que focalizou o Estado a partir da lente *ex part principe*, sucumbiu aos poderosos argumentos de Kant, Locke, Motesquieu e Rosseau, que desenvolveram, sob fundamentos diversos, as bases de um Estado Absenteísta, perspectivado pela lente *ex parte populi*, garante dos direitos inatos do homem e centrado na separação de poderes[27].

Dos embates emergiu o Estado Liberal, que se notabilizou por confiar à Constituição a tutela das liberdades públicas, formulando uma política de abstenção, mediante rígida separação das funções de governo e técnicas de limitação jurídica do poder. A ele — Estado — seria defeso imiscuir-se em assuntos relegados à atuação dos particulares, cabendo à Constituição, nesse contexto, coibir os excessos perpetrados pelo Poder Público.

---

[25] Em célebre obra publicada no longíquo ano de 1651, Thomas Hobbes esclareceu que todo homem anseia alcançar o poder a fim de concretizar os desejos mais íntimos, vislumbrando no seu semelhante um inimigo a ser subjugado. Por isso, para evitar a destruição da espécie, o homem teria forjado um pacto social, renunciando todos os direitos que possuía no estado de natureza, para depositá-los sob a guarda de uma única entidade: o Estado-Leviatã. Assim, o filósofo inglês cria um modelo altamente centralizador e absolutista de governo, ao enfeixar nas mãos do monarca poderes ilimitados. Sem admitir contestações, a vontade estatal substitui a individual, sendo que eventual conflito há de se resolver em favor da primeira delas. A teoria hobbesiana, contudo, definha para o despotismo na medida em que legitima qualquer ato estatal, inclusive prisões arbitrárias e tributação excessiva. O Estado-Leviatã é, portanto, o grande devorador da liberdade individual e o maior entrave à consolidação do ideal burguês.

[26] BONAVIDES, Paulo. *Do Estado liberal ao Estado social*. 7. ed. São Paulo: Malheiros, 2004, p. 40.

[27] Sempre preciso, Paulo Bonavides esclarece que, no iluminismo clássico, o "indivíduo, titular de direitos inatos, exercê-los-ia na Sociedade, que aparece como ordem positiva frente ao Estado, ou seja, frente ao *negativum* dessa liberdade, que, por isso mesmo, surde na teoria jusnaturalista rodeado de limitações, indispensáveis à garantia do círculo em que se projeta, soberana e inviolável, a majestade do indivíduo" (*Do Estado liberal ao Estado social*, cit., p. 40).

Símbolo maior desse período, a célebre Declaração dos Direitos do Homem e do Cidadão de 1789, considerada por muitos como a semente do constitucionalismo moderno, sentenciava em seu art. 16: "Qualquer sociedade em que não esteja assegurada a garantia dos direitos nem estabelecida a separação dos poderes não tem Constituição".

Todavia, enquanto a liberdade, a segurança e a propriedade eram prestigiadas como vetores necessários à manutenção do ideal burguês e de seu *status quo*, a igualdade, nesse prisma, não passava de um valor formal. É dizer, sua previsão textual mal conseguia esconder tratar-se de mero artifício retórico, sem concreção no plano prático. De fato, cabe indagar: que igualdade poderia haver num sistema em que distâncias oceânicas continuavam a isolar o rico do pobre, o forte do fraco, o homem capitalizado daquele destituído de posses? Só mesmo a igualdade para burguês ver. A Revolução Francesa não foi uma insurreição popular, mas a batalha de uma só classe.

Estático, o Liberalismo não operou grandes transformações sociais. Os mecanismos de freios e contrapesos incorporados nas Constituições anti-estado preveniam lesões a direitos civis e políticos, pelos quais a elite econômica demonstrava vivo interesse, mas não continham uma agenda de reformas voltadas a concretizar, no plano material, a cláusula igualitária. É dizer, a sociedade continuou estamental e as castas mais prementes sem acesso a prestações de índole positiva.

O cisma econômico, agravado com a Revolução Industrial, colocou, frente a frente, o grande industrial e o proletariado, sobretudo após a divulgação do Manifesto Comunista de Karl Marx e Friedrich Engels, síntese da doutrina socialista e pertinaz crítica à "ilusão constitucional" dos regimes liberais[28].

A eclosão das ideias de planificação social dá início ao *Welfare State* e seu renovado catálogo de direitos, não mais restritos à liberdade, segurança e propriedade. Sobre estar preso ao dever de respeitar as liberdades clássicas, o Estado também é acionado para prover necessidades econômicas, sociais e culturais. Da política abstencionista transita-se para a políti-

---

[28] O Manifesto Comunista, escrito por Karl Marx e Friedrich Engels entre dezembro de 1847 e janeiro de 1848, e publicado pela primeira vez em Londres em fevereiro de 1848, defende a socialização dos meios de produção e apregoa o conflito de classes como meio indispensável para o proletariado chegar ao poder.

ca de viés assistencialista, exigindo-se a conversão da igualdade formal em igualdade material.

Segundo LOEWENSTEIN, o Estado mínimo, inimigo contra o qual havia que se defender as zonas protegidas da autonomia privada, converte-se no amigo solidário impelido a acudir as crescentes demandas sociais[29]. Com isso, irrompe a função promocional do Direito, que não se limita a infligir castigos e punições, mas passa a lidar com as chamadas sanções premiais.

Na precisa lição de CANOTILHO, a força dirigente dos novos direitos de crédito "inverte, desde logo, o objeto clássico da pretensão jurídica fundada num direito subjectivo: de uma pretensão de omissão dos poderes públicos (direito a exigir que o Estado se abstenha a interferir nos direitos, liberdades e garantias) transita-se para uma proibição de omissão (direito a exigir que o Estado intervenha activamente no sentido de assegurar prestações aos cidadãos)"[30].

Essa concepção dual de liberdades (prestações negativas) e créditos (prestações positivas) produz, segundo CLÈMERSON MERLIN CLÈVE, a fusão de duas noções até então dissociadas: liberdade e capacidade. Isto porque a afirmação jurídica da liberdade depende da capacidade material de desfrutá-la, como se infere de suas ponderações:

> Ora, a concepção dos direitos fundamentais como liberdades e créditos, além de manter implícita certa teoria do Estado (mais precisamente uma teoria do exercício do poder no Estado e da relação do Estado com a sociedade), identificada com o que hoje chamamos de Estado Democrático de Direito, opera a fusão de duas noções até há pouco dissociadas: liberdade e capacidade. Não basta afirmar juridicamente a liberdade. A sua concretização pressupõe a capacidade de fruí-la. O direito de livre expressão pressupõe a capacidade de exteriorização e de organização dos recursos intelectuais; o direito à inviolabilidade do domicílio pressupõe a prévia existência de uma casa, de uma morada, de um domicílio. O direito à educação desafia a existência de deter-

[29] LOEWENSTEIN, Karl. Apud PIOVESAN, Flávia. *Proteção judicial contra omissões legislativas*, cit., p. 36.

[30] CANOTILHO, José Joaquim Gomes. *Constituição dirigente e vinculação do legislador*: contributo para a compreensão das normas constitucionais programáticas. Coimbra: Coimbra Ed., 1994, p. 365.

minados meios (alimentação, transporte), sem os quais, ainda que oferecida gratuitamente pelo Estado, pouco significará. Os direitos de crédito são o solo sob o qual floresce a capacidade, complemento indispensável no e contra o Estado[31].

Este nó inquebrantável reflete o processo de multiplicação de direitos[32], fortalecido na arena internacional pela afirmação categórica da indivisibilidade e interdependência dos direitos civis, políticos, econômicos, sociais e culturais[33], e introduzido na agenda nacional pela constitucionalização

---

[31] CLÈVE, Clèmerson Merlin. *A fiscalização abstrata da constitucionalidade no direito brasileiro*. 2. ed. São Paulo: Revista dos Tribunais, 2000, p. 316.

[32] BOBBIO, Norberto. *A era dos direitos*. Trad. Carlos Nelson Coutinho. 19. tir. Rio de Janeiro: Campus, 2004, p. 68-69.

[33] A Declaração Universal dos Direitos Humanos, adotada pela ONU em 1948, consolida no cenário internacional essa indivisibilidade, ao associar os direitos civis e políticos ao catálogo dos direitos sociais, econômicos e culturais, conjugando o valor da liberdade ao valor da igualdade. Este compromisso é reafirmado no Pacto dos Direitos Econômicos, Sociais e Culturais, sistematizado pela ONU, que em seu art. 2º, § 1º, impõe aos Estados-partes o dever de adotar medidas progressivas, "até o máximo de seus recursos disponíveis", para viabilizar a fruição dos direitos de crédito. Finalmente, a Declaração de Direitos Humanos de Viena, de 1993, reitera tal concepção, prescrevendo em seu § 5º: "Todos os direitos humanos são universais, interdependentes e inter-relacionados. A comunidade internacional deve tratar os direitos humanos globalmente de forma justa e equitativa, em pé de igualdade e com a mesma ênfase". É de notar, outrossim, que o Brasil ratificou vários destes instrumentos, incorporando grande parte dos direitos econômicos, sociais e culturais. Nesse contexto, muito antes da Emenda Constitucional n. 45, promulgada em 8-12-2004 e publicada em 31-12-2004, Flávia Piovesan já dissera que, nos exatos termos do art. 5º, § 2º, da Constituição Federal, os direitos arrolados nesses tratados ingressariam no ordenamento jurídico nacional com o *status* de norma constitucional e, pois, de cláusula pétrea, pelo que não poderiam sofrer alteração, já que a dignidade da pessoa humana é o valor fonte da ordem inaugurada em 5 de outubro de 1988 (*Direitos humanos e o direito constitucional internacional*, 5. ed., Max Limonad, 2002, p. 90-91). O Supremo Tribunal Federal, entretanto, entendia inexistir, "na perspectiva do modelo constitucional vigente no Brasil, qualquer precedência ou primazia hierárquico-normativa dos tratados ou convenções internacionais sobre o direito positivo interno" (STF, HC 72.131-RJ).

Ou seja, o Pretório Excelso insistia em afirmar que os documentos internacionais ratificados pelo Brasil, mesmo versando matéria afeta aos direitos humanos, seriam incorporados com o *status* de lei ordinária, podendo ser revogados pela legislação posterior ou fulminados quando incorressem na pecha de inconstitucionalidade. Todavia, com o advento da Emenda Constitucional n. 45, foi acrescido o § 3º ao art. 5º da Constituição Federal, que dispõe expressamente: "Os tratados e convenções internacionais sobre direitos humanos que forem aprovados, em cada casa do Congresso Nacional, em dois turnos, por três quintos dos votos dos respectivos membros, serão equivalentes às emendas constitucionais". Portanto, agora não pode mais subsistir qualquer dúvida concernente à supremacia dos tratados internacionais na hierarquia das fontes normativas. Ao que tudo indica, em breve o Supremo deverá rever sua jurisprudência.

de uma diversificada teia de prestações positivas[34]. Parte-se do princípio de que iguais oportunidades de trabalho, educação, saúde, moradia, lazer e assistência social, enfim, de vida e existência digna, são essenciais para viabilizar prerrogativas de índole negativa, como, v. g., a liberdade individual, até porque ninguém é totalmente livre sem autonomia financeira e um "quê" de dignidade pessoal[35].

---

[34] O art. 6º do texto constitucional estabelece: "São direitos sociais a educação, a saúde, o trabalho, a moradia, o lazer, a segurança, a previdência social, a proteção à maternidade e à infância, a assistência aos desamparados, na forma desta Constituição".

[35] Flávia Piovesan sintetiza a questão nos termos seguintes: "Além do alcance universal dos direitos humanos, a Declaração Universal também inova, ao consagrar que os direitos humanos compõem uma unidade indivisível, interdependente e inter-relacionada, na qual os direitos civis e políticos hão de ser conjugados com os direitos econômicos, sociais e culturais. A Declaração de 1948 introduz assim extraordinária inovação, ao combinar o discurso liberal da cidadania com o discurso social, de forma a elencar tanto direitos civis e políticos (arts. 3º a 21), como direitos sociais, econômicos e culturais (arts. 22 e 28).

(...) Desse modo, traz uma concepção inovadora, ao atribuir aos direitos humanos o caráter de unidade indivisível, inter-relacionada e interdependente. Ao examinar a teoria da universalidade e interdependência dos direitos humanos, afirma Hector Gros Espiell: 'Só o reconhecimento integral de todos esses direitos pode assegurar a existência real de cada um deles, já que sem a efetividade de gozo dos direitos econômicos, sociais e culturais, os direitos civis e políticos se reduzem a meras categorias formais. Inversamente, sem a realidade dos direitos civis e políticos, sem a efetividade da liberdade entendida em seu mais amplo sentido, os direitos econômicos, sociais e culturais carecem, por sua vez, de verdadeira significação. Esta ideia da necessária integralidade, interdependência e indivisibilidade quanto ao conceito e à realidade do conteúdo dos direitos humanos, que de certa forma está implícita na Carta das Nações Unidas, se compila, se amplia e se sistematiza em 1948, na Declaração Universal de Direitos Humanos, e se reafirma definitivamente nos Pactos Universais de Direitos Humanos, aprovados pela Assembleia Geral em 1966, e em vigência desde 1976, na Proclamação de Teerã de 1968 e na Resolução da Assembleia Geral, adotada em 16 de dezembro de 1977, sobre os critérios e meios para melhorar o gozo efetivo dos direitos e das liberdades fundamentais (Resolução n. 32/130)'.

A Declaração de Direitos Humanos de Viena, de 1993, reitera a concepção introduzida pela Declaração de 1948, quando, em seu § 5º, afirma: 'Todos os direitos humanos são universais, interdependentes e inter-relacionados. A comunidade internacional deve tratar os direitos humanos globalmente de forma justa e equitativa, em pé de igualdade e com a mesma ênfase'.

(...) Em face da indivisibilidade dos direitos humanos, há de ser definitivamente afastada a equivocada noção de que uma classe de direitos (a dos direitos civis e políticos) merece inteiro reconhecimento e respeito, enquanto outra classe de direitos (a dos direitos sociais, econômicos e culturais), ao revés, não merece qualquer reconhecimento. A ideia da não acionabilidade dos direitos sociais é meramente ideológica e não científica. Sob a ótica normativa internacional, está definitivamente superada a concepção de que os direitos sociais, econômicos e culturais não são direitos legais. Como aludem Asbjorn Eide e Alla Rosas: 'Levar os di-

Por isso, no decorrer do século XX, foi possível acompanhar a incorporação desse novel catálogo nas Constituições que exsurgiram sob a denominação "constitutivas" ou "dirigentes", pelo fato de imporem ao Estado a responsabilidade de desenvolver um programa de integração socioeconômica, baseado na regulação do mercado de trabalho, na autorização para intervir no domínio econômico, bem assim na concessão de prestações positivas como a oferta de ensino público gratuito, atendimento clínico-hospitalar e pagamento de aposentadorias para amparar a velhice e a invalidez, tudo no afã de implementar a tão almejada justiça social.

Entretanto, na maioria dos casos, até mesmo por falta de consenso, as novas Constituições desempenharam um papel extremamente tímido. Nada obstante coligirem os novos valores encampados pelo *Welfare State*, não souberam precisar os órgãos competentes, os meios disponíveis e os recursos alocados para dar consecução às metas estatais.

Desperdiçando a oportunidade de abonar correntes que identificavam os direitos de crédito como prerrogativas imediatamente acionáveis, ou seja, como autênticos direitos subjetivos fruídos perante o Poder Público, as Constituições desse período se contentaram em esboçar as linhas gerais de amplos programas socioeconômicos, remetendo ao legislador ordinário a incumbência de, em momento oportuno, dispor sobre os modos e os meios mais adequados para executá-los. Fácil notar, portanto, que o problema das omissões legislativas está intimamente ligado ao estudo das Constituições dirigentes, em razão da imensa gama de normas programáticas sujeitas a regulamentação legal.

Ao discorrer sobre Constituição dirigente, Canotilho a concebe não como simples norma organizacional das competências dos órgãos de direção política ou definidora de direitos fundamentais, mas como um plano normativo-material global do Estado e da Sociedade, necessariamente aberto, que vincula os Poderes Públicos a programas constitucionalmente orientados à socialização dos direitos prestacionais[36].

---

reitos econômicos, sociais e culturais a sério implica, ao mesmo tempo, um compromisso com a integração social, a solidariedade e a igualdade, incluindo a questão da distribuição de renda. Os direitos sociais, econômicos e culturais incluem como preocupação central a proteção aos grupos vulneráveis. (...) As necessidades fundamentais não devem ficar condicionadas à caridade de programas e políticas estatais, mas devem ser definidas como direitos'" (PIOVESAN, Flávia. *Temas de direitos humanos*. 2. ed. São Paulo: Max Limonad, 2003, p. 92-95).

[36] CANOTILHO, José Joaquim Gomes. *Constituição dirigente e vinculação do legislador*, cit., p. 12.

O dirigismo estatal está umbilicalmente relacionado à heterovinculação da Constituição e à eficácia normativa de seus preceitos. É opinião corrente, hoje, a de que a Constituição vincula todos os Poderes, inclusive o Legislativo, na medida em que absorve os objetivos fundamentais e as diretrizes políticas de um Estado. Tal fenômeno pressupõe a juridicização da política, que não se dobra ao livre escambo partidário nem está constitucionalmente desvinculada. Aliás, este é um apanágio de nossa era já que "todas as constituições pretendem, implícita ou explicitamente, conformar globalmente o político"[37].

Contraposta à insuficiência do paradigma liberal, a Constituição dirigente apresenta-se como o estatuto do intervencionismo estatal que "busca responder à emergência de um novo padrão de conflituosidade, bem como à exigência de novos direitos fundamentais"[38]. É o programa de ação de uma sociedade em devir, aberta ao futuro, que não se adscreve a conformar o *status quo* do presente, mas divisa na função promocional do Direito a irrupção das mudanças sociais.

1.5 As Constituições dirigentes e o desmonte do Estado

Questionando até que ponto é lícito a uma Constituição ser mais dirigente e menos organizacional, Celso Bastos critica as posições extremadas. Após sustentar não ser mais "aceitável em nossos dias que a Constituição seja exclusivamente orgânica", realçando sua dimensão prospectiva, esclarece que "a posição contrária, marcada por uma exuberância excessiva de normas programáticas, acaba por trazer consequências indesejáveis, a ponto de torná-la inadmissível"[39].

Advoga a tese de que a "solução ideal situa-se a meio do caminho: a Constituição não há de ser exclusivamente organizacional, como não pode prodigalizar preceitos programáticos em excesso. É preciso que ela se contenha, se limite dentro de âmbitos razoáveis. Temos que assim ela estará cumprindo com o seu dever sem se tornar um estorvo ao desenvolvimento da sociedade"[40].

---

[37] CANOTILHO, José Joaquim Gomes. *Constituição dirigente e vinculação do legislador*, cit., p. 28.

[38] PIOVESAN, Flávia. *Proteção judicial contra omissões legislativas*, cit., p. 47.

[39] BASTOS, Celso Ribeiro. *Curso de direito constitucional*, cit., p. 144.

[40] BASTOS, Celso Ribeiro. *Curso de direito constitucional*, cit., p. 145.

E, pouco depois, arremata: "É importante, pois, que as Constituições consagrem valores, metas, fins, propósitos, mas é necessário que esses mesmos rumos, esses mesmos pontos a serem atingidos não esgotem a possibilidade de opções do Estado e nem sejam descritos de maneira casuística e minudente, a ponto de excluírem a própria possibilidade da escolha, da oportunidade, dos meios a serem adotados. É, portanto, um problema delicado este, e que só poderá encontrar uma solução razoável na medida em que o constituinte utilizar de moderação e de sabedoria"[41].

Sem embargo, o verdadeiro dirigismo não substitui, não embaraça e não obsta o florescimento da atividade política ou a criação de programas alternativos, até porque a ideia de Constituição dirigente não é antagônica à noção de pluralismo político. Longe disso. O modelo permanece aberto à interpretação evolutiva e não desmerece projetos forjados a partir da cambiante paisagem histórico-constitucional. Ao tempo em que descortina as metas comunitárias de maior relevância, um diploma de tal envergadura relega à política ampla margem de atuação, advertindo, contudo, que essa liberdade ajusta-se no âmbito de uma moldura demarcada por certos valores, censurando tanto o excesso de ímpeto quanto o recolhimento das casas legislativas e dos órgãos administrativos engajados na concretização de programas constitucionais.

Admitimos ser trabalho hercúleo estreitar as balizas que demarcam as faixas do jurídico e do político. Entrementes, não podemos consentir que a efetivação de normas constitucionais se reduza a uma questão de conveniência e oportunidade política, máxime diante da coqueluche neoliberal que, sob a batuta de argumentos recorrentes como a "inexistência de recursos" e o "desenvolvimento autossustentável", ameaça castrar direitos sociais, desmontar o Estado, flexibilizar as relações trabalhistas e promover outros ajustes que soam bem perante o grande empresariado, mas eliminam o pouco de segurança econômica que guarnece o exército de excluídos hospedados nas bases da pirâmide social.

Medidas deste calibre, de resto desacompanhadas de prévio estudo de soluções alternativas e respectivo impacto fiscal, desprezam a força normativa do princípio da proibição do retrocesso social, vetor que tem presidido o julgamento de algumas causas, mas, infelizmente, ainda não logrou aflorar todas as potencialidades que lhe são inerentes. De um fato esteja-

---

[41] BASTOS, Celso Ribeiro. *Curso de direito constitucional*, cit., p. 145.

mos certos: é preciso evoluir mesmo com vagar e paradas estratégicas, jamais retroceder. Se a Constituição é um programa dotado de efeito vinculante, não se pode condescender com a vulneração de suas cláusulas, seja pelo desarranjo advindo da banalização do processo revisional, seja pela omissão dos Poderes Públicos em viabilizar o pleno exercício de direitos fundamentais jungidos a prestações positivas.

É neste cenário que Flávia Piovesan "vislumbra o drama jurídico das Constituições contemporâneas, que é a dificuldade de converter a enunciação de princípios na disciplina de direitos acionáveis, em especial quando se trata de direitos relativos à educação, à cultura, à previdência e à saúde, que representam inovação ao Direito Constitucional clássico"[42].

A suposta ineficácia das normas programáticas levou boa parte da doutrina a condenar o dirigismo estatal. Em artigo sugestivo[43], Canotilho, após rever antigas conclusões, contribui para aguçar o impasse doutrinário, pois, aparentemente, sentencia a morte do modelo intervencionista. Pregando o redimensionamento da teoria geral do Direito Constitucional, o autor indaga até que ponto é lícito conformar autoritariamente a sociedade, sem atentar, dentro de um constitucionalismo moralmente reflexivo, para formas autônomas de direção política e de autorregulação social, bem assim para a transnacionalização de assuntos tradicionalmente domésticos.

A despeito de toda polêmica, a Constituição dirigente não morreu. Embora muitos hajam entoado o canto do cisne, a visão de Canotilho está limitada histórica e geograficamente. Como explica Dirley da Cunha Júnior, ela se deve às "recentes mudanças ocorridas no constitucionalismo português, sobretudo em razão do advento da União Europeia que impôs uma flexibilização na soberania dos Estados-membros (é o caso de Portugal) e que afetou, por via reflexa, a força normativa da Constituição portuguesa, na medida em que esta passou a conviver com as diretivas normativas da referida Comunidade"[44].

No que atina à realidade brasileira a crítica não tem pertinência, sobretudo porque, hoje mais do que ontem, nas regiões em que o *Welfare*

---

42 PIOVESAN, Flávia. *Proteção judicial contra omissões legislativas*, cit., p. 48-49.

43 CANOTILHO, José Joaquim Gomes. Rever ou romper com a constituição dirigente? Defesa de um constitucionalismo moralmente reflexivo. *Cadernos de Direito Constitucional e Ciência Política*, n. 15, p. 7-17.

44 CUNHA JÚNIOR, Dirley da. *Controle judicial das omissões do Poder Público*, cit., p. 62.

State ainda não logrou concretizar as promessas de planificação social, o dirigismo é o único instrumento juridicizado de política social capaz de abastecer o enorme contingente de excluídos com um mínimo de conforto e segurança. Portanto, a nova posição de CANOTILHO "não faz sucumbir a ideia de Constituição dirigente, pelo menos se aplicada à Constituição de 1988, em face da realidade sociopolítica do Estado brasileiro, que muito difere da realidade portuguesa"[45].

Encerrando a controvérsia, em videoconferência proferida durante a *I Jornada de Estudos sobre a Constituição Dirigente em Canotilho*, realizada entre os dias 21 e 22 de fevereiro de 2002, no município de São Luís do Purunã, o constitucionalista lusitano pôde enfim dirimir a polêmica que o pitoresco artigo suscitou em tão curto espaço de tempo. Na ocasião, reafirmou o caráter compromissário de muitos diplomas nacionais e sua capacidade de conformar a liberdade de atuação do legislador, vinculando-o aos objetivos constitucionalmente delineados em programas de implementação compulsória, resumindo tudo em uma frase: "As constituições dirigentes existirão enquanto forem historicamente necessárias"[46].

1.6 O perfil da Constituição Federal de 1988

As considerações expendidas afluem para a enunciação de uma Carta rígida, promocional, dirigente e aberta, tomada, na concepção culturalista, não como estatuto conformador do presente, mas como diploma antecipador das mudanças orientadas por valores fundamentais, assim reconhecidos na contextura social. Tal é a Constituição Cidadã de ULYSSES GUIMARÃES, promulgada em 5 de outubro de 1988.

Bem se diga que a ideia de inclusão social não configura inovação no constitucionalismo brasileiro. Sob a inspiração de WEIMAR, já era possível surpreender na Constituição de 1934 disposições de matriz socialista, repetidas e multiplicadas nos textos de 1937, 1946 e 1967.

Preservando o espólio legado pelas antecessoras, a Carta atual expande significativamente o rol de direitos econômicos, sociais e culturais, e, em que pese a grande maioria estar plasmada em normas programáticas

---

[45] CUNHA JÚNIOR, Dirley da. *Controle judicial das omissões do Poder Público*, cit., p. 62.

[46] COUTINHO, Jacinto Nelson de Miranda (org.). *Canotilho e a Constituição dirigente*. Rio de Janeiro: Renovar, 2003.

de reduzida eficácia, atribui a alguns deles o caráter de direito subjetivo prontamente acionável. E, nesse sentido, confirma "o esgotamento do modelo liberal de Estado em face do aumento de bens merecedores de tutela, que exigem a eficiência de um Estado de Bem-Estar Social, intervencionista e planejador"[47].

Seu caráter compromissário é desvelado logo no preâmbulo que, embora não possua força normativa (STF, ADIn 2.076-AC, rel. Min. Carlos Velloso, *DJU*, 23-8-2002)[48], funciona como relevante vetor interpretativo ao dispor que a República Federativa do Brasil, instituída sob a forma de Estado Democrático de Direito, busca "assegurar o exercício dos direitos sociais e individuais, a liberdade, a segurança, o bem-estar, o desenvolvimento, a igualdade e a justiça como valores supremos de uma sociedade fraterna, pluralista e sem preconceitos, fundada na harmonia social".

---

[47] PIOVESAN, Flávia. *Proteção judicial contra omissões legislativas*, cit., p. 47.

[48] A discussão sobre a natureza jurídica do preâmbulo constitucional é terreno fértil de polêmicas. Entre os que defendem sua força normativa, destacam-se Aristides Milton, Carlos Maximiliano, João Barbalho, José Duarte, Geordes Vedel, Georges Burdeau, Giuseppe de Vergottini, Story, Juan Fernando Badia, Jorge Miranda, Edvaldo Brito e Josaphat Marinho (cf. BRITO, Edvaldo. *Limites da Revisão Constitucional*. Porto Alegre: Fabris, 1993, p. 38-39). No mesmo sentido, tem-se ainda: G. Bidart Campos (*Derecho Constitucional*. Buenos Aires: Ediar, 1968, t. 1, p. 314), Tupinambá Miguel Castro Nascimento (*Comentários à Constituição Federal*. Porto Alegre: Livraria do Advogado, 1997, p. 134), além de Lafferrière, Roger Pinto, Schimitt, Nawiaski, Paolo Biscaretti di Ruffia (Cf. FERREIRA, Luís Pinto. *Comentários à Constituição brasileira*. São Paulo: Saraiva, 1989, v. 1, p. 4). Por fim, Dirley da Cunha Júnior também sustenta a eficácia normativa do preâmbulo, por considerá-lo, tecnicamente, "parte integrante da Constituição" (*Controle judicial das omissões do poder público*, cit., p. 69).

No sentido inverso, afirmando a ausência de caráter normativo do preâmbulo, encontram-se: Aureliano Leal, Corwin, Kelsen e Paulo Bonavides (in BRITO, Edvaldo. *Limites da revisão constitucional*. Porto Alegre: Fabris, 1993, p. 38-39). Na mesma linha, manifestam-se ainda: Alexandre de Moraes (*Direito constitucional*, 15. ed., Atlas, 2004, p. 51), J. J. Gomes Canotilho e Vital Moreira (*Fundamentos da Constituição*. Coimbra: Coimbra Ed., 1991, p. 45); Quiroga Lavié (*Derecho constitucional*. 3. ed. Buenos Aires: Depalma, 1993, p. 61), Miguel Ángel Ekmekdjian (*Tratado de derecho constitucional*. Buenos Aires: Depalma, 1993, t. 1, p. 76), José Celso de Mello Filho (*Constituição Federal anotada*. 2. ed. São Paulo: Saraiva, 1986, p. 20), Celso Bastos e Ives Gandra (*Comentários à Constituição do Brasil*. São Paulo: Saraiva, 1988, v. 1, p. 409-410); Ivo Dantas (*Constituição Federal*: teoria e prática. Rio de Janeiro: Renovar, 1994, v. 1, p. 221) e Pinto Ferreira (*Comentários à Constituição brasileira*. São Paulo: Saraiva, 1939, v. 1, p. 3-4). Para nós, o preâmbulo não integra o texto magno propriamente dito e, portanto, não contém normas constitucionais de valor jurídico autônomo. Isso não equivale a proclamar sua irrelevância, pois ele serve de fonte interpretativa para dissipar eventuais obscuridades até porque congrega, ainda que de forma sumária, os objetivos que o constituinte originário teve em mente ao dar por encerrada sua obra. É esta também a posição do Supremo Tribunal Federal.

Essa constatação é reforçada pela nova topografia constitucional, pois o diploma atual, priorizando direitos e princípios fundamentais, optou por discipliná-los logo nos títulos inaugurais (arts. 1º a 17), ao contrário da Carta de 1967 que, inicialmente, cuidou da organização nacional, para, só então, dedicar atenção aos direitos humanos (arts. 145 a 154).

Doutro vértice, as limitações circunstanciais, procedimentais e materiais, que cerceiam a competência reformadora do Congresso Nacional (CF, art. 60, §§ 1º a 5º), espelham a rigidez constitucional, que prioriza determinados valores e empresta certa estabilidade ao texto, imunizando-o contra as investidas do legislador ordinário para, também assim, debelar o perigo sempre atual de instaurar a ditadura da maioria sobre a minoria.

De seu turno, a programaticidade é revelada na medida em que boa parte dos direitos sociais enunciados no art. 6º é redirecionada para os Títulos VII (Da Ordem Econômica) e VIII (Da Ordem Social), nos quais se alojam os programas, as tarefas e os planos que ao Estado, em cooperação com a sociedade, incumbe desenvolver. Aliás, sob este aspecto, Tércio Sampaio Ferraz é enfático: "De todas as Constituições que tivemos, a de 1988 é, certamente, a mais programática. Não há quase texto prescritivo, mandamento constitucional que não se veja acompanhado de normas programáticas, de ordens ao legislador ordinário para uma efetiva regulação concretizadora. Num certo sentido pode-se dizer que a Constituição de 1988, até mesmo como texto, ainda está por se fazer"[49].

Este fenômeno reflete a visível abertura do texto constitucional, uma vez que a presença de considerável número de normas programáticas, estruturadas de forma quase esquálida e ornadas com reduzida eficácia, não dispensa a mediação normativa e o desenvolvimento de uma jurisdição construtivista e comprometida com o princípio da máxima efetividade das normas constitucionais.

Paralelamente, abre-se espaço para a democratização hermenêutica, com a revitalização da consciência constitucional e a construção de uma sociedade aberta de intérpretes, despertando no cidadão comum a vontade de concretizar a Constituição, ciente de que a força normativa de seus preceitos é a chave para superar uma dogmática restritiva.

---

[49] FERRAZ JÚNIOR, Tércio Sampaio. *Constituição de 1988*: legitimidade, vigência e eficácia, supremacia. São Paulo: Atlas, 1989, p. 58.

2 Aspectos aferíveis no controle de constitucionalidade

Vem a propósito, nesta quadra, a delimitação dos conceitos de existência, validade, eficácia, efetividade e imperatividade das normas jurídicas, sobre os quais viceja grande confusão terminológica.

Se não parece oportuno empreender longa dissertação sobre o tema, mais afeto à Teoria Geral do Direito do que propriamente ao Direito Constitucional, também não podemos descurar totalmente desta questão terminológica, pois, como aduz SAMPAIO DÓRIA, "os homens dissentem mais em virtude da equivocidade da linguagem que usem, do que pelas concepções que tenham das realidades em si"[50]. Emerge, portanto, a necessidade de fixar o núcleo conceitual de cada um desses termos para evitar que "já do rótulo se embaralhem as ideias"[51].

A variada tipologia de vícios normativos pode ser reconduzida a distintos planos de enfoque da norma jurídica. Assim, enquanto a inconstitucionalidade por ação se resolve numa questão de invalidade, a omissão inconstitucional opera no campo da eficácia e da efetividade. Por outro lado, imperfeições aparentemente condutíveis ao plano da validade culminam por decretar a própria inexistência da norma jurídica.

Por não atentar a tais particularidades, KELSEN, a nosso ver, confundiu validade e existência, sustentando que a norma inconstitucional não produz efeitos válidos simplesmente porque não existe no mundo jurídico entendimento do qual divergimos[52].

---

[50] DÓRIA, A. de Sampaio. *Curso de direito constitucional*. 2. ed. São Paulo: Cia. Editorial Nacional, 1946, v. 1, Prefácio.

[51] BARROSO, Luís Roberto. *O direito constitucional e a efetividade de suas normas*. 7. ed. Rio de Janeiro: Renovar, 2003, p. 81.

[52] No Brasil, Cármen Lúcia Antunes Rocha segue os passos de Kelsen quando afirma: "Con-

Longe de atuar livremente, o Poder Legislativo encontra-se sujeito a uma rígida disciplina normativa, sendo lícito ao Poder Judiciário negar aplicação às leis elaboradas sem observância dos trâmites previstos na Constituição, o que, obviamente, implica o reconhecimento da inconstitucionalidade da norma jurídica.

Entretanto, não se podem equiparar planos distintos como o da validade e o da existência normativa. Explica-se: uma norma jurídica existe ou não existe; existindo, será válida ou inválida, eficaz ou ineficaz. Além disso, poderá ser observada de forma espontânea e efetiva pelos seus destinatários, ou jazer como letra morta por não granjear a simpatia popular, sem que isto lhe diminua a autoridade, ou melhor, afete sua imperatividade.

Dissecar esta questão é tarefa espinhosa, mas de grande utilidade para o estudo das omissões inconstitucionais e respectivos instrumentos de controle. Por isso, a análise deste problema assaz complexo, que no fundo retoma velha discussão sobre a teoria dos atos inexistentes, nulos e anuláveis, demandará o enfoque da norma sob prismas isolados. É o que faremos.

2.1 Existência

Sabe-se que a lei é um ato complexo que se ultima após a conjugação de vontade de órgãos distintos: Executivo e Legislativo. Em geral, o projeto apresentado pelo órgão competente deve ser amplamente discutido nas casas legislativas, na forma prevista na Constituição e nos respectivos regimentos. Aprovado pelo *quorum* regimental, será submetido à sanção, seguindo-se a promulgação e posterior publicação no *Diário Oficial*.

A regularidade do processo legislativo subordina-se à observância deste conjunto de regras. Assim, enquanto o Executivo não sancionar e promulgar o projeto egresso do Legislativo, não se tem um ato pronto, perfeito e acabado. Igualmente, os projetos rejeitados ou havidos por prejudicados não ganham virtualidade jurídica, pois carecem de requisitos intrínsecos ao processo de elaboração legislativa.

---

siderando-se esta (a inconstitucionalidade) uma falha que fulmina a lei ou o ato normativo em sua existência, tem-se, então, uma não lei ou um não ato normativo" (*Constituição e constitucionalidade*. Belo Horizonte: Ed. Lê, 1991, p. 148).

Acompanhando Leib Soibelman, sustentamos que inexistente é o ato que não chegou a existir por falta de elementos essenciais[53]. A questão, longe de ser acadêmica, suscita problemas reais. Suponhamos, ilustrativamente, que algum funcionário do *Diário Oficial da União* publique, por um lapso, projeto rejeitado pelo Congresso Nacional que fixava a anistia de multas tributárias, dando-o como aprovado.

É impossível invocar o argumento da inconstitucionalidade na situação ilustrada. Com efeito, a suposta "lei" não é inconstitucional, pois sequer existe, uma vez que não foi aprovada, sancionada e promulgada pelos órgãos competentes. Vale dizer, não preencheu os requisitos necessários à sua formação.

Neste caso, o engano é desfeito sem maiores formalidades mediante a publicação de errata no *Diário Oficial*, não podendo o contribuinte inadimplente exigir o abatimento de seu débito ou postular perdas e danos em face do expurgo da anistia tributária. Aqui, o problema da responsabilidade por atos legislativos não vem à tona.

Outra seria a solução se a lei realmente fosse aprovada, sancionada e promulgada, pois, em homenagem ao princípio do paralelismo das formas, só poderia ser revogada por outra norma legislativa.

Pontes de Miranda expõe os fundamentos desta teoria:

> Para que algo valha é preciso que exista. Não tem sentido falar-se de validade ou de invalidade a respeito do que não existe. A questão da inexistência é questão prévia. Somente depois de se afirmar que existe é possível pensar-se em validade ou em invalidade. (...) se não houve ato jurídico, nada há que se possa ser válido ou inválido. Os conceitos de validade ou de invalidade só se referem a atos jurídicos, isto é, a atos humanos que entraram (plano da existência) no mundo jurídico e se tornaram, assim, atos jurídicos[54].

A dimensão existencial da lei abrange o estudo de quatro elementos assim decompostos: agente, vontade, objeto e forma.

---

[53] SOIBELMAN, Leib. *Enciclopédia do advogado*. 5. ed. Rio de Janeiro: Thex, 1996, p. 41.

[54] MIRANDA, F. C. Pontes de. *Tratado de direito privado*: parte geral. Rio de Janeiro: Borsoi, 1954, t. 4, p. 6-7.

O poder normativo está distribuído entre os órgãos Executivo e Legislativo, concentrando-se com maior intensidade neste último. Enquanto espécie do gênero "ato jurídico", a lei consubstancia a manifestação de vontade desses poderes estatais, que se pressupõe escoimada de vícios. Portanto, sem a participação livre e consciente desses agentes políticos não se tem verdadeira deliberação legislativa.

Isso explica porque no exemplo anterior (errônea publicação no *Diário Oficial*) não existe lei alguma, pois não houve declaração de vontade emanada dos órgãos competentes, ou seja, não se operou a aprovação do Congresso Nacional e a sanção presidencial. Tal é a opinião que Luís Roberto Barroso possui sobre o tema:

> A ausência, deficiência ou insuficiência dos elementos que constituem pressupostos materiais de incidência da norma impedem o ingresso do ato no mundo jurídico. Será, por via de consequência, um ato inexistente, do qual o Direito só se ocupará para repeli-lo adequadamente, se necessário. Seria inexistente, por exemplo, uma "lei" que não houvesse resultado de aprovação da Casa legislativa, por ausente a manifestação de vontade apta a fazê-la ingressar no mundo jurídico[55].

O mesmo se passa no caso de lei votada sob irresistível coação parlamentar ou quando o chefe do Executivo, ao sancionar um dado projeto de lei, acrescenta artigos que não passaram pelo crivo do Poder Legislativo. Nos aludidos exemplos não se discute a conformidade da lei com as demais normas do sistema (validade), mas a sua própria existência visto que a regra nem chegou a ingressar no ordenamento jurídico.

O terceiro elemento aquilatado no plano da existência refere-se ao seu objeto. Para existir, o ato legislativo deve reger hipóteses de ocorrência factível e possuir um mínimo de conteúdo comunicativo, como elucida André Ramos Tavares:

> Suponha-se, pois, uma lei que tenha um único artigo, que estabeleça: "kjlk, lmr". Evidentemente que tal caçoada do Poder Legislativo não poderá ser levada a sério. Não há lei, por não haver um conteúdo mínimo comunicativo.

---

[55] BARROSO, Luís Roberto. *O direito constitucional e a efetividade de suas normas*, cit., p. 82.

> Contudo, imagine-se ainda uma lei que, de forma incisiva, determine: "Ficam todos os brasileiros obrigados a se dirigirem ao centro da Terra e lá permanecerem". Há uma ordem, um comando direto, dirigido a pessoas determinadas. Trata-se, todavia, de realização impossível, fisicamente falando (*ad impossibilia nemo tenetur*: ninguém é obrigado a coisas impossíveis). A lei, pois, seria inexistente, por defeito em um de seus elementos estruturais, no caso, seu objeto[56].

Bobbio também definiu as proposições normativas como conjuntos de palavras dotados, em sua unidade, de significado inteligível e viés comunicativo, separando-as das proposições inexistentes, i.e., daquelas desprovidas de teor informativo. É verdade que o professor de Turim confessou-se seguidor de Kelsen ao enfatizar que "o problema da validade é o problema da existência da regra enquanto tal, independentemente do juízo de valor se ela é justa ou não"[57]. Entretanto, ao distinguir entre proposições inexistentes, de um lado, e proposições falsas ou inválidas, de outro, acabou, ainda que de forma inconsciente, preparando terreno para a afirmação da inexistência da norma ininteligível e juridicamente impossível, como se infere de sugestiva passagem de sua obra:

> Quando defino uma proposição como um conjunto de palavras que possuem um significado em sua unidade, entendo excluir do uso deste termo conjuntos de palavras sem significado. Um conjunto de palavras pode não ter um significado em sua unidade, embora tenham um significado as palavras que o componham como, por exemplo: "César é um número primo"; "O triângulo é democrático". Ou ainda podem não possuir um significado como unidade, porque as palavras mesmas que o compõem não têm, tomadas singularmente, um significado, como por exemplo: "Pape Satan, pape Satan aleppe". Um conjunto de palavras sem significado não pode ser confundido com uma proposição falsa. Uma proposição falsa é sempre uma proposição porque tem um significado. Por exemplo: "César morreu nos idos de abril", "O triângulo tem quatro lados" (...) Quando dizemos que uma norma jurídica é uma proposição, queremos dizer que

---

[56] TAVARES, André Ramos. *Curso de direito constitucional.* São Paulo: Saraiva, 2002, p. 130.

[57] BOBBIO, Norberto. *Teoria da norma jurídica.* 2. ed. São Paulo: Edipro, 2003, p. 46.

é um conjunto de palavras que têm um significado. (...) Como uma proposição em geral pode ter um significado, mas ser falsa, também uma proposição normativa pode ter um significado e ser — não digamos falsa — mas, pelas razões que veremos a seguir, inválida ou injusta[58].

Na esteira da melhor doutrina, as regras traçadas na Constituição assumem importância angular no plano da existência do ato legislativo, na medida em que aportam elementos estruturais à sua configuração.

O processo legislativo reclama formas solenes e de observância obrigatória, fracionando-se em múltiplas fases. Porém, é a partir da promulgação que a lei passa a ter existência jurídica, como ressaltam André Ramos Tavares[59], Celso Ribeiro Bastos[60] e Tércio Sampaio Ferraz[61].

Acredita-se assim que a supressão de formalidades internas na fase de produção normativa importa inexistência da lei. Não, porém, a sua realização imperfeita, pois, como pondera Pontes de Miranda, "defeituosidade não é inexistência. Para ter defeito, ou defeitos, é preciso existir"[62].

Assim, o projeto aprovado pelo Legislativo e sancionado pelo Executivo não será lei enquanto não houver promulgação. Diversa é a situação de uma lei orgânica municipal, sancionada, promulgada e aprovada em dois turnos legislativos, sem a observância do intervalo de dez dias, previsto no art. 29, *caput*, da Constituição Federal. É lei, embora inconstitucional.

Partilhando de idêntico pensar, Luís Roberto Barroso esclarece que existência e validade são conceitos heterogêneos, ponderando que o ato jurídico existirá quando reunir os elementos constitutivos previstos em lei como causa eficiente de sua incidência, a saber: agente, objeto e forma. Sob outro prisma, presentes os requisitos da competência, da adequação

---

58 BOBBIO, Norberto. *Teoria da norma jurídica*, cit., p. 74.

59 TAVARES, André Ramos. *Curso de direito constitucional*, cit., p. 131.

60 BASTOS, Celso Ribeiro. *Curso de direito constitucional*. São Paulo: Celso Bastos Editor, 2002, p. 368.

61 FERRAZ JÚNIOR, Tércio Sampaio. *Introdução ao estudo do direito*. 2. ed. São Paulo: Atlas, 1994, p. 233.

Contra: "... a promulgação não faz a lei, mas os efeitos dela se produzem depois daquela". SILVA, José Afonso da. *Curso de direito constitucional positivo*, cit., p. 526. "A promulgação atesta a existência de algo já existente." TEMER, Michel. *Elementos de direito constitucional*. 16. ed. São Paulo: Malheiros, 2000, p. 142.

62 MIRANDA, F. C. Pontes de. *Tratado de direito privado*, cit., t. 4, p. 30.

formal e da licitude do objeto, o ato já gozará, para além disto, de validade jurídica[63].

Jorge Miranda apresenta um peculiar desenho da questão. Sob o rótulo genérico "valores jurídicos da inconstitucionalidade", que abrange os diferentes graus de apreciação do ato inconstitucional pelo ordenamento jurídico, ele investiga quatro espécies distintas de vícios normativos, a saber: inexistência, nulidade absoluta, anulabilidade e irregularidade.

Após reconduzir a inconstitucionalidade ao vício de nulidade absoluta, o autor menciona não ser desprezível a análise da inexistência jurídica verificável quando ausentes os requisitos necessários à formação do ato normativo. Para Miranda, conquanto o ato nulo e o inexistente não produzam efeitos desde a origem, o reconhecimento da nulidade reclama prévia decisão judicial, enquanto a inexistência pode ser declarada por qualquer meio e independe de pronunciamento jurisdicional. Por fim, cita como exemplo de norma inexistente aquela que repete o teor de lei já declarada inconstitucional com força obrigatória geral sem que haja transmudado o sentido da norma parâmetro[64].

A própria Lei n. 9.868/99, que disciplina o rito processual da ação direta de inconstitucionalidade, parece ter acolhido essa distinção de planos. Tanto assim que, a pretexto de resguardar situações jurídicas consolidadas, admitiu postergar a eficácia da declaração de inconstitucionalidade para além do trânsito em julgado ou de futura data estabelecida pelo Supremo Tribunal Federal, impedindo que a decisão retroagisse à origem da norma impugnada para cassar-lhe os efeitos passados, presentes e futuros. Ora, se reputássemos inexistente a lei inconstitucional, teríamos necessariamente que reconhecer eficácia retroativa à declaração de inconstitucionalidade, pois nenhum efeito jurídico emana do "nada".

Discorrendo sobre a *vacatio constitutionis*, José Afonso da Silva já havia acenado para esta particularidade, especialmente quando sustentou que a lei criada sob a égide da Constituição anterior e com ela incompatível, poderia ser validamente recepcionada pela ordem jurídica inaugurada com a promulgação da nova Constituição, se com ela se mostrasse congruente, passando a dimanar efeitos plenos e regulares, desde que sua executorie-

---

63 BARROSO, Luís Roberto. *O direito constitucional e a efetividade de suas normas*, cit., p. 83.

64 MIRANDA, Jorge. *Manual de direito constitucional*. Coimbra: Coimbra Editora, 2001, t. 6, p. 87-91.

dade não tivesse sido anteriormente suspensa com eficácia *erga omnes*[65].

Também aqui é límpida a distinção entre validade e existência. Uma lei só "nasce" após preencher os requisitos estabelecidos para sua formação. "Nascendo", ganha existência jurídica e cumprirá o ciclo vital até os instantes finais de sua "morte", que ocorrerá quando for revogada por lei de igual peso e origem ou quando for eliminada mediante técnicas de controle de constitucionalidade.

Assim como a projeção moral da conduta humana é o parâmetro de aferição do valor de um homem, também a Constituição é o parâmetro de validade dos atos normativos. E mais: tal como os homens perigosos são afastados do convívio social, também as leis inconstitucionais devem ser subtraídas do convívio com outras normas, tendo sua executoriedade suspensa em definitivo, com o que são eliminadas do ordenamento jurídico. Mas, enquanto isso não suceder, tanto o homem torpe quanto a norma inconstitucional continuarão atuando, vivendo e produzindo efeitos.

Se mudarmos o parâmetro de aferição da validade da norma jurídica, muda igualmente o juízo que dela fazemos em "vida". Portanto, nada obsta que a norma tida por inválida sob a ótica de uma Constituição antiga seja recepcionada como norma boa, válida e plenamente eficaz perante a nova arquitetura constitucional. Mas, para tanto, é fundamental que a norma legislativa não tenha "morrido", i.e., não tenha sido revogada nem suspensa no regime anterior, pois, se isto ocorreu, se ela de fato morreu, não poderá ressurgir das cinzas para recobrar a eficácia perdida.

Este raciocínio só pode ser desenvolvido a partir do momento em que situarmos os conceitos da validade e da existência em planos diversos. Deveras, na cabeça daqueles que embaralham os dois planos de enfoque normativo, a lei inconstitucional seria algo natimorto, que não chegou a existir e, não existindo, não produziu efeitos no passado, nem irá gerá-los no futuro, ainda que se altere o fundamento inaugural da ordem jurídica.

---

[65] "Toda lei ordinária que tenha sido criada no período de *vacatio constitutionis* será inválida se contrariar as normas constitucionais existentes, mesmo quando esteja de acordo com a Constituição já promulgada, mas não em vigor. Todavia, se não houver sido suspensa sua executoriedade na forma prevista, após sua declaração de inconstitucionalidade, torna-se válida e executável desde o dia em que a Constituição entrar em vigor" (SILVA, José Afonso da. *Aplicabilidade das normas constitucionais*. 6. ed. São Paulo: Malheiros, 2003, p. 55).

A questão da inexistência, reitere-se, não desperta interesse apenas acadêmico, mas possui implicações pragmáticas. Isto porque, enquanto manifestação de um órgão estatal, as leis, em geral, gozam de presunção de validade, sendo consideradas constitucionais até pronunciamento contrário do Poder Judiciário. Mas este atributo só atinge as leis que possuem existência jurídica, ou seja, aquelas que, ao menos aparentemente, preencheram os requisitos necessários à sua formação. De igual modo, a declaração de invalidade (nulidade/inconstitucionalidade) está condicionada a prévio pronunciamento jurisdicional, enquanto o reconhecimento da inexistência independe de formas especiais e pode operar-se até mesmo na esfera administrativa, como se denota do exemplo fornecido pela divulgação de errata em caso de errônea publicação no *Diário Oficial* de projeto rejeitado pelo Poder Legislativo. Além disso, sendo inconfundíveis os planos da existência e da validade normativa, não se afigura correto impetrar mandado de injunção para assegurar o exercício de direitos já regulamentados por lei que se reputa inconstitucional, pois, nos termos do inciso LXXI do art. 5º do texto magno, referida ação só tem cabimento quando a ausência de norma regulamentadora — e não sua virtual invalidade — obstar a fruição de direitos, liberdades e prerrogativas constitucionais.

2.2 Validade

É a Constituição o parâmetro máximo de aferição da validade dos atos normativos. Este diploma contém as regras que fixam a competência material dos entes políticos e regulam o processo de elaboração legislativa, demarcando o objeto e a finalidade legal a ser perseguida.

Estar-se-á diante de inconstitucionalidade material quando a lei vulnerar o conteúdo e o espírito das normas constitucionais. O vício será formal quando não forem observados os trâmites normais do processo legislativo.

A doutrina entende que a declaração de inconstitucionalidade acarreta a nulidade absoluta da norma jurídica e, por conseguinte, possui eficácia *ex tunc*, retroagindo ao seu nascedouro para cassar-lhe todos os efeitos.

No Brasil, após a edição da Lei n. 9.868, de 11 de novembro de 1999, tal entendimento passou a ser revisto, atribuindo-se ao Supremo Tribunal Federal, por razões de segurança jurídica ou de excepcional interesse público, a faculdade de postergar a eficácia da declaração de inconstitucionalidade para além do trânsito em julgado ou, ainda, de fazê-la incidir a partir de outro momento oportuno[66].

Qualquer ato contrário ao Direito, conquanto lesivo do patrimônio alheio, impõe a consequente reparação. Logo, em sede de inconstitucionalidade, instala-se o problema da responsabilidade do Estado por atos legislativos.

O Poder Judiciário pode analisar a constitucionalidade dos atos normativos tanto no âmbito do controle concentrado quanto no seio do controle difuso. No primeiro caso, os efeitos da declaração de inconstitucionalidade são oponíveis *erga omnes*; no segundo, estão restritos às partes do processo.

É de notar, porém, que o pedido de indenização por danos decorrentes de atos legislativos só pode ser objeto de demanda específica, movida pelo particular lesado, pois apenas nesta sede é possível delimitar a extensão dos prejuízos e o nexo causal, dentre outras particularidades. Ademais, o processo objetivo não constitui foro adequado para tutelar interesses subjetivos e individuais. É desnecessário, outrossim, aguardar prévio pronunciamento da inconstitucionalidade em sede concentrada, uma vez que tal declaração pode ser obtida incidentalmente no âmbito da própria ação indenizatória. A ideia será melhor desenvolvida em momento oportuno.

---

[66] Diz textualmente o art. 27 da Lei n. 9.868/99: "Ao declarar a inconstitucionalidade de lei ou ato normativo, e tendo em vista razões de segurança jurídica ou de excepcional interesse social, poderá o Supremo Tribunal Federal, por maioria de dois terços de seus membros, restringir os efeitos daquela declaração ou decidir que ela só tenha eficácia a partir de seu trânsito em julgado ou de outro momento que venha a ser fixado". Tal preceito, inspirado no art. 282, § 4º, da Constituição portuguesa, foi alvo de acirradas discussões, pois, tradicionalmente, equipara-se a inconstitucionalidade à nulidade absoluta, cujo reconhecimento importa a desconstituição do ato normativo desde o nascedouro. Por isso, a Confederação Nacional das Profissões Liberais (CNPL) interpôs, em 22 de fevereiro de 2000, a Ação Direta de Inconstitucionalidade n. 2.154, subscrita pelos advogados Amadeu Roberto Garrido de Paula e Emerson D. E. X. dos Santos, ainda pendente de julgamento, visando declarar a inconstitucionalidade do sobredito dispositivo legal. A nosso ver, o art. 7º da Lei n. 9.868/99, ao abrir exceção à regra da retroatividade da declaração de inconstitucionalidade proferida pelo Supremo, não vulnera a ordem jurídica. Isto porque uma maior maleabilidade na "fixação dos efeitos da inconstitucionalidade destina-se a adequá-la às situações da vida, a ponderar o seu alcance e a mitigar uma excessiva rigidez que pudesse comportar; destina-se a evitar que, para fugir a consequências demasiado gravosas da declaração, o Tribunal Constitucional viesse a não decidir pela ocorrência de inconstitucionalidade; é uma válvula de segurança da própria finalidade e da efetividade do sistema de fiscalização" (MIRANDA, Jorge. *Manual de direito constitucional*. 3. ed. Coimbra: Coimbra Ed., 1991, t. 2, p. 500-502).

2.3 Eficácia e efetividade

Miguel Reale enaltece a importância da dimensão eficacial ao dizer que "uma regra elaborada tecnicamente pelo órgão do Estado não é regra jurídica no sentido pleno da palavra, quando não encontra correspondência no viver social nem se transforma em momento da vida de um povo"[67].

Eficácia é um termo dúbio que compreende tanto a qualidade da norma vigente produzir efeitos jurídicos quanto a sua concreta observância e aplicação por parte das pessoas a que se dirige. Com lastro nesta conotação elástica, muitos autores distinguem a eficácia jurídica da chamada efetividade ou eficácia social.

Uma norma é juridicamente eficaz quando está apta a produzir os efeitos que lhe são inerentes, atributo que pressupõe sua vigência, ou seja, a exigibilidade da conduta prescrita em lei. Via de regra, só a lei perfeita e acabada, após sua publicação e respeitado o prazo de *vacatio legis*, produz efeitos jurídicos.

A noção de eficácia jurídica se distancia, portanto, da ideia de efetividade ou eficácia social da norma, entendida como "o fato real de ela ser efetivamente aplicada e observada, da circunstância de uma conduta humana conforme à norma se verificar na ordem dos fatos"[68]. A efetividade traduz a realização empírica do Direito, o desempenho concreto de sua função social, enfim, a materialização, no mundo dos fatos, dos preceitos legais, simbolizando a aproximação, tão íntima quanto possível, entre o dever-ser normativo e o ser da realidade social[69].

Michel Temer esclarece que "a eficácia social se verifica na hipótese de a norma vigente, isto é, com potencialidade para regular determinadas relações, ser efetivamente aplicada a casos concretos. Eficácia jurídica, por sua vez, significa que a norma está apta a produzir efeitos na ocorrência de situações concretas, mas já produz efeitos jurídicos na medida em que sua simples edição resulta na revogação de todas as normas anteriores que com ela conflitam. Embora não aplicada a casos concretos, é aplicável juridicamente no sentido negativo antes apontado. Isto é: retira a eficácia da normatividade anterior. É eficácia, juridicamente, embora não tenha

---

[67] REALE, Miguel. *Filosofia do direito*. São Paulo: Saraiva, 1965, p. 406.

[68] KELSEN, Hans. *Teoria pura do direito*, cit., p. 29-30.

[69] BARROSO, Luís Roberto. *O direito constitucional e a efetividade de suas normas*, cit., p. 85.

sido aplicada concretamente"[70].

Da eficácia jurídica cuidou, exaustivamente, José Afonso da Silva, ao sentenciar que todas as normas constitucionais são eficazes e aplicáveis nos limites de sua densidade normativa. Todas elas, é certo, possuem eficácia negativa e paralisante, pelo que revogam a legislação anterior incompatível e conformam a atuação do legislador ordinário, tornando inconstitucionais e írritas quaisquer normas contrárias aos seus preceitos. Algumas, além deste mínimo eficacial que todas possuem, também geram direitos subjetivos prontamente acionáveis.

Segundo Tércio Sampaio Ferraz Júnior, enquanto a eficácia jurídica corresponde às condições técnico-operacionais de atuação da norma, a eficácia social prende-se às condições fático-empíricas de realização do suposto normativo. Dentre estas últimas, é possível destacar: a) a identificação da norma jurídica com os valores que informam o meio social; b) o apego da norma a objetivos palpáveis e reais, já que diante de promessas irrealizáveis não há efetividade possível; c) a maior disposição dos responsáveis pela aplicação do Direito em torná-lo operante, engendrando fórmulas voltadas a materializar compromissos teóricos. É sobretudo a este ponto, qual seja, o da eficácia social, que a presente obra irá cifrar-se, já que o Direito que não se realiza é Direito morto.

Os dois sentidos da palavra eficácia são independentes. De fato, uma norma pode ter eficácia jurídica, sem ser socialmente eficaz. Com isso, ela poderá produzir efeitos jurídicos, como o de revogar normas passadas, apesar de ser completamente ignorada e esquecida pela sociedade.

A eficácia também independe da validade da norma jurídica, porquanto as leis, enquanto manifestação da vontade estatal, gozam de presunção de legitimidade, ou seja, são tidas por constitucionais até pronunciamento contrário do Poder Judiciário. Apesar de inválida, enquanto não for expulsa do ordenamento jurídico pelos mecanismos usuais, a norma continuará a irradiar efeitos. Portanto, para afastar a aplicação de uma lei, o interessado deve postular em juízo a declaração de sua inconstitucionalidade.

No controle concentrado, o reconhecimento da inconstitucionalidade culmina por extirpar a norma do ordenamento jurídico. Já no controle

---

[70] TEMER, Michel. *Elementos de direito constitucional*, cit., p. 23.

difuso, como o reconhecimento do vício não possui eficácia *erga omnes*, a norma continua eficaz em relação às pessoas estranhas ao processo. Nesse caso, o Senado Federal detém competência para suspender sua execução (eficácia) nos exatos termos do art. 52, X, da Constituição Federal. Apesar de não se reportar ao plano da validade, mas, sim, ao da eficácia, parece-nos que a prerrogativa parlamentar, se exercida, acaba por fixar uma presunção de inconstitucionalidade da norma jurídica, decretando, ao menos virtualmente, a sua extinção.

Isto porque o Senado Federal não se limita a suspender a execução da lei, obstando-a de produzir efeitos, mas, na verdade, reconhece implicitamente que o Supremo Tribunal Federal considerou dita norma inválida, declarando-lhe a inconstitucionalidade, solução que, por questão de justiça e de isonomia, deve estender-se a todos os cidadãos submetidos ao seu espectro de abrangência.

Tanto é que, instado a sentenciar uma ação indenizatória, não poderá o magistrado contrariar a decisão do Pretório Excelso e declarar constitucional a lei cuja execução foi suspensa pelo Senado Federal, indeferindo o pedido de recomposição dos danos causados pela sobredita norma jurídica. A prevalecer a exegese contrária, o inciso X do art. 52 da Constituição Federal restaria inócuo, o que soa absurdo ante a imperatividade de todos os preceitos constitucionais e o postulado da máxima efetividade possível[71].

2.4 Imperatividade

Como todas as disposições jurídicas, também as normas constitucionais apresentam como nota característica a imperatividade, que traduz a fiel e compulsória obediência dos comandos normativos por seus respectivos destinatários, sejam estes pessoas individuais, coletivas ou os próprios órgãos do Poder Público.

A noção de imperativo envolve a ideia de comando, ordem, obrigação e dever. Assim, recorrendo à interpretação gramatical, podemos situar as prescrições normativas no campo das proposições que tomam a forma de uma ordem[72]. Não diverge muito a concepção de Norberto Bobbio, para

---

[71] BASTOS, Celso Ribeiro. *Hermenêutica e interpretação constitucional*. 3. ed. São Paulo: Celso Bastos Editor, 2002, p. 175-176.

[72] FERREIRA, Aurélio Buarque de Holanda. *Novo Aurélio Século XXI*, cit., p. 1082.

quem a norma jurídica é uma proposição prescritiva, com força imperativa, que objetiva direcionar, modificar ou impulsionar o comportamento humano em busca de uma finalidade qualquer[73].

Já dizia Spinoza que "pertence à essência de uma coisa aquilo que, sendo dado, faz necessariamente com que a coisa exista, e que, sendo suprimido, faz necessariamente com que a coisa não exista"[74]. É nesta linha que identificamos na imperatividade o elemento individualizador da norma jurídica.

O itinerário das condutas humanas é circunscrito por um tal número de proposições normativas que enumerá-las seria um esforço tão inútil quanto contar os grãos de areia de uma praia. De fora parte os preceitos jurídicos, uma infinidade de regras morais, religiosas, sociais, costumeiras, de etiqueta, de bons modos e de boa educação integram o complexo de normas incidentes sobre a conduta humana. Neste rico universo, o que permite apartar as normas jurídicas de outras normas sociais é justamente a imperatividade das primeiras. A mesma liberdade deferida para abraçar ou não os preceitos de uma religião, ou para seguir regras de etiqueta, não é reconhecida quando se põe em xeque a obediência de uma norma jurídica, pois o descumprimento desta última desperta o mecanismo da sanção.

Segundo Bobbio, a teoria da imperatividade das normas jurídicas, responsável por sua equiparação a comandos normativos de observância compulsória, remonta a Cícero, que, em épocas distantes, já averbara: "legem esse aeternum quiddam, quod universum mundum regeret, imperandi prohibendique sapientia... aut cogentis aut vetantis... ad iubendum et ad deterrendum idonea" (A lei é algo de eterno, que rege todas as nações, com sabedoria para ordenar e proibir... capaz de prescrever e dissuadir)[75].

De fato, foi no Direito Romano, a partir da ideia de individualismo no domínio social e a de poder de *imperium* no plano político, que a doutrina da imperatividade aflorou, desenvolveu-se e fincou estacas, como faz prova inconcussa a proclamação de Modestino: "legis virtus haec est: im-

---

[73] BOBBIO, Norberto. *Teoria da norma jurídica*, cit., p. 78.

[74] SPINOZA, Baruch. *Ética*. Trad. Joaquim Ferreira Gomes. Rio de Janeiro: Abril Cultural, 1973 (Col. Os pensadores, v. 18).

[75] BOBBIO, Norberto. *Teoria da norma jurídica*, cit., p. 105.

perare, vetare, permittere, punire" (a essência da lei é esta: ordenar, vetar, permitir, punir)[76].

O tema, retomado no século XVIII por Francisco Suárez[77], Hugo Grócio[78] e Thomas Hobbes[79], também foi explorado por John Austin[80], August Thorn[81] e Hans Kelsen[82], aportando no Brasil nas mãos de vários autores, dentre os quais Goffredo Telles Junior, que definiu a norma jurídica como um imperativo autorizante: "Ela é um imperativo porque é um mandamento. E é autorizante porque autoriza a reação contra a ação que a viola"[83]. Tal reação circunscreve-se à possibilidade de submeter a violação de um preceito normativo à apreciação do Poder Judiciário, a fim de restaurar a ordem lesada e infligir um castigo a quem a violou.

Com base no fato de que para fazer valer a imperatividade das normas jurídicas recorre-se certas vezes ao aparelho estatal, já houve quem a confundisse com a teoria estatualista, segundo a qual só constituem normas jurídicas aquelas emanadas pelo Estado, e com a teoria coacionista, para a qual o cumprimento forçado mediante o recurso à coação e ao poder de polícia é uma potencialidade virtual e inerente a qualquer norma jurídica.

Pensamos de modo diferente. Embora caminhe *pari passu* com as teorias estatualista e coacionista, a doutrina imperativista não se confunde com ambas. Hoje poucos são os que refutam a existência de normas forjadas por órgãos não estatais, já que os costumes recolhidos do substrato social e as normativas internacionais editadas por órgãos neutros como a ONU demonstram a fragilidade da tese contrária. Por outro lado, não é

---

[76] BOBBIO, Norberto. *Teoria da norma jurídica*, cit., p. 106. Cf. também MODESTINO. Digesto I, 3, Fr. 7.

[77] SUÁREZ, Francisco. Tractatus de Legibus ac Deo Legislatore. Apud FERRARI, Regina Maria Macedo Nery. *Normas constitucionais programáticas*, cit., p. 76.

[78] GRÓCIO, Hugo. De Jure Belli ac Pacis. Apud FERRARI, Regina Maria Macedo Nery. *Normas constitucionais programáticas*, cit., p. 76.

[79] HOBBES, Thomas. *Leviathan*. São Paulo: Martin Claret, 2002.

[80] AUSTIN, John. The province of jurisprudence determined. Apud FERRARI, Regina Maria Macedo Nery. *Normas constitucionais programáticas*, cit., p. 76.

[81] THORN, August. *Norma giuridica e diritto*. Padova: Cedam, 1951, p. 17. Apud FERRARI, Regina Maria Macedo Nery. *Normas constitucionais programáticas*, cit., p. 76.

[82] KELSEN, Hans. *Teoria pura do direito*, cit., p. 25-65.

[83] TELLES JUNIOR, Goffredo. *Direito quântico*: ensaio sobre o fundamento da ordem jurídica. 7. ed. São Paulo: Juarez de Oliveira, 2003, p. 268.

correto afirmar que o Direito sustenta-se unicamente pela força, pois sua função precípua é exatamente a de limitar o poder e domar o uso da força. É certo que o Direito dela não prescinde totalmente, mas ele não se legitima nem se impõe só por isto. No Direito Internacional, por exemplo, as decisões tomadas por organismos supranacionais são, em regra, cumpridas espontaneamente. E, quando isto não ocorre, aciona-se o mecanismo sancionatório com a imposição de embargos econômicos, advertências escritas e outras sanções de ordem moral, sem acudir necessariamente ao uso da força para autorizar intervenções militares. Se o descumprimento da norma jurídica legitima a inflição de sanções, estas nem sempre pressupõem a coação estatal.

As normas constitucionais, enquanto espécie do gênero normas jurídicas, conservam o atributo da imperatividade, uma vez que a insubmissão aos seus comandos deflagra consequências desfavoráveis. Mas nem sempre foi assim. Por muito tempo, campeou o entendimento de que certa parcela das normas constitucionais representava mero ideário político, desprovido de sanção e de força normativa para conformar a legislação ordinária.

Inicialmente, a jurisprudência americana, ao analisar casos rumorosos que envolviam a delimitação do âmbito de eficácia normativa, classificou as normas constitucionais em *mandatory provisions* (prescrições mandatórias) e *directory provisions* (prescrições diretórias). As primeiras, i.e., as *mandatory provisions*, integravam o universo das cláusulas constitucionais essenciais ou materiais e, por isso mesmo, obrigatórias e impositivas. Já as segundas, ou seja, as *directory provisions*, permitiam que o legislador contrariasse o seu teor normativo, regulando diferentemente as matérias situadas no seu campo de incidência.

Severas críticas foram tecidas à classificação jurisprudencial norte-americana, estranhando-se que numa Constituição rígida, dotada de supremacia e superlegalidade, houvesse normas destituídas de imperatividade. De fato, no longínquo ano de 1890, Thomas Cooley já havia asseverado não ser lícito "esperar que se encontrem na Constituição preceitos que o povo não tenha considerado de alta importância e dignos de figurar num instrumento que se destina a controlar igualmente o governo e os governados e a constituir a justa medida dos poderes conferidos"[84]. Fácil notar, portanto, a incongruência desta construção pretoriana, já que

[84] COOLEY, Thomas M. *Treatise on the constitucional limitations*. 6. ed. Boston, 1890. Apud SILVA, José Afonso da. *Aplicabilidade das normas constitucionais*, cit., p. 72.

todas as normas situadas no vértice do ordenamento jurídico, sejam material ou formalmente constitucionais, gozam do mesmo grau de importância, imperatividade e força normativa.

Paralelamente, na Itália, Gaetano Azzaritti e outros juristas buscaram distinguir duas categorias de normas constitucionais: a) as normas preceptivas, de cumprimento obrigatório e inescusável; b) as normas diretivas, que se prestavam ao tímido papel de indicar uma opção ou diretriz normativa ao legislador futuro, mas que, destituídas de obrigatoriedade e juridicidade, toleravam as violações empreendidas por meio de lei ordinária, sem que disso resultasse qualquer inconstitucionalidade.

Contrapondo-se à corrente encabeçada por Azzaritti, outro jurista italiano, Vezio Crisafulli, empreendeu uma classificação tricotômica, divisando no texto magno as seguintes espécies normativas: a) normas constitucionais preceptivas, de eficácia plena e aplicação imediata; b) normas constitucionais de eficácia diferida, as quais, aludindo a uma futura legislação regulamentadora, são insuscetíveis de aplicação imediata; c) normas constitucionais programáticas, que investem o Estado no dever de implementar certos programas sociais e que, para surtirem todos os efeitos a que se predispõem, demandam regulamentação legislativa e disponibilização de recursos técnico-financeiros.

O mérito de Crisafulli está em reconhecer que todos os preceitos constitucionais são imperativos e dotados de um mínimo de eficácia, além de admitir que as normas de eficácia diferida e as de cunho programático, mesmo não estando legalmente regulamentadas, têm o condão de revogar as leis anteriores que lhes sejam incompatíveis, bem assim de condicionar a legislação superveniente, decretando a inconstitucionalidade dos atos normativos que as violarem. Aliás, com relação às normas programáticas, o mestre italiano é enfático:

> Com referência àquelas postas não numa lei qualquer, mas numa Constituição do tipo rígido, qual a vigente entre nós, pode e deve-se dar um passo adiante, definindo como programáticas as normas constitucionais, mediante as quais um programa de ação é adotado pelo Estado e cometido aos seus órgãos legislativos, de direção política e administrativa, precisamente como um programa que obrigatoriamente lhes incumbe realizar nos modos e formas da respectiva atividade. Em suma, um programa político, encampado pelo ordenamento jurídico e traduzido em termos de normas constitucionais, ou seja, provido de efi-

cácia prevalente com respeito àquelas normas legislativas ordinárias: subtraído, portanto, às mutáveis oscilações e à variedade de critérios e orientações de partido e de governo e assim obrigatoriamente prefixados pela Constituição como fundamento e limite destes[85].

À frente de seu tempo, CRISAFULLI previu a multiplicação das normas programáticas, em função da nova dimensão social que os Estados nacionais encamparam a partir da segunda metade do século XX, superando preconceitos pendentes sobre a matéria para fixar a imperatividade de todos os preceitos constitucionais.

As concepções que buscam desfigurar a força normativa da Constituição tentam, invariavelmente, caracterizá-la como um repositório ideológico e desprovido de sanções, deformação que, a toda evidência, é antes tributária de imprecisões técnicas e conveniências dissimuladas, do que de uma construção científica apta a justificá-la[86].

Se o Direito existe para realizar-se, o Direito Constitucional não foge a tal desígnio, sobretudo porque condensa valores fundamentais que emprestam coerência e unidade a todo o sistema normativo. Urge, pois, afastar com presteza a ideia de que este ramo da ciência jurídica formaria uma espécie de Direito sem sanção.

No âmbito da Teoria Geral do Direito, o conceito de sanção sofreu profunda evolução. Nos dias atuais, nem sempre as sanções assumem a forma de penas capitais, privativas de liberdade ou pecuniárias. Como esclarece GORDILLO, elas podem consistir no estabelecimento de uma nova relação jurídica, na desconstituição de uma relação preexistente ou na execução coativa de um dever violado[87].

Nesse contexto, a declaração de inconstitucionalidade de uma lei federal nada mais é do que a sanção dirigida aos poderes Legislativo e Executivo da União. É, em suma, a consequência negativa advinda da inobservância das regras que disciplinam o processo de elaboração legislativa, ensejando a extinção de todas as relações jurídicas celebradas sob a égide

---

[85] CRISAFULLI, Vezio. *La costituzione e le sue disposizione di principio*. Milano, 1952. Apud BONAVIDES, Paulo. *Curso de direito constitucional*, cit., p. 243.

[86] BARROSO, Luís Roberto. *O direito constitutional e a efetividade de suas normas*, cit., p. 79.

[87] GORDILLO, Augustin. *Princípios gerais de direito público*. São Paulo: Revista dos Tribunais, 1977, p. 95-96.

da lei cuja nulidade foi proclamada pelo Poder Judiciário. Trata-se, portanto, de induvidosa atividade sancionatória.

É preciso considerar, outrossim, a responsabilização política como uma nova categoria de sanção determinante do *impeachment* presidencial ou, nos regimes parlamentaristas, da queda do primeiro-ministro e de todo o seu *staff*. Se, por um lado, há quem classifique a inovação como uma espécie de sanção política, por outro, ninguém discorda que, independentemente de sua natureza política ou jurídica, tal responsabilização reforça a imperatividade das normas constitucionais, submetendo as mais graduadas autoridades públicas à sua fiel observância. Tanto é assim que, no Brasil, constitui crime de responsabilidade do Presidente da República, sujeito à perda do cargo e à inabilitação para o exercício de qualquer função pública por oito anos, a prática de atos que atentem contra a supremacia do texto constitucional (CF, art. 85).

Ademais, outro aspecto da sanção desponta com vivo interesse na doutrina moderna. Não raro, para incentivar ou refrear a conduta alheia, a ordem jurídica recorre a prêmios e sanções. À luz das teorias motivacionais, é cada vez mais frequente a antecipação de resultados positivos para estimular uma ação amplamente desejável. Referidas técnicas motivacionais configuram aquilo que muitos autores denominam sanções premiais, operando verdadeira inversão no pensamento jurídico tradicional. Se num passado não muito remoto a sanção portava sempre um *aliquid* de castigo, hoje ela é encarada mais como uma consequência inata da norma jurídica, que tanto pode ser positiva, concedendo uma recompensa, quanto repressiva, cominando uma pena. Aliás, não seria de todo errado dizer que, pouco a pouco, a técnica da intimidação vai cedendo lugar à técnica da estimulação, sendo consideravelmente grande o número de incentivos que acenam para a concretização dos valores que imantam o sistema constitucional.

Ao imunizar as entidades beneficentes de assistência social da cobrança de contribuição para o custeio da seguridade social, o § 7º do art. 195 do texto magno demonstra a crescente utilização de sanções premiais em sede constitucional. A teleologia desta norma, ou seja, a finalidade que ela persegue, não é outra senão a de incentivar a abertura de entidades filantrópicas que secundam o Estado na realização do bem comum, tais como as Santas Casas de Misericórdia que dão assistência médica gratuita às pessoas carentes. Ora, para estimular tais coadjuvantes a se empenharem na proteção de um bem tão essencial à dignidade humana quanto a saúde, o constituinte resolveu desonerar a prestação deste serviço mediante a concessão de incentivos fiscais. Tal premiação revela-se bem mais eficiente para implementar o desígnio normativo do que a simples inflição de castigos. Aliás, no caso em apreço, seria mesmo risível impor a formação de consórcios filantrópicos sob a ameaça de multa e outras espécies de sanções punitivas.

Na esteira de Norberto Bobbio, é possível definir o imperativo como a proposição prescritiva direcionada a orientar o comportamento humano à vista de determinados valores. Em adição, sustentamos ser inútil explorar a causa determinante da mudança comportamental. Esclarecendo: pouco importa descobrir se a conduta foi motivada por sanções premiais ou punitivas; mas importa muito saber que ambas são obrigatórias e, atendidos os pressupostos de incidência, aplicadas compulsoriamente. De fato, preenchidos os requisitos pertinentes, as entidades beneficentes de assistência social farão jus à imunidade tributária conferida pelo § 7º do art. 195 da Constituição Federal, sendo-lhes facultado, se necessário, recorrer às vias judiciais para afirmar a obrigatoriedade do direito postulado.

A imperatividade, repita-se, é um atributo inerente a toda sorte de normas constitucionais, mesmo àquelas tidas como programáticas que, no afã de concretizar valores fundamentais, invocam uma pluralidade de sanções premiais para encorajar movimentos de planificação social, nada obstante as dúvidas que os filósofos levantam sobre a natureza jurídica de tais incentivos. Sem pretender alçar voo por domínios que o nosso engenho desconhece, apressamo-nos em dizer que a análise aqui empreendida nunca objetivou afirmar verdades ou inverdades, mas apenas ilustrar a evolução trilhada no curso da história pelo conceito de sanção, demonstrando que todas as normas constitucionais são comandos imperativos com eficácia reforçada, em maior ou menor escala, por sanções positivas, negativas e político-jurídicas.

Mesmo aquelas normas aparentemente descritivas como as constantes do art. 13 (A língua portuguesa é o idioma oficial da República Federativa do Brasil) e do § 1º do art. 18 (Brasília é a capital federal), ambos da Carta atual, contêm nítida carga imperativa. De fato, será censurada por inconstitucionalidade a investida do legislador ordinário no sentido de transferir a capital federal para outra localidade. De igual modo, a tentativa de reduzir a carga horária prevista no currículo nacional para o ensino da língua portuguesa, de modo a frustrar-lhe a divulgação, o aprendizado e o domínio, esbarrará na teleologia da mencionada norma constitucional, que reclama a progressiva universalização do vernáculo e, portanto, não se prende à literalidade do enunciado descritivo.

No Brasil, coube inicialmente a RUI BARBOSA a missão de divulgar a imperatividade das normas constitucionais, cumprida com brilho em passagem que caiu em domínio público: "Não há, numa Constituição, cláusulas a que se deva atribuir meramente o valor moral de conselhos, avisos ou lições. Todas têm a força imperativa de regras, ditadas pela soberania nacional ou popular de seus órgãos. Muitas, porém, não revestem dos meios de ação essenciais ao seu exercício, os direitos, que outorgam, ou os encargos, que impõem: estabelecem competências, atribuições, poderes, cujo uso tem de aguardar que a Legislatura, segundo seu critério, os habilite a exercerem. A Constituição não se executa a si mesma: antes requer a ação legislativa, para lhe tornar efetivos os preceitos"[88].

Sobre reconhecer a imperatividade daquele repositório dotado de supremacia na hierarquia das fontes, RUI BARBOSA também classificou as normas constitucionais, em relação à produção de efeitos jurídicos, em "autoexecutáveis" e "não autoexecutáveis", distinção que acabou sendo acolhida por PONTES DE MIRANDA: "Quando uma regra se basta, por si mesma, para sua incidência, diz-se bastante em si, *self executing, self acting, self enforcing*. Quando, porém, precisam as regras jurídicas de regulamentação, porque, sem a criação de novas regras jurídicas, que as complementem ou suplementem, não poderiam incidir e, pois, ser aplicadas, dizem-se não bastantes em si"[89].

Dentre outros fatores, a imperatividade das normas constitucionais deflui de sua posição privilegiada na hierarquia das fontes. Isto porque se a Constituição é capaz de nulificar outra espécie normativa, tolhendo-a em sua força coativa, é porque detém imperatividade suficiente para invalidar tudo o que com ela não esteja conforme, sujeitando não apenas a conduta humana, mas, num regime democrático, o próprio Estado de Direito. Em razão de sua imperatividade suprema, tudo que concede "tem-se o direito de fazer, e tudo que a Constituição exige, tem-se o dever de cumprir"[90].

Um dever jurídico estabelecido pela Constituição deve, se não observado, ter sua execução forçada, pois a imperatividade, conquanto dela não dependa exclusivamente, caminha ao lado da coercibilidade. Se a feição

---

[88] BARBOSA, Rui. *Comentários à Constituição Federal brasileira*. 11 ed. São Paulo: Saraiva, 1933, p. 488-489.

[89] MIRANDA, F. C. Pontes de. *Comentários à Constituição de 1946*. Rio de Janeiro: 1963, v. 1, p. 85.

[90] GORDILLO, Augustin. *Princípios gerais de direito público*. São Paulo: Revista dos Tribunais, 1977, p. 95.

específica da prescrição jurídica é a imposição, o sistema constitucional reúne dispositivos que estabelecem comportamentos obrigatórios para o Estado e para os indivíduos, "de tal modo que quando dispõe sobre a realização da Justiça Social, mesmo mediante normas programáticas, está, imperativamente, constituindo o Estado brasileiro no indeclinável dever jurídico de realizá-la"[91].

É certo que nem todas as normas que integram a Constituição são dotadas da mesma densidade, estrutura e função. Mas isto de modo algum invalida seu caráter vinculante e imperativo. Apenas nos reconduz a diferentes níveis de aplicação e abre espaço para estudar a tipologia das normas constitucionais à luz de sua eficácia jurídica.

2.5 Tipologia das normas constitucionais

Partindo da premissa de que todos os preceitos constitucionais detêm força normativa, o que implica reconhecer-lhes alguma sorte de eficácia jurídica, não há dúvidas de que a escorreita definição de arquétipos normativos deve lastrear-se no critério da aplicabilidade.

Não existem classificações verdadeiras ou falsas, mas tão somente úteis ou inúteis ao fim a que se prestam. Assim, quem deseja equacionar os problemas afetos à inconstitucionalidade por omissão, deve recorrer a critérios classificatórios de comprovada utilidade. Por isso, selecionamos a aplicabilidade como elemento identificador das várias espécies normativas, já que a omissão dos Poderes Públicos, na perspectiva abraçada nesta obra, está diretamente relacionada à contenção da eficácia normativa da Constituição e, por conseguinte, de sua aplicabilidade.

Como esclarece André Ramos Tavares, "a proposta classificatória é importante na medida em que nela se baseiam os operadores do Direito para reconhecer que nem todas as normas constitucionais possuem idêntico grau de eficácia"[92]. Enquanto algumas deferem direitos subjetivos invocáveis a qualquer momento, outras, mais tímidas, reclamam integração legislativa para deflagrar todos os seus efeitos potenciais.

Já do berço a doutrina publicista se ocupou em classificar as normas constitucionais à luz de sua eficácia e aplicabilidade. No capítulo prece-

---

91 FERRARI, Regina Maria Macedo Nery. *Normas constitucionais programáticas,* cit., p. 81.

92 TAVARES, André Ramos. *Curso de direito constitucional,* cit., p. 85.

dente, à guisa de assinalar a imperatividade da Constituição, deparamo-nos com esquemas classificatórios hauridos no Direito comparado ou forjados nos primórdios do constitucionalismo tupiniquim.

Mais recentemente, expoentes nacionais, como José Afonso da Silva[93], Maria Helena Diniz[94], Luís Roberto Barroso[95], Celso Antônio Bandeira de Mello[96], Regina Ferrari[97], Rosah Russomano[98], Marçal Justen Filho[99], Carlos Ayres de Brito e Celso Ribeiro Bastos[100], retomaram a discussão deste intrincado problema jurídico.

Todos esses autores e muitos outros carrearam valiosas contribuições para a exata compreensão dos diferentes níveis de estrutura, densidade e eficácia de que as várias normas constitucionais são portadoras. Entretanto, como o nosso estudo não comporta a análise casuística de uma bibliografia enciclopédica, decidimos, por simplificação metódica, cifrá-lo à primorosa classificação sistematizada por José Afonso da Silva, em monografia elaborada nos idos de 1967 e reeditada sucessivas vezes, sem desmerecer outras propostas não menos importantes.

Para o mencionado jurista, as normas constitucionais se subsumem a três categorias distintas: a) normas de eficácia plena; b) normas de eficácia contida; c) normas de eficácia limitada. Vejamos cada uma delas separadamente.

2.5.1 *Normas constitucionais de eficácia plena*

Tais são as normas "que, desde a entrada em vigor da Constituição, produzem, ou têm possibilidade de produzir, todos os efeitos essenciais,

---

93 SILVA, José Afonso. *Aplicabilidade das normas constitucionais*, cit.

94 DINIZ, Maria Helena. *Norma constitucional e seus efeitos*. 6. ed. São Paulo: Saraiva, 2003.

95 BARROSO, Luís Roberto. *O direito constitucional e a efetividade de suas normas*, cit.

96 RUSSOMANO, Rosah, Eficácia das normas constitucionais sobre a justiça social. Tese apresentada à IX Conferência Nacional da Ordem dos Advogados do Brasil, Florianópolis, 1982.

97 FERRARI, Regina Maria Macedo Nery. *Normas constitucionais programáticas*, cit.

98 RUSSOMANO, Rosah. Das normas constitucionais programáticas. In: Bonavides, Paulo et al. *As tendências atuais do direito público (Homenagem ao Prof. Afonso Arinos)*. Rio de Janeiro: Forense, 1976.

99 JUSTEN FILHO, Marçal. Eficácia das normas constitucionais. *Revista do IAP* 5/38-71.

100 BASTOS, Celso Ribeiro; BRITO, Carlos Ayres de. *Interpretação e aplicabilidade das normas constitucionais*. São Paulo: Saraiva, 1982.

relativamente aos interesses, comportamentos e situações, que o legislador constituinte, direta e normativamente, quis regular"[101]. Mediante comandos precisos, elas fixam condutas positivas ou negativas, imediatamente exigíveis, incrustando-se, predominantemente, entre as regras organizativas e limitativas dos poderes estatais. Sendo completas no que determinam, dispensam o auxílio supletivo da lei, para exprimir tudo o que intentam e realizar tudo o que exprimem.

Por isso, as normas de eficácia plena incidem diretamente sobre os interesses que regulam. São de aplicabilidade imediata porque são dotadas de todos os meios e elementos necessários à sua executoriedade. No dizer clássico são autoaplicáveis, pois investem os seus beneficiários em direitos subjetivos imediatamente acionáveis, correlacionando-os a deveres prontamente exigíveis, independentemente de ser o sujeito passivo um cidadão particular ou o próprio Estado. Para o seu efetivo exercício, referidas normas demandam tão somente a existência do aparato jurisdicional e dos respectivos órgãos de aplicação. Como sua inobservância é severamente punida, esta espécie normativa não suscita dúvidas quanto a sua aplicação, nem se prende à problemática da omissão inconstitucional.

2.5.2 *Normas constitucionais de eficácia contida*

As normas compreendidas nesta categoria apresentam altíssimo grau de eficácia, visto que propensas à produção de todos os seus efeitos, ao mesmo tempo que se dobram a uma virtual relativização operada em face de restrições constitucionalmente autorizadas. É dizer: possuem eficácia plena e imediata, mas possivelmente não integral.

Desde o nascedouro, gozam de aplicabilidade e surtem efeitos plenos. Porém, na medida em que se materializarem os pressupostos de sua restrição, perdem abrangência e deixam de reger hipóteses dantes imersas em sua zona de incidência.

Segundo José Afonso da Silva, normas de eficácia contida "são aquelas em que o legislador constituinte regulou suficientemente os interesses relativos a determinada matéria, mas deixou margem à atuação restritiva por parte da competência discricionária do Poder Público, nos termos que a lei estabelecer ou nos termos de conceitos gerais nelas enunciados"[102].

---

[101] SILVA, José Afonso da. *Aplicabilidade das normas constitucionais*, cit., p. 101.

[102] SILVA, José Afonso da. *Aplicabilidade das normas constitucionais*, cit., p. 116.

Fácil notar, portanto, que a incidência desta espécie normativa nem sempre se dará integralmente, já que ela pode ser contida pela lei ordinária ou por meio de outros elementos jurídicos. À míngua de legislação integradora, possui eficácia total e imediata, consagrando, de forma imperativa, direitos subjetivos prontamente acionáveis. Porém, o advento do ato legislativo debilita seu teor normativo e reduz seu campo de abrangência, subtraindo-lhe a regulamentação de certos fatos jurídicos.

Exemplo típico de norma deste jaez encontra-se no inciso XIII do art. 5º da Constituição Federal: "É livre o exercício de qualquer trabalho, ofício ou profissão, atendidas as qualificações que a lei estabelecer".

Ora, à falta de lei que regulamente o dispositivo em apreço, irá vigorar ampla margem de liberdade para escolher e seguir uma ou outra profissão. Porém, o estabelecimento de qualificações legais para o exercício de um dado trabalho reduz o campo operacional da norma, pois o ofício que antes era acessível a todos passa a ser exclusividade daqueles que preencherem os requisitos fixados em lei.

José Afonso da Silva observa que, além da normação restritiva, conceitos éticos juridicizados e de larga difusão no direito público (bons costumes, ordem pública, segurança pública, integridade nacional, necessidade ou utilidade pública, interesse social ou econômico, perigo público iminente etc.), além de outras normas constitucionais limitadoras, podem igualmente espancar a aplicação das normas de eficácia contida.

Finalmente, impende averbar a correção terminológica empreendida por Michel Temer, que prefere adotar a expressão normas constitucionais de eficácia redutível ou restringível para designar aquelas que, tendo aplicação plena e imediata, podem ter o seu alcance reduzido pela atividade do legislador infraconstitucional.

2.5.3 *Normas constitucionais de eficácia limitada*

As normas de eficácia limitada não surtem a plenitude de seus efeitos de imediato, necessitando de complementação legislativa ou de injunções administrativas para lograrem aplicação integral. Por isso, diz-se que tal espécie não é autoaplicável, porquanto sua operatividade condiciona-se a uma futura e incerta integração normativa, quando não se faz dependente da gestão governamental.

Ornada com uma estrutura quase esquálida, esta categoria normativa detém aplicabilidade indireta, mediata e reduzida. É dizer, como o constituinte não pretendeu ser exaustivo, nem avocar a última palavra sobre determinados assuntos, deles cuidou apenas superficialmente, pois não ousou estabelecer uma normatividade suficiente, bastante por si e capaz de deflagrar seus efeitos básicos e essenciais, relegando ao legislador ordinário e a outros órgãos estatais a incumbência de desenvolver o dispositivo constitucional carecedor de eficácia, conferindo-lhe plena executoriedade.

As normas constitucionais de eficácia limitada se dividem em normas de princípio institutivo e normas programáticas. As primeiras têm conteúdo organizativo, definindo as linhas básicas para a instituição de órgãos e entidades, bem como suas respectivas atribuições e relações. Fracionam-se em: a) normas impositivas, que investem o legislador ordinário, em termos peremptórios, na obrigação de prover a respectiva legislação integrativa; b) normas facultativas ou permissivas, que não estabelecem deveres, limitando-se a deferir simples permissão ao legislador para, querendo, disciplinar a situação nelas versada.

Já as normas programáticas, incorporando direitos socioeconômicos de prestação diferida, mas positivamente vinculantes das instâncias de regulação jurídica, alargam as funções do Estado na medida em que reclamam sua interferência no domínio privado, seja para suprir carências sociais (saúde, educação, previdência social — CF, arts. 196, 201 e 205), seja para corrigir desigualdades (distorções no uso da propriedade, vedação da concorrência desleal, favorecimento às pequenas empresas — CF, art. 170, III, IV, VII, IX), revelando assim a superação do paradigma liberal e o crescente compromisso com os ideais de planificação social e igualdade material.

Orientando a atuação do Poder Público, as normas programáticas ajustam-se à função promocional do Direito na medida em que estabelecem um programa de integração socioeconômica implementável a partir de leis e atos de governo voltados à materialização da teleologia constitucional. Algumas destas normas se reportam à legislação superveniente e vinculam-se ao princípio da legalidade, pelo que não produzem efeitos plenos antes de sua regulamentação legislativa. Outras, porém, não fazem tal referência e dispensam a elaboração de lei que lhes integre a eficácia, muito embora pressuponham reserva orçamentária e atos de índole administrativa, sendo vinculativas para todo o Poder Público e, não raro, para a sociedade em geral[103].

---

[103] SILVA, José Afonso da. *Aplicabilidade das normas constitucionais*, cit., p 147.

Conquanto a subclassificação desenvolvida por José Afonso da Silva no âmbito das normas de eficácia limitada contemple apenas estas duas categorias, julgamos lícito acrescer a este rol uma terceira subespécie normativa composta de preceitos definidores de direitos condicionados à regulamentação infraconstitucional.

Ao ponderar sobre a natureza concisa da Constituição, Luís Roberto Barroso evidencia que, em múltiplos casos, ela transfere ao legislador ordinário competência para regular o exercício de direitos já capitulados em seu texto, cujo exemplo mais flagrante talvez resida no art. 7º, XI, da Constituição Federal, que prevê a participação de empregados "nos lucros, ou resultados, desvinculada da remuneração, conforme definido em lei"[104].

Como não se destina a criar órgãos ou a enunciar políticas públicas e programas assistenciais, o dispositivo em apreço não traduz uma norma programática ou de princípio institutivo. Cuida-se, ao revés, de preceito definidor de um direito laboral com operatividade tolhida pela ausência de regulamentação infraconstitucional.

Por outro lado, não se confunde com as normas de eficácia plena ou de eficácia contida, uma vez que a fruição do direito trabalhista não é imediata, sujeitando-se à prévia regulamentação legislativa, característica muito bem acentuada por Luís Roberto Barroso:

> A natureza concisa da Constituição faz com que ela transfira ao legislador ordinário, em múltiplos casos, a competência para regular o exercício de determinados direitos capitulados em seu texto. Enquadram-se nessa espécie, dentre outros preceitos da Constituição de 1988, o direito à participação nos lucros, ou resultados, desvinculada da remuneração, conforme definido em lei (art. 7º, XI) e o direito à proteção em face da automação, na forma da lei (art. 7º, XXVII). Também aqui resulta frequentemente tormentosa a obtenção efetiva do bem jurídico tutelado, por isso que a ausência da regra integradora paralisa a operatividade do comando normativo maior. Remarque-se que a Constituição não delega ao legislador competência para conceder aqueles direitos; concede-os ela própria. Ao órgão legislativo cabe, tão somente, instrumentalizar sua realização, regulamentando-os.

---

104 BARROSO, Luís Roberto. *O direito constitucional e a efetividade de suas normas*, cit., p. 112.

Faltando a esse dever, dá ensejo à inconstitucionalidade por omissão, disfunção para a qual a doutrina e o direito positivo vêm buscando soluções eficazes[105].

Parece-nos adequado, portanto, qualificar este preceito definidor de direito condicionado à regulamentação legislativa como uma das três subespécies das normas de eficácia limitada, situando-o ao lado das normas programáticas e de princípio institutivo.

2.6 Visão crítica das normas programáticas

Como visto, a fruição dos direitos sociais, econômicos e culturais que as normas programáticas incorporam não é imediata, condicionando-se à prévia regulamentação legislativa e reserva orçamentária, que não raro se protraem indefinidamente. Lastreados nesta premissa, juristas de escol como Norberto Bobbio questionam a importância que esta categoria normativa assume nos dias de hoje:

> O campo dos direitos do homem — ou, mais precisamente, das normas que declaram, reconhecem, definem, atribuem direitos ao homem — aparece, certamente, como aquele onde é maior a defasagem entre a posição da norma e sua efetiva aplicação. E essa defasagem é ainda mais intensa precisamente no campo dos direitos sociais. Tanto é assim que, na Constituição italiana, as normas que se referem a direitos sociais foram chamadas pudicamente de "programáticas". Será que já nos perguntamos alguma vez que gênero de normas são essas que não ordenam, proíbem ou permitem *hit et nunc*, mas ordenam, proíbem e permitem num futuro indefinido e sem um prazo de carência claramente delimitado? E, sobretudo, já nos perguntamos alguma vez que gênero de direito é esse que tais normas definem? Um direito cujo reconhecimento e cuja efetiva proteção são adiados *sine die*, além de confinados à vontade de sujeitos cuja obrigação de executar o "programa" é apenas uma obrigação moral ou, no máximo, política, pode ainda ser chamado corretamente de "direito"?[106].

---

105 BARROSO, Luís Roberto. *O direito constitucional e a efetividade de suas normas*, cit., p. 112.

106 BOBBIO, Norberto. *Era dos direitos*, cit., p. 77-78.

Para outros, as normas programáticas representariam novo obstáculo ao poder de reivindicação das massas, erigindo-se como fator de dispersão social. Inserindo-se na Constituição toda sorte de programas assistenciais, a sociedade civil quedaria entorpecida com a promessa inócua de que um dia tais medidas seriam implementadas[107].

Muitos criticam a designação aposta à categoria *sub examinen*. Originária do vocábulo "programa", a expressão "norma programática" conotaria um plano condicional e não propriamente um comando imperativo. Finalmente, há também os que vislumbram na crescente assimilação de normas programáticas a substituição de decisões democráticas por um dirigismo autoritário, advogando que o "desenvolvimento institucional só estará aberto quando as fórmulas impositivas de políticas públicas forem varridas da Constituição, abrindo espaço para que se possa praticar uma autêntica democracia de escolhas de como queremos ser governados e não apenas de escolha de quem queremos que nos governe"[108].

Data venia, não cremos ser correto o raciocínio de que as normas de eficácia limitada, e em particular as programáticas, seriam ineficazes enquanto não fossem regulamentadas.

Todas as normas constitucionais se aplicam até onde possam, mesmo não contando com regulamentação específica. Não negligenciamos que sua aplicação integral está, no mais das vezes, condicionada à promulgação de lei regulamentadora, mas o advento legislativo constitui aspecto secundário e acidental. Ainda que revele simples esquema ou programa, a norma constitucional continua dotada de supremacia hierárquica, sendo imediatamente aplicável à legislação anterior com ela incompatível, revogando-a, e à legislação futura, que a ela há de se conformar sob pena de inconstitucionalidade. Ademais, à medida que encampam valores, princípios e metas perseguidas pelo Estado, as normas programáticas informam todo o ordenamento jurídico e funcionam como vetor referencial para a interpretação de todo o complexo normativo.

Como já assentamos linhas atrás, o dirigismo não substitui o livre jogo democrático, mas o fortalece e o complementa[109]. Por outro lado, a termi-

---

107 GRAU, Eros Roberto. A Constituição brasileira e as normas programáticas. *Revista de Direito Constitucional e Ciência Política*, Rio de Janeiro: Forense, n. 4, p. 42-43.

108 MOREIRA NETO, Diogo Figueiredo. Apud FERRARI, Regina Maria Macedo Nery. *Normas constitucionais programáticas*, cit., p. 161.

109 Remetemos o leitor ao item 1.5, p. 46, no qual a questão foi investigada de forma acurada.

nologia adotada tem a virtude de explicitar que tais normas pressupõem uma atuação dinâmica de todos os poderes estatais com vistas à concretização dos programas constitucionais.

Não questionamos a objeção de que certas expectativas sociais, só depois de legalmente regulamentadas, transmudam-se em direitos subjetivos prontamente acionáveis. Mas julgamos que, em vez de realçar a liberdade de conformação do legislador, impende conferir especial destaque à força normativa da Constituição, evitando que este capítulo promocional do Direito flutue ao sabor de conveniências políticas.

Não é a Constituição que se deve curvar aos caprichos do legislador, e sim o contrário. Se as normas constitucionais são imperativas, supremas e obrigatórias, isto significa que elas vinculam todos os Poderes Públicos, inclusive o Legislativo. Por isso, à relutância do legislador em expedir os regulamentos necessários, tolhendo a aplicação das normas constitucionais de eficácia limitada, devemos ligar uma consequência negativa, qual seja: a declaração de inconstitucionalidade por omissão.

Isso, porém, é tema de capítulo autônomo, bastando por ora salientar que as normas programáticas desempenham múltiplas funções, das quais destacamos: a) estabelecem um dever para o legislador ordinário; b) condicionam a legislação futura, com a consequência de serem inconstitucionais as leis ou atos que as ferirem; c) informam a concepção do Estado e da sociedade; d) funcionam como vetor para a interpretação, integração e aplicação das normas jurídicas; e) condicionam a atividade discricionária da Administração e do Judiciário[110].

---

[110] SILVA, José Afonso da. *Aplicabilidade das normas constitucionais*, cit., p. 164.

3 A Constituição como um sistema de princípios e regras

Como registramos há pouco, o Direito não é um sistema racional depurado de ardores e paixões. Antes se revela como um conjunto em que a lógica normativa e os valores sociais se condicionam reciprocamente. Em consequência, não é dado à ciência jurídica regular as situações da vida à margem dos valores presentes no substrato social.

Ao formular sua teoria tridimensional, MIGUEL REALE advertiu que a norma jurídica é a síntese resultante de fatos ordenados segundo certos valores. Por isso, como sustenta, onde houver fenômeno jurídico, necessariamente haverá um fato subjacente (político, econômico, social etc.); um valor que lhe confere significação positiva ou negativa; e, por fim, uma norma que integre os dois elementos, fato e valor, submetendo o primeiro ao jugo do segundo[111].

O Direito, assim retratado, é amálgama resultante da interação científica de três objetos: os fatos, estudados pela sociologia, correlacionados aos valores, examinados pela axiologia, traduzem-se em modais prescritivos, próprios da deontologia, ou seja, transformam-se em normas que permitem, obrigam ou proíbem um dado comportamento humano.

Bem se vê que sobreditos valores, quando recepcionados explícita ou implicitamente pelo Direito, acabam assumindo caráter deontológico. Então, não mais se fala em valores, mas em princípios ordenadores do sistema jurídico[112].

---

[111] REALE, Miguel. *Lições preliminares de direito*. São Paulo: Bushatsky, 1973, p. 85.

[112] ALEXY, Robert. *Teoría de los derechos fundamentales*. Trad. Ernesto Gárzon Valdez. Madrid: Centro de Estudios Constitucionales, 1997, p. 382-383. Cf. também as ponderações que o jusfilósofo publicista faz em *El concepto y la validez del derecho*, Gedisa Editorial, especialmente na p. 164 e s.

Partindo de tais premissas, compreende-se o Direito, e em especial a Constituição, como um sistema que privilegia determinados valores. Portanto, não é razoável defini-la como simples agrupamento de normas justapostas, pois a noção de sistema constitucional se enlaça à de uma ordem harmônica cujas partes convivem sem atrito, formando uma unidade de sentido presidida pelos princípios que informam o microcosmo jurídico[113].

Vale dizer: os nove títulos que compõem a paisagem constitucional não são frações estanques de uma realidade autossuficiente, ensimesmada, envolta em muralhas, sem contato com as demais normas jurídicas ou em flagrante contradição com estas. O ordenamento jurídico, repita-se, é um sistema em que, ao lado de regras dispositivas, "existem princípios que incorporam as exigências de justiça e dos valores éticos"[114], proporcionando coerência interna e costurando suas diferentes partes.

Já faz algum tempo que a dogmática jurídica superou a distinção que outrora se fazia entre norma e princípio. Atualmente, as normas jurídicas, em geral, e as constitucionais, em particular, enquadram-se nas categorias de regras ou princípios. Estes ganham em generalidade e dimensão informadora, aquelas, em concreção operativa. Ambos, contudo, são normas que exercem funções assimétricas, mas interdependentes, nas complexas interações do universo jurídico[115].

Há várias acepções para o vocábulo "princípio". Apesar disso, cremos ser lícito defini-lo como uma norma com alto grau de abstração e generalidade, que assume funções informativas, interpretativas e supletivas, operando como verdadeiro alicerce de um determinado sistema.

Por seu turno, as regras são normas com menor nível de generalidade e que, não raro, ostentam a conformação necessária e suficiente para in-

---

[113] Nesse sentido convergem as anotações de Norberto Bobbio, segundo as quais a noção de sistema corresponde a "uma totalidade ordenada, um conjunto de entes entre os quais existe uma certa ordem. Para que se possa falar de uma ordem, é necessário que os entes que a constituem não estejam somente em relacionamento com o todo, mas também num relacionamento de coerência entre si" (BOBBIO, Norberto. *Teoria do ordenamento jurídico*. Trad. Cláudio de Cicco e Maria Celeste C. J. Santos. São Paulo: Polis e UnB, 1989, p. 71).

[114] PIOVESAN, Flávia. *Proteção judicial contra omissões legislativas*, cit., p. 42.

[115] BARROSO, Luís Roberto. *Interpretação e aplicação da Constituição*. 2. ed. São Paulo: Saraiva, 2003, p. 151.

vestir alguém na titularidade de um direito subjetivo, em função de seu elevado nível de concreção. Sobre esta distinção, pede-se vênia para transcrever o esclarecedor magistério de Celso Ribeiro Bastos, *in verbis*:

> Em síntese, pois, os princípios são de maior nível de abstração que as meras regras e, nestas condições, não podem ser diretamente aplicados. Mas, no que eles perdem em termos de concreção ganham no sentido de abrangência, na medida em que, em razão daquela sua força irradiante, permeiam todo o texto constitucional, emprestando-lhe significação única, traçando os rumos, os vetores, em função dos quais as demais normas devem ser entendidas[116].

Grande discussão cresce na doutrina a respeito das possíveis soluções que presidirão os conflitos de regras e princípios. Neste discurso, relevantes são os trabalhos de Ronald Dworkin e de Robert Alexy.

Com fulcro na cátedra destes renomados juristas, pode-se dizer que os conflitos de regras são resolvidos à luz do critério de validade. Ou a norma vale e, por conseguinte, é aplicável ao caso concreto, ou, do contrário, não vale e por isso não tem aplicação prática. Estamos aqui diante da hipótese do "tudo ou nada", ou, como prefere Dworkin, do "preto ou branco"[117].

Mais complexa, entretanto, mostra-se a questão atinente aos conflitos principiológicos. Sendo unitário, o ordenamento jurídico não pode prescindir dos princípios para solucionar as múltiplas colisões e imbricações de normas jurídicas, uma vez que são eles o fundamento e a essência de todo o sistema, como pondera Celso Antônio Bandeira de Mello:

> Princípio é, por definição, mandamento nuclear de um sistema, verdadeiro alicerce dele, disposição fundamental que se irradia sobre diferentes normas, compondo-lhes o espírito e servindo de critério para sua exata compreensão e inteligência, exatamente por definir a lógica e a racionalidade do sistema normativo, no que lhe confere a tônica e lhe dá sentido harmônico. É o conhecimento dos princípios que preside a intelecção das diferentes

---

[116] BASTOS, Celso Ribeiro. *Hermenêutica e interpretação constitucional*, cit., p. 208.

[117] DWORKIN, Ronald. *Taking rigths seriously*. Cambridge: Massachusetts, Harvard University Press, 1997. Apud PIOVESAN, Flávia. *Proteção judicial contra omissões legislativas*, cit., p. 43.

> partes componentes do todo unitário que há por nome sistema jurídico positivo.
>
> Violar um princípio é muito mais grave do que transgredir uma norma. A desatenção ao princípio implica ofensa não apenas a um específico mandamento obrigatório, mas a todo o sistema de comandos. É a mais grave forma de ilegalidade ou inconstitucionalidade, conforme o escalão do princípio atingido, porque representa insurgência contra todo o sistema, subversão de seus valores fundamentais[118].

Em razão da essencialidade dos princípios, o conflito entre normas deste jaez é solucionado por um regime de cedência recíproca, o que, todavia, não resulta na invalidação de qualquer deles. Diante de um caso conflituoso, a seleção do princípio prevalente se perfaz por meio de uma ponderação *stricto sensu* de interesses, em que assume grande relevância o juízo da proporcionalidade. Princípios aparentemente antagônicos devem abdicar da pretensão de serem aplicados de forma absoluta, prevalecendo somente até o ponto a partir do qual deverão renunciar a favor de um princípio divergente, e que, em dadas circunstâncias, mostra-se proporcionalmente mais relevante.

Canotilho perfilha idêntica opinião ao salientar que "os princípios são normas de natureza ou com um papel fundamental no ordenamento jurídico devido à sua posição hierárquica no sistema das fontes (ex.: princípios constitucionais) ou à sua importância estruturante dentro do sistema jurídico (ex.: princípio do Estado de Direito)"[119].

Partindo de tais premissas, o mestre lusitano visualiza os princípios constitucionais como mandados de otimização e de observância compulsória, reportando-se ao seu alto grau de abstração e indeterminação, ao seu caráter de fundamentalidade, à proximidade da ideia de direito, além da natureza normogenética conformadora das regras, já que os princípios se alojam na base do sistema jurídico e integram a sua *ratio* material, servindo-lhe de vetor informativo, supletivo e interpretativo. Essa tríplice

---

118 MELLO, Celso Antônio Bandeira de. *Elementos de direito administrativo*. São Paulo: Revista dos Tribunais, 1991, p. 230.

119 CANOTILHO, José Joaquim Gomes. *Direito constitucional e teoria da Constituição*. 7. ed. Coimbra: Almedina, 2004, p. 1160.

função também é enfatizada por outro jurista de escol, Antonio Enrique Pérez Luño:

> Os valores constitucionais possuem uma tripla dimensão: a) fundamentadora — núcleo básico e informador de todo o sistema jurídico-político; b) orientadora — metas ou fins predeterminados, que fazem ilegítima qualquer disposição normativa que persiga fins distintos, ou que obstaculize a consecução daqueles fins enunciados pelo sistema axiológico constitucional; e c) crítica — para servir de critério ou parâmetro de valoração para a interpretação de atos ou condutas. (...) Os valores constitucionais compõem, portanto, o contexto axiológico fundamentador ou básico para a interpretação de todo o ordenamento jurídico; o postulado-guia para orientar a hermenêutica teleológica e evolutiva da Constituição; e o critério para medir a legitimidade das diversas manifestações do sistema de legalidade[120].

Portanto, à luz do que foi dito, para efetuar uma adequada leitura da Constituição, impende analisar mais pormenorizadamente alguns de seus princípios implícitos e explícitos, mesmo porque nenhuma interpretação pode destoar do suporte axiológico que abastece o sistema jurídico, proporcionando harmonia e coerência à sua estrutura interna.

3.1 O princípio da efetividade e seus desdobramentos

Traduzindo a ideia de que a uma norma constitucional deve ser atribuído o sentido que maior eficácia lhe dê, o princípio da efetividade tem sua matriz ligada ao fenômeno da juridicização da Constituição e ao incremento de sua força normativa, diretrizes centrais do constitucionalismo contemporâneo.

Ele acresce um quarto plano, o da efetividade ou eficácia social, aos três recortes clássicos em que se costuma fracionar o exame da norma constitucional (existência, validade e eficácia jurídica). Por isso, antes de enveredar por caminhos mais sinuosos, impende rememorar a distinção entre as noções de eficácia e efetividade. A primeira designa a qualidade, que de resto acompanha todas as normas jurídicas, de produzir em maior

[120] LUÑO, Antonio Enrique Pérez. *Los derechos fundamentales*. 3. ed. Madrid: Tecnos, 1988, p. 292. Apud PIOVESAN, Flávia. *Proteção judicial contra omissões legislativas*, cit., p. 41-42.

ou menor grau os seus efeitos típicos. Diz respeito apenas à potencial aptidão do ato normativo para surtir os efeitos a que se preordena, sem nutrir a preocupação de investigar se tais efeitos realmente vingaram ou se a norma é de fato respeitada e cumprida no âmbito das relações sociais. É neste quarto plano, o da realidade subjacente, que emerge o conceito de efetividade ou eficácia social, retratada por KELSEN como a particularidade de uma norma jurídica ser efetivamente aplicada e observada na ordem dos fatos.

De regra, a efetividade das normas constitucionais resulta de seu cumprimento espontâneo, por tutelarem valores que usualmente detêm ascendência sobre o espírito humano. Vez por outra, contudo, torna-se necessário cominar sanções coercitivas para prevenir e reparar lesões à ordem jurídica. Mas isto configura exceção, pois se não houvesse obediência espontânea e generalizada, se fosse preciso colocar um policial atrás de cada indivíduo, e talvez até um segundo policial atrás do primeiro, o convívio social seria impraticável[121].

Entretanto, casos de insubmissão numericamente expressiva continuam a existir, em perpétua ameaça à força normativa da Constituição e à efetividade de seus preceitos. Particularmente, isto sói ocorrer em duas situações: I) quando a norma contraria tendências e valores socialmente arraigados; II) quando sua concretização colide com interesses poderosos, influentes sobre os próprios organismos estatais.

Na primeira hipótese, sendo inviável a interpretação evolutiva, não restará outra saída além do processo de emenda constitucional para adequar a norma à realidade subjacente, evitando que ela caia em desuso ou dependa da assídua utilização do aparelho estatal para lograr plena efetivação.

Se o Direito não deve sucumbir à realidade social, não pode igualmente ignorá-la, pois ambos se condicionam reciprocamente. Fomentar o distanciamento entre o real e o constitucional significa, em exemplo caricaturado, pretender adotar, sem aviso prévio e com todas as reservas de ordem religiosa, "a Constituição de um país árabe para o povo norte-americano"[122], exigindo-lhe, ato contínuo, pronto cumprimento. Melhor dizendo, significa resignar-se a proclamar uma declaração puramente

---

[121] BARROSO, Luís Roberto. *Interpretação e aplicação da Constituição*, cit., p. 251.

[122] TAVARES, André Ramos. *Tribunal e jurisdição constitucional*. São Paulo: Celso Bastos Editor, 1998, p. 7-8.

abstrata, de valor simbólico e nominal, cerrando os olhos à dinâmica social que, em tais circunstâncias, progrediria à margem de qualquer influxo normativo. Por isso, diante de um irreversível divórcio entre a norma escrita e a ordem dos fatos, a solução viável passa pela interpretação evolutiva e pela revisão constitucional, desde que nenhuma das técnicas utilizadas implique retrocesso social ou lesão a cláusulas pétreas.

Mas é justamente na segunda hipótese que o princípio da efetividade encontra largo campo de atuação. Aqui e alhures, o malogro do constitucionalismo está associado à incapacidade de submeter o jogo político à imperatividade da Constituição. Se a norma constitucional não se concretiza em face do acumpliciamento ou à impotência dos órgãos públicos perante interesses particularmente poderosos, é porque assim o permitimos. É porque, em veras, não parecemos dispostos a adotar uma postura que, realçando a força normativa do princípio da efetividade, reduza proporcionalmente o espaço de livre conformação legislativa e/ou administrativa.

Como esclarece Luís Roberto Barroso, "embora resulte de um impulso político, que deflagra o poder constituinte originário, a Constituição, uma vez posta em vigência, é um documento jurídico", e suas normas, "tenham caráter imediato ou prospectivo, não são opiniões, meras aspirações ou plataforma política", mas preceitos de observância compulsória[123].

Justas ponderações, entretanto, não evitaram que ainda hoje, passados mais de dezoito anos desde sua promulgação, a Constituição Federal se visse destituída de efetivo teor normativo em muitos de seus preceitos. O grande desafio do publicista moderno prende-se ao desenvolvimento de técnicas conducentes à pronta concretização das normas constitucionais, até porque, repisando aquele velho truísmo, o Direito existe para realizar-se.

O princípio da efetividade ratifica a validade e a eficácia de todos os preceitos constitucionais, fulminando quaisquer atitudes potencialmente danosas ou empobrecedoras de seu conteúdo material. Neste ponto, acaba sendo um reforço da supremacia da Constituição, proibindo que se nulifique ou se esvazie a sua dimensão normativa.

Mas não é só. Como desdobramentos da ideia de efetividade exsurgem os subprincípios da proibição do retrocesso social e da aplicabilidade imediata das normas definidoras de direitos e garantias fundamentais, que

---

[123] BARROSO, Luís Roberto. *Interpretação e aplicação da Constituição*, cit., p. 249.

permitem vincular o Poder Público aos fins constitucionais e contribuem para transpor anteparos como a "reserva do possível" e outros obstáculos adicionais, todos eles analisados sequencialmente.

3.1.1 *Proibição do retrocesso social*

Para Canotilho, a proibição do retrocesso social resulta do regime democrático[124]. Outros autores, diversamente, preferem situá-la nas dobras do princípio da proporcionalidade. *Data venia,* discordamos dessas duas posições. Ao limitar a reversibilidade de direitos adquiridos, em flagrante violação à segurança jurídica do cidadão no âmbito econômico, social e cultural, e ao proteger a pessoa humana no seu mínimo existencial, com a consequente conformação da legislação ordinária, neste ponto jungida à prossecução de uma política de planificação social, o princípio parece acenar para a concretização de direitos constitucionalmente alicerçados, conferindo plena efetividade às normas de mais alta hierarquia do sistema jurídico. Se isto é correto, e estamos convictos de que sim, não há como negar a íntima correlação entre a proibição do retrocesso social e o princípio da efetividade.

A intangibilidade dos direitos de crédito subjetivamente adquiridos impõe limites à discricionariedade legislativa, sancionando com inconstitucionalidade as normas aniquiladoras da justiça social. De fato, o princípio em questão imuniza o núcleo essencial dos direitos econômicos, sociais e culturais, estejam eles assegurados de plano na Constituição Federal ou concretizados por meio de medidas legislativas, impedindo modificações normativas que suprimam as conquistas já alcançadas, sem a criação de medidas alternativas ou compensatórias.

Com o advento da atual Constituição, várias de suas disposições programáticas receberam de leis anteriores a regulamentação necessária para a produção dos efeitos esperados. E o mais importante: generosa fatia das normas recepcionadas buscava concretizar prestações socioeconômicas, de índole positiva, muitas de responsabilidade estatal. Nesta altura, o quadro animador se completava com o prometido empenho do planalto central para integrar as demais normas constitucionais ainda pendentes de regulamentação.

---

[124] CANOTILHO, José Joaquim Gomes. *Direito constitucional e teoria da Constituição*, cit., p. 338.

Entretanto, o primeiro decênio de vigência constituinte desmentiu o prenúncio de novos tempos. No período, uma avalanche de reformas inundou a pauta do Congresso Nacional. Benefícios foram cortados ou diminuídos. Em prol de uma alegada austeridade fiscal, não só foram revogadas leis regulamentadoras de cânones constitucionais, abrindo-se um vácuo normativo inviabilizador do exercício de direitos econômicos e sociais, como a própria Constituição Federal foi retalhada por mais de quatro dezenas de emendas, especialmente no campo da Previdência Social.

Após algumas hesitações, os tribunais brasileiros, decididos a refrear o ímpeto neoliberal, acabaram assimilando a proibição do retrocesso social, por vezes sem reconhecimento explícito, para declarar a inconstitucionalidade de investidas voltadas a suprimir ou minimizar os novos direitos econômicos, sociais e culturais incorporados ao texto de 1988.

A decisão proferida pelo Supremo Tribunal Federal em 24 de abril de 1999, concessiva de medida cautelar em sede de ação direta de inconstitucionalidade movida pelo Partido Socialista Brasileiro (ADIn 1.946 MC/DF — Distrito Federal), reflete o caminho recém-aberto na jurisprudência nacional para a proteção de um renovado catálogo de direitos.

Naquele processo, a agremiação partidária impugnou o art. 14 da Emenda Constitucional n. 20/98, que havia limitado os benefícios previdenciários devidos aos segurados do regime geral ao importe máximo de R$ 1.200,00 (mil e duzentos reais), alcançando, por via reflexa e implícita, o pagamento da licença-maternidade prevista no art. 7º, XVIII, do texto magno.

Ao apreciar o caso, o Pretório Excelso considerou que, "à falta de norma constitucional derivada, revogadora do art. 7º, XVIII, a pura e simples aplicação do art. 14 da EC 20/98, de modo a torná-lo insubsistente, implicará um retrocesso histórico, em matéria social-previdenciária, que não se pode presumir desejado".

É dizer, reconheceu que nem mesmo por meio de emenda constitucional seria possível suprimir direitos prestacionais, sem, ao menos, estabelecer mecanismos compensatórios à estatura do núcleo existencial dantes conquistado. Assim, implicitamente, acabou perfilhando o princípio da proibição do retrocesso social como legítimo redutor da discricionariedade do constituinte derivado e do legislador ordinário.

Maliciosamente, e à míngua de argumentos convincentes, alguém poderia tentar embaralhar a visão dos fatos, sustentando que o Supremo

Tribunal Federal só deixou de avalizar a redução do teto da licença-maternidade por falta de autorização explícita, alegando que o desfecho seria outro se o texto emendado contivesse determinação expressa.

Mas quem aposta neste sutil jogo de palavras nada tem a ganhar. Pelo contrário, só revela desconhecer o fundamento que subjaz por trás daquele acórdão pioneiro. Na verdade, o que motivou a decisão não foi simplesmente a inexistência de expressa autorização normativa, mas sobretudo o fato de que a redução do teto do benefício pago pela Previdência Social poderia deflagrar retrocessos ainda maiores, tais como a discriminação de gênero no tocante a empregos, cargos e salários.

De fato, no acórdão ficou registrado que se entendermos "que a Previdência Social, doravante, responderá apenas por R$ 1.200,00 (mil e duzentos reais) por mês, durante a licença da gestante, e que o empregador responderá, sozinho, pelo restante, ficará sobremaneira facilitada e estimulada a opção deste pelo trabalhador masculino, ao invés da mulher trabalhadora". Denota-se, também, a repulsa pela "discriminação que a Constituição buscou combater, quando proibiu diferença de salários, de exercício de funções e de critérios de admissão, por motivo de sexo (art. 7º, inc. XXX, da CF/88), proibição que, em substância, é um desdobramento do princípio da igualdade de direitos, entre homens e mulheres, previsto no inciso I do art. 5º da Constituição Federal".

Salientando que tal entendimento conclamava "o empregador a oferecer à mulher trabalhadora, quaisquer que sejam suas aptidões, salário nunca superior a R$ 1.200,00, para não ter de responder pela diferença", o Supremo Tribunal Federal esclareceu não ser "crível que o constituinte derivado, de 1998, tenha chegado a esse ponto na chamada Reforma da Previdência Social, desatento a tais consequências"[125].

[125] Eis o teor da ementa do referido acórdão: "DIREITO CONSTITUCIONAL, PREVIDENCIÁRIO E PROCESSUAL CIVIL. LICENÇA-GESTANTE. SALÁRIO. LIMITAÇÃO. AÇÃO DIRETA DE INCONSTITUCIONALIDADE DO ART. 14 DA EMENDA CONSTITUCIONAL Nº 20, DE 15.12.1998, E DO ART. 6º DA PORTARIA Nº 4.883, DE 16.12.1998, BAIXADA A 16.12.1998, PELO MINISTRO DE ESTADO DA PREVIDÊNCIA E ASSISTÊNCIA SOCIAL. ALEGAÇÃO DE VIOLAÇÃO AO DISPOSTO NOS ARTIGOS 3º, IV, 5º, I, 7º, XVIII, E 60, § 4º, IV, DA CONSTITUIÇÃO FEDERAL. MEDIDA CAUTELAR. 1. Portaria ministerial não pode regulamentar norma constitucional, menos ainda quando esta é autoaplicável e por isso mesmo independe de regulamentação. Se vem a ser baixada, é de ser interpretada como de eficácia apenas interna, ou seja, no âmbito da Administração Pública, no caso, da Previdência e Assistência Social, destinada somente a orientar os servidores subordinados ao Ministério. 2. E, não ten-

do, a norma impugnada, da Portaria, eficácia normativa externa, não está sujeita ao controle concentrado de constitucionalidade, por esta Corte, em Ação Direta de Inconstitucionalidade, conforme sua pacífica jurisprudência. 3. Precedentes do STF. 4. Sendo assim, é acolhida preliminar, para não se conhecer desta ADI, no ponto em que impugna o art. 6º da Portaria nº 4.883, de 16.12.1998, do MPAS, o qual, porém, ficará sujeito ao controle difuso de constitucionalidade e legalidade, nos órgãos judiciários competentes, e na solução de casos concretos, 'inter-partes'. Quanto a esse dispositivo, portanto, resulta prejudicado o requerimento de medida cautelar. 5. O Supremo Tribunal Federal já assentou o entendimento de que é admissível a Ação Direta de Inconstitucionalidade de Emenda Constitucional, quando se alega, na inicial, que esta contraria princípios imutáveis ou as chamadas cláusulas pétreas da Constituição originária (art. 60, § 4º, da CF). Precedente: ADI nº 939 (RTJ 151/755). 6. No caso presente, o autor alega violação das normas contidas no art. 3º, inc. IV, no art. 5º, 'caput', e inc. I, no art. 7º, inc. XVIII, e, por via de consequência, do art. 60, § 4º, inc. IV, da C.F./88. 7. Observado o precedente, é rejeitada a 2ª preliminar, relativa à inadmissibilidade de ADI contra Emenda Constitucional. Resta, portanto, conhecida a Ação, no que concerne à impugnação do art. 14 da EC nº 20/98. 8. O legislador brasileiro, a partir de 1932 e mais claramente desde 1974, vem tratando o problema da proteção à gestante cada vez menos como um encargo trabalhista (do empregador), e cada vez mais como de natureza previdenciária. Essa orientação foi mantida mesmo após a Constituição de 05/10/1988, cujo art. 6º determina: a proteção à maternidade deve ser realizada 'na forma desta Constituição', ou seja, nos termos previstos em seu art. 7º, XVIII: 'licença à gestante, sem prejuízo do emprego e do salário, com a duração de cento e vinte dias'. 9. Diante desse quadro histórico, não é de se presumir que o legislador constituinte derivado, na Emenda 20/98, mais precisamente em seu art. 14, haja pretendido a revogação, ainda que implícita, do art. 7º, XVIII, da Constituição Federal originária. Se esse tivesse sido o objetivo da norma constitucional derivada, por certo a EC nº 20/98 conteria referência expressa a respeito. E, à falta de norma constitucional derivada, revogadora do art. 7º, XVIII, a pura e simples aplicação do art. 14 da EC 20/98, de modo a torná-lo insubsistente, implicará um retrocesso histórico, em matéria social-previdenciária, que não se pode presumir desejado. 10. E, na verdade, se se entender que a Previdência Social, doravante, responderá apenas por R$1.200,00 (um mil e duzentos reais) por mês, durante a licença da gestante, e que o empregador responderá, sozinho, pelo restante, ficará sobremaneira facilitada e estimulada a opção deste pelo trabalhador masculino, ao invés da mulher trabalhadora. Estará, então, propiciada a discriminação que a Constituição buscou combater, quando proibiu diferença de salários, de exercício de funções e de critérios de admissão, por motivo de sexo (art. 7º, inc. XXX, da CF/88), proibição que, em substância, é um desdobramento do princípio da igualdade de direitos, entre homens e mulheres, previsto no inciso I do art. 5º da Constituição Federal. Estará, ainda, conclamado o empregador a oferecer à mulher trabalhadora, quaisquer que sejam suas aptidões, salário nunca superior a R$1.200,00, para não ter de responder pela diferença. Não é crível que o constituinte derivado, de 1998, tenha chegado a esse ponto na chamada Reforma da Previdência Social, desatento a tais consequências. Ao menos não é de se presumir que o tenha feito, sem o dizer expressamente, assumindo a grave responsabilidade. 11. Estando preenchidos os requisitos da plausibilidade jurídica da ação ('fumus boni iuris') e do 'periculum in mora', é de ser deferida a medida cautelar. Não, porém, para se suspender a eficácia do art. 14 da EC nº 20/98, como, inicialmente, pretende o autor. Mas, como alternativamente pleiteado, ou seja, para lhe dar, com eficácia 'ex tunc', interpretação conforme à Constituição, no sentido de que tal norma não abrange a licença-gestante, prevista no art. 7º, inc. XVIII, da CF/88, durante a qual continuará percebendo o salário que lhe vinha sendo pago pelo empregador, que responderá

Bem se vê, portanto, que esta guinada transformadora foi operada pela impossibilidade de retroceder em conquistas sociais tão relevantes como o incentivo à maternidade (CF, arts. 6º e 7º, XVII), a proteção do mercado de trabalho da mulher (CF, art. 7º, XX), a proibição de diferença de salários, exercício de funções e de critério de admissão por motivo de sexo (CF, art. 7º, XXX), todas elas enraizadas na cláusula igualitária, matriz das ideias de planificação social e efetividade constitucional.

3.1.2 *Aplicabilidade imediata dos direitos e garantias fundamentais*

Embora seja operativo em relação a todos os domínios constitucionais, e apesar de sua origem estar ligada à tese da atualidade das normas programáticas, o princípio da efetividade "é hoje sobretudo invocado no âmbito dos direitos fundamentais"[126]. Daí ser lícito compreender como um de seus desdobramentos naturais o princípio da aplicabilidade imediata das normas definidoras de direitos e garantias fundamentais, mormente quando expressamente previsto no art. 5º, § 1º, da Constituição Federal.

Não obstante situar-se no capítulo reservado aos direitos e deveres individuais e coletivos, o princípio alcança todo e qualquer preceito definidor de direitos e garantias fundamentais, inclusive os de natureza creditícia. O que importa não é tanto a localização topográfica, mas a interpretação teleológica que determina sua expansão pelo cosmos constitucional, a par de referências métricas, cardinais ou longitudinais.

Sobre imprimir coerência ao sistema, o princípio em apreço desempenha importante papel dinamizador da efetividade constitucional, sujeitando os Poderes Públicos ao dever de conferir máxima e imediata eficácia às normas definidoras de direitos e garantias fundamentais.

---

também pelo 'quantum' excedente a R$1.200,00, por mês, e o recuperará da Previdência Social, na conformidade da legislação vigente. Votação: — por maioria, quanto à preliminar de cabimento da ADI contra Portaria Ministerial, vencidos os Ministros Marco Aurélio, Carlos Velloso, Sepúlveda Pertence e Néri da Silveira. — unânime, quanto ao cabimento da ADI contra Emenda Constitucional e quanto ao deferimento da medida cautelar. Resultados: — não conhecida a ação, quanto ao art. 6º da Portaria 4.883/98 — MPAS, restando prejudicada a apreciação do pedido de medida cautelar. — rejeitada a preliminar de descabimento da ADI contra Emenda Constitucional: ADI-939 (RTJ-151/755). — deferida a medida cautelar para dar interpretação conforme a Constituição ao art. 14 da Emenda Constitucional nº 20/98" (ADIn 1.946-MC/DF — Distrito Federal — Medida Cautelar na Ação Direta de Inconstitucionalidade — Rel. Min. Sydney Sanches, j. 29-4-1999, Tribunal Pleno, *DJ* 14-9-2001).

[126] CANOTILHO, José Joaquim Gomes. *Direito constitucional e teoria da Constituição*, cit., p. 1224.

Nesse sentido, como observa Flávia Piovesan, compete tanto ao constituinte derivado quanto ao legislador ordinário: a) proceder em tempo razoável à normatização de direitos e garantias fundamentais, sempre que necessário para conferir-lhes plena exequibilidade, sob pena de inconstitucionalidade por omissão; b) mover-se no âmbito desses direitos para evitar que, a pretexto de regulamentá-los, o legislador opere significativa redução de sua força normativa, trocando-a pela força normativa da lei (o que muito se aproxima da proibição do retrocesso social); c) não emanar preceitos formal ou materialmente incompatíveis com estas normas[127].

Por seu turno, competiria às cortes jurisdicionais: a) interpretar as normas definidoras de direitos fundamentais de acordo com o princípio da efetividade ótima; b) densificar os preceitos constitucionais consagradores de direitos fundamentais de forma a possibilitar a sua aplicação imediata, nos casos de ausência de leis concretizadoras[128].

Finalmente, como pondera a autora, também à Administração Pública cumpre exercer "importante papel na tarefa de concretização dos direitos fundamentais, tendo em vista que, no exercício de sua competência planificadora, regulamentar, fornecedora de prestações, os órgãos de administração e do governo desenvolvem tarefas de realização de direitos fundamentais"[129].

Em síntese, o princípio da aplicabilidade imediata investe os Poderes Públicos na obrigação de promover todas as condições para que os direitos fundamentais sejam reais e efetivos. Por meio dele, postula-se a conversão de uma simples e abstrata expectativa em realidade viva e amplamente fruída. É por isso que José Carlos Vieira de Andrade destaca que "o alcance normativo da aplicabilidade directa não reside na exequibilidade", mas

---

[127] PIOVESAN, Flávia. *Proteção judicial contra omissões legislativas*, cit., p. 107.

[128] PIOVESAN, Flávia. *Proteção judicial contra omissões legislativas*, cit., p. 107. Em busca de uma solução definitiva para o problema da efetividade das normas constitucionais, Luís Roberto Barroso defende a aprovação de emenda constitucional que realce o papel dinamizador de uma jurisprudência criativa, alterando a redação do § 1º do art. 5º da Constituição Federal, nos seguintes termos: "§ 1º As normas definidoras de direitos subjetivos constitucionais têm aplicação direta e imediata. Na falta de norma regulamentadora necessária ao seu pleno exercício, formulará o juiz competente a regra que regerá o caso concreto submetido à sua apreciação, com base na analogia, nos costumes e nos princípios gerais de direito" (BARROSO, Luís Roberto. *O direito constitucional e a efetividade de suas normas*, cit., p. 270).

[129] PIOVESAN, Flávia. *Proteção judicial contra omissões legislativas*, cit., p. 108.

"na *deverosidade estrita* da intervenção legislativa"[130], que há de prover, em razoável espaço de tempo, os meios necessários para viabilizar o exercício de tais direitos pelos respectivos destinatários, sob pena de configuração da inconstitucionalidade por omissão. Daí ser lícito compreendê-lo simultaneamente como um limite à discricionariedade dos Poderes Públicos e como um estímulo à efetivação da vontade constitucional.

3.1.3 *A reserva do possível e a vinculação dos poderes públicos aos fins constitucionais*

As normas constitucionais que consagram direitos sociais, sejam ou não de natureza programática, deparam-se com empecilhos adicionais que tolhem sua plena realização. Assim, no direito germânico, a fruição dos direitos subjetivos a prestações no campo da educação, da habitação, da saúde e da previdência social está geralmente condicionada à "reserva do possível". É dizer: o exercício de tais direitos depende da disponibilidade dos recursos públicos necessários para sua implementação.

Não bastasse isso, a doutrina germânica costuma acrescer outro complicador. Aponta-se que a competência para desenvolver as políticas públicas sociais foi cometida ao Poder Legislativo, por meio da aprovação de leis, inclusive orçamentárias, e ao Poder Executivo, mediante definição de prioridades e escolha dos meios para sua realização.

Parcela da doutrina nacional aceita comodamente este anteparo erigido contra a efetivação dos direitos de crédito. Porém, apesar da significativa contribuição que o direito comparado vem proporcionando ao nosso constitucionalismo, é questionável a importação acrítica da teoria desenvolvida na Alemanha para a solução de problemas que afloram no Brasil, país com acentuadas diferenças culturais, sociais e econômicas, como observa DIRLEY DA CUNHA JÚNIOR:

> A chamada reserva do possível foi desenvolvida na Alemanha, num contexto jurídico e social totalmente distinto da realidade histórico-concreta brasileira. Nestas diferentes ordens jurídicas concretas não variam apenas as formas de lutas, conquistas e realização e satisfação dos direitos, mas também os próprios

---

130 ANDRADE, José Carlos Vieira de. *Os direitos fundamentais na Constituição portuguesa de 1976*. 2. ed. Coimbra: Almedina, 2001, p. 204.

paradigmas jurídicos aos quais se sujeitam. Assim, enquanto a Alemanha se insere entre os chamados países centrais, onde já existe um padrão ótimo de bem-estar social, o Brasil ainda é considerado um país periférico, onde milhares de pessoas não têm o que comer e são desprovidas de condições mínimas de existência digna, seja na área da saúde, educação, trabalho e moradia, seja na área da assistência e previdência sociais, de tal modo que a efetividade dos direitos sociais ainda depende da luta pelo direito, entendida como processo de transformações econômicas e sociais, na medida em que estas forem necessárias para a concretização desses direitos[131].

Eis aí por que ANDREAS JOACHIM KRELL, autor alemão conhecedor das carências vivenciadas no Brasil, onde fixou residência desde 1993, sustenta que "as teorias desenvolvidas na Alemanha sobre a interpretação dos direitos sociais não podem ser facilmente transferidas para a realidade brasileira, sem as devidas adaptações"[132].

Radicados na base do princípio da dignidade da pessoa humana, os direitos sociais figuram entre os direitos fundamentais de segunda geração, pelo que se subsumem à regra do art. 5º, § 1º, da Constituição da República, e constituem "exigência inarredável de qualquer Estado (social ou não) que inclua nos seus valores essenciais a humanidade e a justiça"[133].

Motivos de conveniência e oportunidade, embora frequentemente evocados no âmbito da discricionariedade dos Poderes Públicos, se desacompanhados de argumentos outros, não bastam para desatender postulações concernentes à efetiva fruição dos direitos sociais.

É certo que não se deve ignorar tais argumentos, mas também não se pode tomá-los ao *"pé da letra"*, sob pena de nulificar a eficácia mínima que guarnece todas as normas constitucionais, inclusive aquelas que consagram os direitos de crédito. Assim, torna-se imperioso empreender um juízo de ponderação para identificar situações em que os direitos sociais hão de prevalecer sobre considerações outras.

---

131 CUNHA JÚNIOR, Dirley da. *Controle judicial das omissões do Poder Público*, cit., p. 308.

132 KRELL, Andreas Joachim. *Direitos sociais e controle judicial no Brasil e na Alemanha:* os (des) caminhos de um direito constitucional "comparado". Porto Alegre: Fabris, 2002, p. 107.

133 SARLET, Ingo Wolfgang. *A eficácia dos direitos fundamentais*. 3. ed. Porto Alegre: Livraria do Advogado, 2003, p. 314.

É desejável também uma mudança de parâmetros e, sobretudo, de mentalidade, por parte dos operadores jurídicos, de forma a se engendrar uma nova compreensão da divisão funcional dos poderes. Advoga-se, portanto, a extensão do controle judicial ao âmbito das políticas sociais e dos orçamentos públicos, reduzindo-se proporcionalmente a discricionariedade dos órgãos de governo.

O dilema da ineficiência dos programas de integração socioeconômica parece concentrar-se na não alocação de recursos suficientes, no mau gerenciamento destes, ou, o que é pior, na inexecução dos respectivos orçamentos pelos órgãos governamentais. Mas as questões ligadas ao cumprimento de programas constitucionais não foram relegadas ao livre alvedrio do Legislativo ou do Executivo. Quando o processo político falha ou se omite na implementação de políticas públicas e dos objetivos sociais nelas implicados, ou quando os direitos sociais são negligenciados por incompetência administrativa, cabe ao Judiciário viabilizar, se possível, a fruição de prestações que descendem diretamente da Constituição Federal. O que não se admite é que os direitos sociais se tornem, pela inércia legislativa, pela insuficiência momentânea de fundos estatais, ou pela incompetência gerencial dos agentes públicos, pretensão perenemente irrealizada no tocante à efetividade almejada pelo constituinte de 1988.

Quer-se com isso dizer que "problemas de 'caixa' não podem ser guindados a obstáculos à efetivação dos direitos fundamentais sociais, pois imaginar que a realização desses direitos depende de 'caixas cheios' do Estado significa reduzir a sua eficácia a zero, o que representaria uma violenta frustração da vontade constituinte e uma desmedida contradição do modelo do Estado de Bem-Estar Social"[134]que a nova Constituição buscou implantar. Tal afirmação, porém, não pode conduzir a absurdos, nem se desvirtuar do meio-termo aristotélico[135] ou da lógica do razoável de Luis Recaséns Siches[136].

Assim, por exemplo, no tocante ao direito social à saúde, não julgamos acertada a decisão judicial que defere tratamento médico no exterior, se, no Brasil, houver centro hospitalar especializado para atendimento satis-

---

[134] CUNHA JÚNIOR, Dirley da. *Controle judicial das omissões do Poder Público*, cit., p. 310.

[135] ARISTÓTELES. *Ética a Nicômaco*. Trad. Mário da Gama Kury. 2. ed. Brasília: UnB, 1985, p. 46.

[136] SICHES, Luis Recaséns. *Nueva filosofía de la interpretación del derecho*. México: Porrúa, 1973, p. 312 e s.

fatório e adequado do enfermo. De igual modo, não se afigura correto alterar a lista de espera dos receptores de órgãos transplantáveis, para conferir precedência a uma pessoa que se encontra na mesma situação de outros pacientes que, há anos, aguardam a doação de um fígado, de um coração ou de um rim, tendo em vista que, em tal hipótese, o ônus maior não recai sobre o Estado, mas sobre outro paciente que aguarda sua vez na fila de transplantes[137].

O raciocínio engendrado a partir da lógica do razoável — esclareça-se desde já — não isenta o Estado de responsabilidade na construção de políticas sociais. Portanto, ilustrativamente, se por um lado não se deseja que uma ordem judicial de internação seja cumprida com a retirada de outro paciente já internado em UTI, por outro não se compactua com o falecimento ou com a debilitação da saúde de pacientes terminais por falta de vagas, remédios ou equipamentos adequados. Se não há vagas na rede pública hospitalar, então que se encaminhe o paciente necessitado e desprovido de posses para a rede particular a expensas do Estado.

E nem se aduza que a escassez de recursos públicos e a ausência de previsão orçamentária desautorizariam tal proceder, pois, em decisão da lavra do Ministro Celso de Mello, o Supremo Tribunal Federal sedimentou que "entre proteger a inviolabilidade do direito à vida, que se qualifica como direito subjetivo inalienável assegurado pela própria Constituição da República (art. 5º, *caput*), ou fazer prevalecer, contra essa expressa prerrogativa fundamental, um interesse financeiro e secundário do Estado, entendo — uma vez configurado esse dilema — que razões de ordem ético-jurídica impõem ao julgador uma só possível opção: o respeito indeclinável à vida" (*DJ*, Seção 1, de 13-2-1997, n. 29, p. 1830).

À luz do princípio da proporcionalidade e da técnica da ponderação de interesses, cabe ao operador jurídico, quando se deparar com um dile-

---

[137] Isto, porém, não impede que o transplante de órgãos ou tecidos *inter vivos* seja direcionado a um parente ou amigo próximo. Com efeito, a Lei n. 9.434/97, em seu art. 9º, §§ 3º a 8º, e o Decreto n. 2.268/97, nos arts. 15, §§ 1º a 8º, e 20, parágrafo único, admitem a doação voluntária, feita, preferencialmente, por escrito e na presença de duas testemunhas, por pessoa capaz juridicamente, especificando o órgão, tecido ou parte do seu próprio corpo que será retirado para implante ou enxerto em outra pessoa previamente identificada, desde que haja comprovação da necessidade terapêutica do receptor. Nesses casos, por vínculos de parentesco ou amizade, a doação de órgãos ou tecidos pode ser direcionada a determinada pessoa, solução que a lógica do razoável encampa sem maiores dificuldades, até mesmo por razões de gratidão e de solidariedade humana.

ma nascido de interesses contrapostos, procurar resolvê-lo trilhando os seguintes passos: 1º) verificar se a solução adotada é adequada para resolver o problema; 2º) certificar-se de que não há medida menos onerosa para atingir a finalidade almejada; 3º) empreender uma estrita ponderação dos interesses em disputa para desvendar qual deles, dentro de um específico caso concreto, deve preponderar, direcionando todas as medidas concebíveis ao seu pronto atendimento. Ora, é evidente que, no conflito entre o exercício de direitos fundamentais e questões de ordem financeira, o primeiro há de preponderar.

Costuma-se aduzir que a autorização judicial para fruição de direitos sociais a expensas do Estado redundaria em prejuízo da própria coletividade. Assim, por exemplo, há quem sustente que, quando o Judiciário compele o Poder Público a custear o tratamento de um particular no exterior, na verdade ele acaba por desviar recursos que reverteriam em medicamentos, vacinas e serviços médicos de uso geral, empregando-os em prol de um único e especial privilegiado. Teríamos aqui, dentro desta concepção restritiva, o conflito entre um direito coletivo, de um lado, e um direito individual, de outro. Um conflito não de bens distintos (vida x equilíbrio financeiro), mas de sujeitos diversos (particular x coletividade). Ou seja, para custear o tratamento de um enfermo teríamos de reduzir as despesas públicas em outras frentes, como na compra de remédios, nas campanhas de vacinação ou na contratação de médicos e agentes de saúde.

O argumento é surrealista e não nos seduz. Primeiro porque a ponderação de interesses deve ser empreendida num caso específico e só pode basear-se em dados concretos, palpáveis e reais, jamais em meras suposições ou conjecturas. E o argumento de que o Judiciário está invadindo o campo de discricionariedade administrativa e legislativa ou desviando recursos públicos para fins particulares não passa de mera suposição. Não se tem aqui dois interesses concretos. Há, isto sim, o interesse palpável de uma pessoa, consistente em sua adequada internação hospitalar, em suposta contraposição a um abstrato e cerebrino interesse da coletividade, que não foi ouvida em plebiscito, referendo ou pesquisa de opinião pública para expressar, *in concreto*, seu interesse. Daí não ser lícito falar em ponderação de interesses sobre um mesmo e único bem que seria disputado por diferentes titulares, já que a ponderação requer bens concretos e de valoração diversa.

Por outro lado, ao decidir desta maneira, o Judiciário não invade zona de exclusiva discricionariedade, tampouco vulnera a cláusula da separação de poderes. Ao fazê-lo, impondo à Administração o ônus pela concessão de direitos sociais, como o custeio de internações clínicas, apenas determina o cumprimento de uma obrigação com assento no texto constitucional, *in casu*, oriunda do princípio do integral atendimento médico-hospitalar (CF, art. 158, II).

Assim, é fácil notar que o Judiciário, na situação ventilada, não estará legislando, mas apenas reproduzindo um preceito constitucional de aplicação imediata. Por outro lado, no exemplo trazido à colação, não se pode imputar ao exercício jurisdicional a culpa pela falta de remédios ou vacinas. Isto porque o gestor público não precisará, necessariamente, retirar da rubrica orçamentária inerente à saúde os recursos necessários para custear o tratamento de particulares. E isto por várias razões, dentre as quais se apontam as seguintes: 1ª) o próprio orçamento pode conter rubrica específica para cobrir gastos desta natureza; 2ª) o orçamento público, como todos sabem, é maleável, sendo absolutamente lícito remanejar recursos oriundos de outras fontes, como por exemplo aqueles destinados a campanhas publicitárias, para cobrir despesas adicionais na área da saúde, sem precisar, portanto, suspender a aquisição de remédios, vacinas ou equipamentos hospitalares; 3ª) ao prolatar uma decisão deste feitio, o magistrado não exaure o espaço de livre opção legislativa ou administrativa, limitando-se a apontar uma finalidade social a ser perseguida, relegando aos gestores públicos a eleição dos meios mais oportunos e convenientes para atingi-la.

Como leciona Celso Antônio Bandeira de Mello, "já se tem reiteradamente observado, com inteira procedência, que não há ato propriamente discricionário, mas apenas discricionariedade por ocasião da prática de certos atos. Isto porque nenhum ato é totalmente discricionário, dado que, conforme afirma a doutrina prevalente, será sempre vinculado com relação ao fim e à competência ao menos. Com efeito, a lei sempre indica, de modo objetivo, quem é competente com relação à prática do ato — e aí haveria inevitavelmente vinculação. Do mesmo modo, a finalidade do ato é sempre e obrigatoriamente um interesse público, donde afirmarem os doutrinadores que existe vinculação também com respeito a esse aspecto"[138]. Embora direcionada à seara administrativa, a lição também se aplica, *mutatis mutandis*, à esfera legislativa.

---

[138] MELLO, Celso Antônio Bandeira de. *Curso de direito administrativo*. 13. ed. São Paulo: Malheiros, 2001, p. 383.

É palmar, neste vértice, desmistificar a discricionariedade como algo intangível, impenetrável e sem limites. Nenhum ato administrativo ou legislativo é totalmente discricionário, pois o exercício de qualquer competência pública está condicionado à persecução de finalidades que o constituinte houve por bem prestigiar. O legislador e o gestor público são livres para empregar os meios que julgarem convenientes e oportunos à vista de objetivos predeterminados, não para deixar de provê-los ou para escolher entre uma e outra finalidade. Assim, voltando ao caso acima mencionado, quando o magistrado obriga o Poder Público a custear o tratamento médico de particulares, não faz mais do que impor a persecução de uma finalidade pública assinalada pelo texto constitucional, facultando ao administrador eleger o meio mais eficaz e menos oneroso para implementá-la. Não há, portanto, substituição da vontade do legislador ou do gestor público, até porque a finalidade é sempre um elemento vinculado da lei ou do ato administrativo.

Em princípio, cabe ao legislador decidir sobre a destinação dos recursos orçamentários. Trata-se, porém, de uma competência relativa, e não absoluta, pois exercida sob o império das normas constitucionais, especialmente daquelas definidoras de prestações socioeconômicas. Assim, a "liberdade de conformação" do legislador em assuntos orçamentários "encontra seu limite no momento em que o padrão mínimo para assegurar as condições materiais indispensáveis a uma existência digna não for respeitado, isto é, quando o legislador se mantiver aquém desta fronteira"[139]. Desatendido tal pressuposto, legitima-se a intervenção do Judiciário para corrigir eventuais distorções.

Nesse sentido, merece aplausos a decisão proferida pelo Tribunal de Justiça do Rio Grande do Sul que, atestando a omissão do referido Estado diante do art. 227 da Lei Fundamental, condenou-o a implementar, independentemente de prévia dotação orçamentária, o programa constitucional previsto no indigitado dispositivo, nos termos que seguem: "A Constituição Federal, em seu artigo 227, define como prioridade absoluta as questões de interesse da criança e do adolescente; assim, não pode o Estado-membro, alegando insuficiência orçamentária, desobrigar-se da implantação de programa de internação e semiliberdade para adolescentes infratores, podendo o Ministério Público ajuizar ação civil pública para

---

[139] SARLET, Ingo Wolfgang. *A eficácia dos direitos fundamentais*, cit., p. 299.

que a Administração estadual cumpra tal previsão legal, não se tratando, na hipótese, de afronta ao poder discricionário do administrador público, mas de exigir-lhe a observância de mandamento constitucional" (Ap. 506.017, 7ª Câm., rel. Des. Sérgio Gischkow Pereira, j. 12-3-1997. *RT*, 743/132).

Como se observa, a distribuição de recursos públicos deixa agora de ser uma questão de discricionariedade política para se converter numa questão de respeito pelos direitos fundamentais. Na feliz advertência de Robert Alexy: "También los derechos fundamentales sociales mínimos tienem considerables efectos financieros cuando son muchos quienes los hacen valer. Sin embargo, esto solo no justifica inferir la no existencia de estos derechos. La fuerza del principio de la competencia presupuestaria del legislador no es ilimitada. No es um principio absoluto. Derechos individuales puedem tener más peso que las razones de política financiera"[140].

É de observar, outrossim, que a intervenção judicial na competência orçamentária do legislador não constitui novidade alguma no cenário jurídico nacional. De fato, ao declarar a inconstitucionalidade de uma lei instituidora de tributo, por violação a direitos fundamentais do cidadão, o Poder Judiciário sempre acaba interferindo na composição do orçamento público, embora isto não seja usualmente suscitado como óbice à invalidação da norma.

Destarte, diante de tais considerações, conclui-se que nem a reserva do possível nem a competência do legislador na elaboração do orçamento público e na alocação de recursos financeiros podem obstar o reconhecimento de direitos originários a prestações sociais.

3.2 Princípio da proporcionalidade

O problema da lei formalmente correta, mas intrinsecamente injusta ou arbitrária, por vezes camuflado em aforismos ultrapassados como *dura lex sede lex* (a lei é dura, mas é lei) ou *fiat justitia, pereat mundus* (faça-se justiça, ainda que o mundo pereça), levou o Poder Judiciário a repensar as técnicas de controle de constitucionalidade, estabelecendo novos limites ao exercício do poder legiferante, especialmente na tarefa de conformação dos direitos e garantias fundamentais.

---

140 ALEXY, Robert. *Teoría de los derechos fundamentales*, cit., p. 495.

Santiago Dantas, um dos primeiros a se pronunciar sobre o tema no Brasil, esclareceu que o "problema da lei arbitrária, que reúne formalmente todos os elementos da lei, mas fere a consciência jurídica pelo tratamento absurdo ou caprichoso que impõe a certos casos, determinados em gênero ou espécie, tem constituído, em todos os sistemas de direito constitucional, um problema de grande dificuldade teórica e de relevante interesse prático"[141].

Mais recentemente, Gilmar Ferreira Mendes, após reconhecer que o vício de inconstitucionalidade substancial resultante do excesso de poder legislativo constitui um dos grandes desafios do constitucionalismo contemporâneo, asseverou:

> O excesso de poder como manifestação de inconstitucionalidade configura afirmação da censura judicial no âmbito da discricionariedade legislativa ou, como assente na doutrina alemã, na esfera de liberdade de conformação do legislador (*gesetzgeberische Gestaltungsfreiheit*), permitindo aferir a compatibilidade das opções políticas com os princípios consagrados na Constituição. Nega-se, assim, à providência legislativa o atributo de um ato livre no fim, consagrando-se a vinculação do ato legislativo a uma finalidade[142].

Como em algumas situações as normas constitucionais não coincidem exatamente com o seu enunciado literal, o contraste direto entre o texto de duas disposições escritas não basta para embasar um juízo definitivo de obediência da lei à Constituição. Amiúde, sobretudo no campo dos direitos fundamentais, mesmo quando não se vislumbre lesões explícitas à Carta Magna, tem-se a sensação de que o legislador, embora autorizado a perseguir certos fins visados pelo constituinte, valeu-se de meios excessivamente onerosos para implementá-los, impondo cargas coativas maiores do que as inicialmente exigíveis. Pressente-se, enfim, que os benefícios alcançados não compensaram os esforços empreendidos para atingir os objetivos estabelecidos na Constituição, ou seja, de que os meios utilizados não foram razoáveis nem proporcionais aos fins buscados.

---

141 Igualdade perante a lei e *due process of law*: contribuição ao estudo da limitação constitucional do Poder Legislativo, *Revista Forense*, v. 116, p. 357, 1948.

142 MENDES, Gilmar Ferreira. *Controle de constitucionalidade*: aspectos jurídicos e políticos. São Paulo: Saraiva, 1990, p. 38-39.

Para superar este dilema passou-se então a trabalhar com as noções de razoabilidade e proporcionalidade, que nós entrevemos como sinonímias, muito embora para alguns autores cada qual represente uma realidade única e inconfundível. Registre-se, portanto, a advertência de que utilizaremos indistintamente as palavras "razoabilidade" e "proporcionalidade" em nosso singelo estudo, fazendo apenas uma breve digressão histórica para averiguar sob que roupagens e fundamentos tais expressões foram assimiladas em culturas variadas.

Nos Estados Unidos o princípio da razoabilidade teve sua origem ligada à cláusula do *due process of law*, cuja trajetória é assinalada por duas grandes fases: a primeira em que se revestiu de cunho estritamente processual (*procedural due process*), e a segunda, de caráter substantivo (*substantive due process*), na qual deflagrou o exercício de uma jurisdição constitucional profundamente criativa.

A ascensão do Judiciário, impulsionada pelo *substantive due process*, abre amplo espaço para o exame de mérito dos atos do Poder Público, com a redefinição do conceito de discricionariedade legislativa, tendo como resultado uma avalanche de decisões conclusivas pela inconstitucionalidade de leis restritivas de direitos fundamentais, com a consequente responsabilização do Estado.

Chama atenção o fato de que esta súbita mudança operou-se sob o crivo de um juízo de razoabilidade que para alguns tendia ao subjetivismo, mas na verdade se esteava sobre quatro vigas principais, quais sejam: a) *rule of expediency* (indaga-se aqui se as restrições impostas pelo poder de polícia são realmente necessárias); b) *balance of convenience* (por este critério investiga-se a proporção entre o grau de intervenção nos direitos particulares e a medida coletiva superveniente); c) *rule of reasonableness* (regra que permite averiguar a razoabilidade da finalidade legal, dos meios empregados para persegui-la e a inexistência de restrições arbitrárias); d) *rule of certainty* (critério que exige clareza na redação das leis de política social).

Apesar da influência do constitucionalismo americano, nossa doutrina e jurisprudência optaram, com raras exceções[143], por emprestar à cláusu-

---

143 Vislumbra-se uma destas exceções na decisão proferida pelo STF em 18-5-1994, em meio à questão de ordem levantada em medida cautelar pleiteada na ADIn 1063-DF, da relatoria do Min. Celso de Mello, em que se discutia a legitimidade dos arts. 8º, § 1º, e 9º da Lei n. 8.713/93, de onde se extrai o seguinte excerto: "(...) A cláusula do devido processo legal —

la do devido processo legal caráter estritamente processual. Por isso, no Brasil, o princípio da proporcionalidade, enquanto freio dirigido às leis restritivas de direitos fundamentais, parece estar mais próximo da produção jurídica europeia, e em especial do direito tedesco, do que propriamente do legado norte-americano.

Como teremos oportunidade de mostrar em capítulo autônomo, a hegemonia do parlamento vingou como dogma absoluto por quase dois séculos na França. Se, por um lado, amparada no romantismo de Rosseau (a lei como expressão da abstrata vontade geral), na Declaração dos Direitos do Homem e do Cidadão de 1789 (arts. 5º e 7º) e na Constituição francesa de 1791 (art. 3º), esta tese conferiu grande prestígio às decisões parlamentares, por outro, conduziu a excessos que minaram sua importância.

Na França, o controle do arbítrio do Poder Público alçou o seu mais espetacular desenvolvimento na seara administrativa por obra do *récours pour excès de pouvoir*. Com este recurso passou-se a postular, no Conselho do Estado, a reforma de qualquer decisão administrativa decorrente de excesso ou desvio de poder, perquirindo-se a compatibilidade intrínseca entre os motivos e a finalidade do ato praticado, bem como sua adequação à situação fática em face da qual foi editado[144]. Igualmente, no tocante aos danos advindos a particulares em razão do advento de leis interventivas na liberdade de comércio, indústria e profissão, o Conselho do Estado, a partir do *arrêt La Fleurette* (1938), passou a indenizar quem houvesse suportado ônus legislativos demasiadamente pesados em benefício da coletividade.

---

objeto de expressa proclamação pelo art. 5º, LIV, da Constituição — deve ser entendida, na abrangência de sua noção conceitual, não só sob o aspecto meramente formal, que impõe restrições de caráter ritual à atuação do Poder Público, mas, sobretudo, em sua dimensão material, que atua como decisivo obstáculo à edição de atos legislativos de conteúdo arbitrário. A essência do *substantive due process of law* reside na necessidade de proteger os direitos e as liberdades das pessoas contra qualquer modalidade de legislação que se revele opressiva ou destituída do necessário coeficiente de razoabilidade. Isso significa, dentro da perspectiva da extensão da teoria do desvio de poder ao plano das atividades legislativas do Estado, que este não dispõe da competência para legislar ilimitadamente, de forma imoderada e irresponsável, gerando, com o seu comportamento institucional, situações normativas de absoluta distorção e, até mesmo, de subversão dos fins que regem o desempenho da função estatal. O magistério doutrinário de CAIO TÁCITO. Observância, pelas normas legais impugnadas, da cláusula constitucional do *substantive due process of law*".

[144] BARROS, Suzana de Toledo. *O princípio da proporcionalidade e o controle de constitucionalidade das leis restritivas de direitos fundamentais*. 2. ed. Brasília: Brasília Jurídica, 2000, p. 41.

Todavia, os avanços poderiam ser ainda maiores se a França adotasse o controle de constitucionalidade *a posteriori* dos atos legislativos. Como o Conselho Constitucional só detém competência para realizar o exame prévio, as leis francesas, uma vez editadas, não estão sujeitas a qualquer questionamento e, ainda que arbitrárias, só podem ser expurgadas quando revogadas por normas de igual peso.

Isso não obstou que países vizinhos agasalhassem os fundamentos dessa teoria para coibir excessos perpetrados no campo das restrições impostas pela polícia administrativa, sobretudo quando desproporcionais às vantagens carreadas.

Mas, sem dúvida alguma, o grande salto qualitativo no controle dos atos arbitrários praticados pelo Poder Público ocorreu na Alemanha, mercê da transposição, para o Direito Constitucional, dos limites estabelecidos para o exercício do poder de polícia no âmbito do Direito Administrativo. Nesse país, após a experiência do nacional-socialismo que transmutou a Alemanha em comunidade rácica e converteu o Direito em instrumento para a legalização formal da barbárie, o princípio da proporcionalidade ganhou seu contorno definitivo.

Finda a Segunda Grande Guerra, a nova Constituição de Bonn, com o propósito de tutelar os direitos fundamentais e colocá-los a salvo do arbítrio legalizado, consagra o princípio da proteção do núcleo básico destes direitos e reafirma a vinculação dos poderes estatais a tal premissa, estatuindo "que qualquer restrição a eles há de se dar por lei necessária, geral e que não afete seu conteúdo essencial, garantindo ampla possibilidade de tutela jurisdicional em caso de virem a sofrer violações"[145].

Todas essas formulações, que descendem direta ou indiretamente do Estado de Direito, levaram o Tribunal Constitucional alemão a outorgar ao princípio da proporcionalidade a qualidade de norma constitucional não escrita, mediante a qual se busca aferir a razoabilidade intrínseca de uma lei mediante a compatibilidade entre meios e fins, de molde a evitar violações desnecessárias a direitos fundamentais[146].

---

[145] BARROS, Suzana de Toledo. *O princípio da proporcionalidade e o controle de constitucionalidade das leis restritivas de direitos fundamentais*, cit., p. 46.

[146] "Com toda certeza, restrições demasiadas podem até aniquilar o próprio direito restringido ou direitos conexos, comprometendo a própria noção de Estado de Direito Democrático. Enfim, são inúmeras as formulações jurídicas, expressas ou implícitas, referentes aos direitos fundamentais, a partir das quais justifica-se o controle mais amplo possível dos atos legislati-

Uma visão estrutural revela que o princípio da proporcionalidade compõe-se de três elementos, a saber: adequação, necessidade e proporcionalidade em sentido estrito. Destarte, qualquer restrição legislativa a direitos constitucionalmente assegurados, sobre estar prevista no texto magno, deve atender simultaneamente esses três requisitos.

O meio empregado pelo legislador será adequado quando for apto para alcançar o fim colimado. Será necessário quando o legislador não dispuser de outro meio menos prejudicial e igualmente eficaz para alcançar o objetivo visado, pois, como já disse JELLINEK, não se abatem pardais com tiros de canhão.

Vez por outra, um juízo de adequação e necessidade não conseguirá solver todas as controvérsias acerca da proporcionalidade da restrição legislativa, até porque dela pode resultar uma sobrecarga que não se coaduna com a ideia de justa medida. Em casos tais, o operador do Direito terá de sopesar as vantagens e as desvantagens geradas pela medida adotada. Se o balanço for positivo, restará atendido o requisito da proporcionalidade em sentido estrito.

Vetor que pauta o múnus legiferante pela exigência de uma equânime distribuição de ônus, a proporcionalidade em sentido estrito pressupõe a ponderação de interesses para superar espaços de tensão presentes nas relações de coordenação entre normas constitucionais aparentemente contraditórias.

Embora adequadas e necessárias à proteção de diretrizes constitucionais, algumas restrições podem impactar sobre outros valores de igual dignidade, instalando conflitos de interesses diante dos quais cabe empreender rigorosa ponderação para averiguar o ponto de elasticidade máxima das normas constitucionais, harmonizando-lhes a aplicação sem suprimir o seu núcleo material mínimo. Em outras palavras: a propor-

---

vos, inviabilizando qualquer invasão do legislador às posições jurídicas asseguradas aos indivíduos em razão da Constituição. E o princípio da proporcionalidade, como categoria dogmática, responde, sem dúvida alguma, a essa necessidade de cobrir os espaços pouco sindicáveis pelo Judiciário, sobretudo em termos de controle da lei. Por isso, não parece correto assinalar uma dualidade de posições entre a fundamentação do princípio da proporcionalidade a partir da essência dos direitos fundamentais e aquela outra, a partir da concepção de Estado de Direito, já que ambas constituem ideias indissociáveis. Posto isto, compreende-se também que a proporcionalidade é um princípio concretizado a partir do cânone do Estado de Direito" (BARROS, Suzana de Toledo. *O princípio da proporcionalidade e o controle de constitucionalidade das leis restritivas de direitos fundamentais*, cit., p. 94-95).

cionalidade da solução legislativa, suas vantagens e desvantagens, tudo isso será aferido a partir das singularidades do caso concreto, de molde a ditar qual dos valores colidentes prevalecerá e qual deles abdicará em prol do outro.

Um último ponto a frisar: salvo expressa autorização constitucional, nenhuma limitação a direito fundamental será tolerada. De observar, portanto, que o espaço propício para a imposição de restrições legais é demarcado por normas constitucionais que, entre nós, José Afonso da Silva classifica como de eficácia contida.

Os fundamentos dessa doutrina foram exportados para quase todos os países da Europa continental. Na Espanha e em Portugal, no entanto, a recepção da teoria alemã sofreu alguns reveses com a ascensão das ditaduras de Francisco Franco e Oliveira Salazar. Nos dois Estados, o florescimento de uma jurisdição constitucional autônoma, retardado pelos regimes de exceção, veio à tona com o processo de abertura democrática e com a promulgação da Constituição espanhola, em 1978, e da portuguesa, em 1976, que estabelece em seu art. 18:

> 1. Os preceitos constitucionais respeitantes aos direitos, liberdades e garantias são diretamente aplicáveis e vinculam as entidades públicas e privadas.
>
> 2. A lei só pode restringir os direitos, liberdades e garantias nos casos expressamente previstos na Constituição, devendo as restrições limitar-se ao necessário para salvaguardar outros direitos ou interesses constitucionalmente protegidos.
>
> 3. As leis restritivas de direitos, liberdades e garantias têm de revestir caráter geral e abstrato e não podem ter efeito retroactivo nem diminuir a extensão e o alcance do conteúdo essencial dos preceitos constitucionais.

Como observa Canotilho, o princípio da reserva legal sofre uma significativa mutação no contexto atual, pois, se antes traduzia apenas uma reserva de liberdade tutora dos direitos básicos do cidadão, hoje se volta contra o próprio legislador para refrear sua liberdade de conformação, diminuindo-lhe o raio de ação restritiva pela proibição de exceder-se nesta tarefa[147].

---

[147] CANOTILHO, José Joaquim Gomes. *Direito constitucional e teoria da Constituição*, cit., p. 793.

No Brasil, apesar de sua recente trajetória, o princípio da proporcionalidade vai se consolidando como parâmetro para o controle judicial dos atos emanados do Poder Público e, em particular, daqueles produzidos na seara legislativa. Em decisão proferida em 1948, o Ministro OROZIMBO NONATO, do Supremo Tribunal Federal, teve a oportunidade de averbar:

> O poder de taxar não pode chegar à desmedida do poder de destruir, uma vez que aquele somente pode ser exercido dentro dos limites que o tornem compatível com a liberdade de trabalho, de comércio e de indústria e com o direito de propriedade. É um poder, em suma, cujo exercício não deve ir até o abuso, o excesso, o desvio, sendo aplicável, ainda aqui, a doutrina fecunda do *détournement de pouvoir*. Não há que estranhar a invocação dessa doutrina ao propósito da inconstitucionalidade, quando os julgados têm proclamado que o conflito entre a norma comum e o preceito da Lei Maior pode-se acender não somente considerando a letra, o texto, como, também, e principalmente, o espírito e o dispositivo invocado[148].

Assim, sob a variante técnica do desvio de poder legislativo, o Supremo Tribunal Federal passou a submeter o exame de constitucionalidade dos atos normativos ao jugo do princípio da proporcionalidade. Desde então, os tribunais superiores vêm aplicando este critério, embora em muitas ocasiões a ele não se refiram expressamente.

CAIO TÁCITO ilustra a nova orientação do Pretório Excelso de não chancelar o *détournement de pouvoir* com exemplos de decisões anulatórias dos chamados "testamentos políticos", i.e., de leis estaduais que, na pior tradição política do país, ao término de governos derrotados nas urnas, criavam benesses absurdas e cargos excessivos, inviabilizando a nova administração pelo desequilíbrio fiscal, ao colocar-se "a competência legislativa a serviço de interesses partidários, em detrimento do legítimo interesse público"[149].

Mais recentemente, o Supremo Tribunal Federal declarou a inconstitucionalidade de lei estadual que determinava a pesagem de botijões de gás entregues ou recebidos, para substituição, à vista do consumidor e com

---

[148] RE 18.331, rel. Min. Orozimbo Nonato.

[149] TÁCITO, Caio. O desvio de poder no controle dos atos administrativos, legislativos e jurisdicionais, *Revista de Direito Administrativo*, n. 188, p. 1, 1992.

pagamento imediato de eventual diferença a menor, por violação ao princípio da proporcionalidade[150]. Na mesma senda, em relação à medida provisória que vedava a concessão de liminar em mandado de segurança, concluiu haver "necessidade de controle da razoabilidade das leis restritivas ao poder cautelar"[151].

Em desfecho, pode-se dizer que os diversos estágios de elaboração teórica na Europa e na América estão a demonstrar que, independentemente da origem ou do fundamento invocado, o princípio da proporcionalidade parece acenar para a melhor realização dos direitos fundamentais. Por isso, a inobservância dos requisitos de adequação, exigibilidade e proporcionalidade em sentido estrito torna inválida qualquer medida legal. Ademais, a noção de proporcionalidade é ínsita ao conceito de omissão inconstitucional, pois sua caracterização postula o decurso de prazo razoável, i.e., de lapso temporal adequado e necessário para regulamentação de normas constitucionais de eficácia limitada. Finalmente, como todo ato contrário ao Direito, também a ação e a inação legislativas, se desproporcionais e lesivas de cânones constitucionais, irão gerar a responsabilidade civil do Estado, o que reforça a importância do princípio *sub examinen* dentro de nosso universo temático.

3.3 Princípio da separação dos poderes

Tendo em mira questões nevrálgicas, não dirimidas pela farmacologia jurídica, faz-se mister remarcar a teoria da separação de poderes com esquadros novos, superando dogmas oxidados pelo tempo.

No decorrer da era moderna, a tese da absoluta independência dos órgãos de Estado sofreu revisões paulatinas até ser completamente desmistificada. De fato, a concepção de poderes encapsulados, gravitando em torno de suas próprias decisões, infensos a qualquer tipo de ingerência externa, dificilmente se ambientaria num cenário repleto de problemas complexos que pressupõem diálogo e interatividade. Ademais, submer-

---

150 ADIn 855, *DJ* de 1º-10-1993, p. 20212, rel. Min. Sepúlveda Pertence.

151 ADIn 223, *DJ* de 29-6-1990, p. 6218, rel. Min. Paulo Brossard. Conquanto não tenha concedido a liminar postulada para suspender os efeitos da medida provisória impugnada, o STF assentou que o "indeferimento da suspensão liminar da MP 173 não prejudica, segundo o relator do acórdão, o exame judicial em cada caso concreto da constitucionalidade, incluída a razoabilidade, da aplicação da norma proibitiva da liminar".

gindo novamente na lógica do razoável há pouco retratada, é forçoso dizer que um *apartheid* radical, proscrevendo todas as técnicas de controle recíproco entre os três poderes do Estado, culminaria por torná-los perniciosos e arbitrários, justamente o que se pretende evitar.

A ampliação das atividades estatais impôs novas formas de relacionamento entre os órgãos legislativo, executivo e judiciário. Por isso, ao isolamento de outrora sucedeu a doutrina de freios e contrapesos (*check and balances* ou *balance of powers*), em que cada órgão do poder fiscaliza a atuação do outro, sobretudo no que tange à observância das diretrizes constitucionais.

É nesta moldura que se enquadra a questão do poder normativo dos juízes diante de uma omissão legislativa verificada no exame de um caso concreto. Por ensejar o avanço sobre matérias tradicionalmente reservadas aos representantes da vontade popular, muitos creem que o desempenho deste múnus judicial colidiria com o princípio da separação de poderes[152]. Honestamente, não vemos razão para infirmar a legitimidade desta atuação criativa, até porque em regimes democráticos "é não apenas possível, como desejável, que parcela do poder público seja exercida por cidadãos escolhidos com base em critérios de capacitação técnica e idoneidade pessoal, preservados das disputas e paixões políticas, (...) sujeitas a animosidades e compromissos incompatíveis com o mister a ser desempenhado"[153].

Foi a Constituição que outorgou ao Judiciário o título de intérprete qualificado de suas normas (CF, art. 102), dotando-o de competência para torná-la operativa, quer invalidando atos com ela incompatíveis, quer suprindo as omissões legislativas que tolhem sua aplicação em determinado caso. Não se trata de legislar, mas de aplicar a Constituição, de fazê-la atuar concretamente, de prover sua efetivação. Mesmo pressupondo um juízo de censura sobre o descaso parlamentar, tal atividade transcorre no âmbito da doutrina de freios e contrapesos, que introduz mecanismos de controle recíproco para evitar que os poderes constituídos, e em especial

---

[152] Lúcio Bittencourt já indicara há vários anos tal oposição: "Argui-se, todavia, que a doutrina americana, acarretando a supremacia do Judiciário, opõe-se aos princípios democráticos, pois, enquanto em relação ao Congresso, de eleição em eleição, o povo pode escolher os seus representantes de acordo com a filosofia política dominante, no caso do Judiciário a estabilidade dos juízes impede que se reflita a variação popular" (BITTENCOURT, Carlos Alberto Lúcio. *Controle jurisdicional da constitucionalidade das leis*. Rio de Janeiro: Forense, 1968, p. 21).

[153] BARROSO, Luís Roberto. *O direito constitucional e a efetividade de suas normas*, cit., p. 169.

o legislativo, se distanciem dos valores aos quais devem servir, a saber: os valores constitucionais.

Como as ideias de separação e equilíbrio nem sempre caminharam *pari passu*, diferentes propostas de hierarquização das funções estatais vieram à tona ao longo da história. Assim, durante o liberalismo clássico, o princípio da separação dos poderes buscou assegurar o primado da lei e, consequentemente, a inadmissibilidade do controle jurisdicional sobre ações e omissões legislativas. Em sentido inverso, na onda do ativismo judicial deflagrado pelo *Chief Justice* EARL WARREN[154], magistrados norte-americanos passaram a sindicar mais intensamente a constitucionalidade das decisões parlamentares, num movimento maliciosamente apelidado de *government of judges* (governo de juízes).

Não se está aqui a fazer apologia de um poder em detrimento de outro. Pelo contrário. Tudo o que dissemos só autoriza concluir que a hierarquização extremada conduz a excessos. Daí por que, para além de uma faixa de independência funcional, há de conceber um aparato que favoreça o exercício harmônico dos poderes, sob pena de, inexistindo limites, um poder se sobrepor ao outro, quando o ideal seria que entre eles se formasse uma atuação de concerto. Outro não foi o anseio do constituinte quando frisou que os três poderes são "independentes e harmônicos entre si" (CF, art. 2º).

Há quem advogue que o exercício da jurisdição constitucional poderia subverter a ordem democrática, inspirada no predomínio da vontade majoritária sobre grupos minoritários. Argui-se, para tanto, que eventuais conflitos políticos não se resolveriam em definitivo pela deliberação legislativa de maiorias eventuais, mas por decisão do Tribunal Constitucional, acarretando uma indesejável asfixia da vontade popular. O "risco democrático" agravar-se-ia em boa medida porque, sendo o juiz último da autoridade dos demais poderes, o Tribunal Constitucional seria também o único juiz de sua própria autoridade, uma vez que suas decisões não estariam sujeitas a qualquer modalidade de controle posterior[155].

Em vez de encarar frontalmente este problema, muitos preferem contorná-lo a partir da diferenciação entre o poder constituinte, juridica-

---

[154] Earl Warren foi o 14º Chefe de Justiça dos Estados Unidos da América. Durante sua presidência (1953-1974), a Suprema Corte vivenciou ampla revolução progressista.

[155] BINENBOJM, Gustavo. *A nova jurisdição constitucional brasileira:* legitimidade democrática e instrumentos de realização. 2. ed. Rio de Janeiro: Renovar, 2004, p. 49.

mente ilimitado, e os poderes constituídos, sujeitos a lindes pré-demarcadas. Interferências corretivas só se justificariam a partir do reconhecimento de que o exercício das funções executiva, jurisdicional ou legislativa há de se ater aos limites constitucionais. Portanto, quando advogamos o desenvolvimento de uma jurisprudência vivaz e criativa, não buscamos reconhecer a preeminência do Judiciário sobre os demais órgãos do Estado, mas apenas defender a supremacia da Constituição, munindo os juízes de poderes específicos para colmatar lacunas que tolham a efetiva aplicação de suas normas.

No âmbito desta concepção estrita, ao realizar o controle de constitucionalidade dos atos e omissões do Poder Público, o juiz atuaria de forma absolutamente neutra para sobrepor a vontade do constituinte sobre a vontade do legislador ordinário, cingindo-se a uma aferição formal e asséptica da compatibilidade vertical entre normas de diferente hierarquia. Diante desta suposta "neutralidade", não haveria espaço para a "construção judicial". Os juízes se limitariam tão somente a declarar o direito preexistente.

Sabe-se, porém, que o ideal de completude da ordem jurídica nem de longe configura unanimidade doutrinária. Por mais previdente que seja, o legislador jamais conseguirá abarcar todos os fenômenos mundanos, razão por que, sobretudo em matéria constitucional, não se pode prescindir da dimensão essencialmente criativa da atividade judicial para suprir lacunas e adaptar o relato normativo às singularidades de cada caso.

Alie-se a isto o fato de que a textura aberta da Constituição confere a seus intérpretes um significativo espaço de conformação normativa. Neste aspecto, a decisão judicial constitui o produto acabado de um longo processo de concretização da mensagem constitucional. Nesta jornada, o constituinte figura como o remetente, o legislador ordinário, como o intermediário e o juiz, como o mensageiro final da vontade normativa. A cada etapa, novos elementos se agregam à mensagem original, reforçando sua eficácia. De observar, portanto, que a decisão judicial tem natureza constitutiva e não simplesmente declaratória, situando-se no vértice desta escalada concretizadora. Talvez, por isso, se afirme que o Direito não é um dado, mas um construído fortemente influenciado por valores e convenções sociais.

Não adianta fingir que a jurisdição constitucional se exaure na operação mecânica de subsumir fatos a normas já existentes, sem nada acrescer ou coarctar, tampouco crer na alegada completude do ordenamento jurídico ou apostar numa mítica neutralidade do juiz. De um modo geral, tanto o juiz quanto o legislador criam o Direito, embora este último disponha de maior liberdade no desempenho de seu mister. Na dinâmica da criação normativa, a lei se apresenta como simples moldura a ser preenchida pelo juiz nos casos que lhe forem submetidos. Assim, ao regulamentar certa matéria, o legislador fixa parâmetros gerais para que o juiz crie, mediante sentença, a norma individual que presidirá a relação conflituosa travada entre as partes de um processo. Vê-se, pois, que a atividade jurisdicional compreende simultaneamente um ato cognitivo (conhecimento das várias possibilidades de interpretação oferecidas pela moldura legal) e um ato volitivo (escolha de uma dessas possibilidades à luz das singularidades do caso *sub judice*). Portanto, não há como olvidar a natureza criadora da jurisdição, pois, como já dizia KELSEN, "a norma jurídica geral é sempre uma simples moldura dentro da qual há de ser produzida a norma jurídica individual"[156].

A questão agora se complica ainda mais. Isto porque reconhecemos que o Poder Judiciário não se limita a aplicar a Constituição, mas a reescreve diariamente quando, após revelar todas as suas possibilidades interpretativas, opta deliberadamente por uma delas. Tal circunstância acentua-se quando "se sabe que as Constituições são compostas, em sua grande parte, de princípios e não de regras, cuja densificação, concretização e ponderação enseja sempre uma larga margem de participação criativa do intérprete"[157]. Portanto, novamente a mesma pergunta vem à tona: de onde advém a legitimidade do Judiciário para imiscuir-se em questões políticas, sobrepondo suas próprias convicções às deliberações tomadas por parlamentares eleitos pelo voto direto?

A nova Constituição brasileira busca resolver tal dilema quando, em seu art. 1º, opera a fusão de dois princípios até certo ponto antagônicos: o do Estado de Direito, que busca juridicizar o poder político e assegurar pleno respeito aos direitos fundamentais, e o do regime democrático, que encampa a regra da maioria e a ideia de soberania popular. Nesse contexto, compete ao Poder Judiciário calibrar a aplicação destes dois princípios fundamentais, de molde a evitar que o poder da maioria se tiranize a ponto de vetar o acesso de minorias vulneráveis aos direitos mais elementares, colocando-se em risco a sobrevivência de democracias estáveis.

---

156 KELSEN, Hans. *Teoria pura do direito*, cit., p. 272.

157 BINENBOJM, Gustavo. *A nova jurisdição constitucional brasileira*, cit., p. 68-69.

O princípio democrático pressupõe a formação da vontade majoritária em meio a uma arena que favoreça a participação de todos os segmentos sociais e grupos ideológicos no debate político. Para isso, é fundamental que os cidadãos sejam tratados com igual respeito e que as minorias tenham voz ativa no processo de elaboração das leis. Mas a abertura dos canais de participação política é impensável num regime descompromissado com a tutela dos direitos fundamentais. Sem as chamadas liberdades públicas (de expressão, de consciência, de opinião, de crítica etc.), não haverá espaço para questionar o mérito das ações de governo. Por outro lado, sem a estabilidade socioeconômica que os direitos de crédito propiciam, dificilmente alguns agentes ousariam contrariar o *lobby* político de grandes corporações empresariais. Assim, a título de ilustração, se não gozassem de estabilidade desde o registro da candidatura até o fim do mandato, poucos sindicalistas se atreveriam a convocar greve geral ou protestar contra a aprovação de uma lei prejudicial à respectiva categoria profissional, mas favorável ao patronato.

Não há democracia autêntica sem respeito aos direitos fundamentais. É por isso que GUSTAVO BINENBOJM, ao assumir a democracia como um jogo, esclarece ser a Constituição o manual de regras, e os jogadores, os agentes políticos representantes do povo, reservando à jurisdição constitucional o papel de árbitra responsável por evitar que o jogo democrático descambe para a ditadura legislativa de maiorias transitórias[158]. Aliás, o próprio KELSEN antecipara, em conferência proferida na Associação dos Professores de Direito Público Alemães, o papel central que a jurisdição constitucional passaria a desempenhar na tutela dos direitos das minorias, como se depreende de importante trecho de seu discurso:

> Contra as muitas censuras que se fazem ao sistema democrático — muitas delas corretas e adequadas —, não há melhor defesa senão a da instituição de garantias que assegurem a plena legitimidade do exercício das funções do Estado. Na medida em que amplia o processo de democratização, deve-se desenvolver também o sistema de controle. É dessa perspectiva que se deve avaliar aqui a jurisdição constitucional. Se a jurisdição constitucional assegura um processo escorreito de elaboração legislativa, inclusive no que se refere ao conteúdo da lei, então ela desempenha

---

158 BINENBOJM, Gustavo. *A nova jurisdição constitucional brasileira*, cit., p. 48.

uma importante função na proteção da minoria contra os avanços da maioria, cuja predominância somente há de ser aceita e tolerada dentro do quadro de legalidade. A exigência de um *quorum* qualificado para a mudança da Constituição traduz a ideia de que determinadas questões fundamentais devem ser decididas com a participação da minoria. A maioria simples não tem o direito de impor a sua vontade — pelo menos em algumas questões — à minoria. Nesse ponto, apenas mediante a aprovação de uma lei inconstitucional poderia a maioria afetar os interesses da minoria constitucionalmente protegidos. Por isso, a minoria, qualquer que seja a sua natureza — de classe, de nacionalidade ou de religião —, tem um interesse eminente na constitucionalidade da lei.

Isto se aplica sobretudo em caso de mudança das relações entre maioria e minoria, se uma eventual maioria passa a ser minoria, mas ainda suficientemente forte para obstar uma decisão qualificada relativa à reforma constitucional. Se se considera que a essência da democracia reside não no império absoluto da maioria, mas exatamente no permanente compromisso entre maioria e minoria dos grupos populares representados no Parlamento, então representa a jurisdição constitucional um instrumento adequado para a concretização dessa ideia. A simples possibilidade de impugnação perante a Corte Constitucional parece configurar instrumento adequado para preservar os interesses da minoria contra lesões, evitando a configuração de uma ditadura da maioria, que, tanto quanto a ditadura da minoria, se revela perigosa para a paz social[159].

Tão lesiva quanto a ação da maioria é a omissão surdina do Poder Legislativo. Ao negligenciar atos imprescindíveis à tramitação legislativa, maiorias transitórias podem interditar a aprovação de projetos tendentes a regulamentar certos direitos postulados por grupos minoritários. Em hipóteses tais, a omissão legislativa implica novo ataque ao compromisso democrático de defender os direitos fundamentais.

---

[159] KELSEN, Hans. La garanzia giurisdizionale della Costituzione. In: *La giustizia costituzionale*, Milano, 1980, p. 201-203. Apud MENDES, Gilmar Ferreira. Controle de Constitucionalidade: hermenêutica constitucional e revisão de fatos e prognoses legislativos pelo órgão judicial. In: *Direitos fundamentais e controle de constitucionalidade*. São Paulo: Celso Bastos Editor, 1998, p. 460-461.

Por isso, ao humor do Congresso Nacional há de se contrapor a atuação enérgica do Supremo Tribunal Federal que, para além da função de legislador negativo, exercerá o mister de guardião da Lei Maior, articulando o debate público em torno dos princípios constitucionais, de molde a constranger os agentes políticos a observá-los no desenrolar do jogo democrático, conferindo plena efetividade às normas constitucionais, seja pela censura positiva, suprindo as omissões legislativas que obstam a produção de todos os seus efeitos, seja por meio da censura negativa, sustando os atos reputados inconstitucionais.

Sérgio Fernando Moro é preciso neste ponto: "O dogma da vedação da atuação do juiz como legislador positivo não se sustenta quando presente violação da Constituição. O Judiciário, no exercício do controle de constitucionalidade, sempre interfere na atividade legislativa, seja quando supre a falta de lei, seja quando invalida lei inconstitucional, não se diferenciando, em substância, essas duas formas de controle"[160].

De observar, outrossim, que a edição da Lei n. 9.868/99, ao encampar novas técnicas interpretativas, parece favorecer a assimilação deste perfil hermenêutico, contribuindo para desassociar o Supremo Tribunal Federal da clássica concepção de "legislador negativo". Nesse sentido, pede-se vênia para transcrever as lições de Lênio Streck:

> Como se vê, com a edição da Lei n. 9.868/99, não somente ocorre a institucionalização dos mecanismos da interpretação conforme a Constituição e da nulidade parcial sem redução de texto como formas de controle de constitucionalidade, mas mais do que isso, o Poder Legislativo, ao aprovar a citada lei, rompe com a concepção clássica de separação de poderes e daquilo que se entende como "liberdade de conformação do legislador". Louvável, assim, a atitude do legislador. Dito de outro modo, com a edição da Lei, o Parlamento brasileiro admite que a função do Poder Judiciário não é tão somente a de, no plano do exame de constitucionalidade, agir como "legislador negativo", tese que exsurge do próprio conceito dos institutos sob comento, formas claras que são de intervenção e redefinição do papel do Direito no Estado Democrático de Direito.

---

160 MORO, Sérgio Fernando. *Desenvolvimento e efetivação judicial das normas constitucionais*. São Paulo: Max Limonad, 2001, p. 99.

> Isso significa dizer que, com a institucionalização da interpretação conforme a Constituição e da inconstitucionalidade parcial sem redução de texto através da Lei n. 9.868/99, o Poder Legislativo brasileiro admite (explicitamente) que o Poder Judiciário possa exercer uma atividade de adaptação e adição/adjudicação de sentido aos textos legislativos, reconhecendo, ademais, que a função do Poder Judiciário, no plano do controle de constitucionalidade, não mais se reduz — repita-se — à clássica concepção de "legislador negativo". (...)
>
> Veja-se o caso de uma decisão que estenda os direitos de uma categoria profissional a outra ou que deixe de considerar como incidente determinada alíquota de imposto. No primeiro caso, houve uma adição de sentido, que tanto pode receber a chancela do conceito de interpretação conforme como de uma sentença aditiva; no segundo caso, houve a nulidade, sem redução de texto, de uma hipótese de incidência, o que pode configurar uma sentença redutiva. Uma questão, entretanto, parece indiscutível, qual seja, a de que o processo hermenêutico é sempre produtivo. Quando se adiciona sentido ou se reduz o sentido (ou a própria incidência de uma norma), estar-se-á fazendo algo que vai além ou aquém do texto da lei, o que não significa afirmar que o Tribunal está legislando. Pelo contrário. Ao adaptar o texto legal à Constituição, a partir dos diversos mecanismos interpretativos existentes, o juiz ou tribunal estará tão somente cumprindo sua tarefa de guardião da constitucionalidade das leis[161].

Certo é que a rigidez do texto constitucional, o papel construtivo da jurisprudência, a defesa dos direitos fundamentais e a contemporização dos interesses de maiorias e minorias legislativas introduzem um novo arranjo no modelo tradicional de divisão dos poderes. No cenário que se descortina, o Poder Judiciário procura concretizar a vontade constitucional e, embora fiel aos cânones da racionalidade e da motivação, não desconhece o peso dos fatores políticos que influenciam suas decisões. Mesmo assim, resistindo às armadilhas da política, a jurisdição constitucional se esforça para implementar as metas traçadas pelo constituinte originário,

[161] STRECK, Lênio. *Jurisdição constitucional e hermenêutica*. 2. ed. Rio de Janeiro: Forense, 2004, p. 574-575.

ainda que para isso tenha de assumir, em casos específicos, poderes normativos.

Não é de se estranhar tal orientação, pois já faz algum tempo que a magistratura não se adscreve a simplesmente aplicar o direito legislado. Desde 1942, com o advento da Lei de Introdução ao Código Civil, conferiu-se ao juiz amplos poderes para decidir o caso de acordo com a analogia, os costumes e os princípios gerais de direito, quando a lei for omissa. No mesmo norte, as sentenças normativas da Justiça do Trabalho constituem o exemplo mais claro de que o princípio da separação dos poderes, na experiência constitucional brasileira, jamais se filiou à rigidez engendrada pelos clássicos. Destarte, convém questionar: se o Judiciário detém competência para ditar normas que incidirão sobre uma categoria coletiva, por que não teria competência para, em casos individuais, suprir omissões legislativas e tornar efetivo o texto constitucional?

Não somos sectários da autocontenção judicial (*judicial self-restraint*), assim como não avalizamos os excessos responsáveis por cunhar a famosa expressão "governo de juízes" (*government of judges*). Tomamos partido pela supremacia do texto constitucional e, para promovê-la, julgamos fundamental o despertar de uma jurisprudência criativa que, firme nesta premissa, se liberte de mordaças anacrônicas, assumindo de uma vez por todas a condição de guardiã e intérprete qualificada da Constituição Federal. É esta sem dúvida a essência atual do princípio da separação dos poderes.

3.4 Princípio da supremacia constitucional

Se KELSEN formulou o mais completo discurso sobre o escalonamento das normas jurídicas, a jurisprudência norte-americana fez da "Constitución escrita esse parámetro normativo superior que decide la validez de las Leyes del Parlamento"[162].

---

[162] ENTERRÍA, Eduardo García de. *La Constitución como norma y el Tribunal Constitucional.* 3. ed. Madrid: Civitas, 1983, p. 53. O constitucionalista espanhol pauta o comentário em análise precisa sobre a doutrina norte-americana do *judicial review*, que interpreta como a "facultad judicial de declarar inconstitucionales las leyes". Muito embora constituísse lugar comum, a afirmação da supremacia do texto constitucional só alcançou eficácia prática em 1803. Neste ano, o presidente da Suprema Corte americana, John Marshall, no famoso caso Marbury x Madison, reconheceu o amplo poder de controle do Judiciário sobre o Executivo e o Legislativo, viabilizando com isso a declaração de nulidade dos atos emanados dos demais poderes desde que contrários ao texto constitucional.

Muito embora relevantes, não foram estes os únicos acontecimentos contributivos para a consolidação do princípio da supremacia do texto constitucional. De fato, apesar de registrar há muito tempo a existência de leis superiores, só recentemente o Direito ligou consequências práticas a tal premissa. Talvez por isso, Clèmerson Merlin Clève enfatize que a supremacia constitucional "decorre menos de postulados teóricos e mais de uma concepção histórica progressivamente incorporada à consciência jurídica da civilização ocidental"[163]. Daí por que, sem desmerecer as construções da Teoria Pura, buscaremos entronizar outro aspecto pouco explorado do princípio da supremacia da Constituição, a saber: a dinâmica do processo constitucional e o despertar da consciência coletiva.

Ao focar a dinâmica do processo de fiscalização da constitucionalidade das omissões e dos atos normativos, esta obra leva em conta a advertência de que, cada vez mais, "se perde o optimismo liberal acerca da Constituição e se adquire a convicção de que ela só poderá servir de garantia — de garantia dos direitos das pessoas ou da ordem social e política — se for garantida"[164].

Ora, a fiscalização da constitucionalidade dos atos normativos reclama a satisfação dos seguintes requisitos: a) existência de uma Constituição formal e rígida; b) previsão de ao menos um órgão dotado de competência para o exercício dessa atividade; c) compreensão da Constituição como Lei Fundamental e vontade de realizá-la.

Parece assente que o princípio da supremacia pressupõe a existência de uma Constituição formal e rígida, i.e., de um documento escrito que demanda um procedimento especial para sua alteração, em regra mais custoso do que o estabelecido para a reforma da legislação ordinária. É justamente a estabilidade gerada por este rito solene que põe a Constituição a salvo das investidas do legislador ordinário, creditando-lhe preeminência diante de outros instrumentos normativos despidos de iguais garantias. Como isto se mostra claro, não iremos fatigar o leitor com discussões recorrentes sobre o escalonamento das normas jurídicas, até porque esta matéria já foi abordada no primeiro capítulo desta obra, para o qual remetemos eventuais interessados.

---

163 CLÈVE, Clèmerson Merlin. *A fiscalização abstrata da constitucionalidade no direito brasileiro*, cit., p. 25.

164 MIRANDA, Jorge. *Manual de direito constitucional*, cit., t. 2, p. 319.

Por imperativo lógico, a fiscalização da constitucionalidade só pode ocorrer se a própria Constituição deferir a um ou mais órgãos competência para exercitá-la. No cenário atual, embora os Poderes Legislativo e Executivo conservem atribuições concernentes à matéria, é o Judiciário brasileiro que se destaca, na via difusa ou na concentrada, como o grande censor da constitucionalidade dos atos normativos.

A Constituição é o grande *locus* onde se opera a luta jurídico-política. O esforço empreendido pelo poder constituinte não se exaure com a promulgação do texto magno, apenas se transfere para a *praxis* constitucional, i.e., para o campo da aplicação e da interpretação. Por isso, até mesmo para evitar que o desfecho do embate entre os fatores reais de poder e a Constituição se verifique em desfavor desta, faz-se mister compreendê-la como uma Lei Fundamental, despertando a consciência de todos para a defesa de sua força normativa.

Konrad Hesse já antecipara que, para exercer com sucesso o papel prospectivo e conformador da realidade social, tornando efetivamente fruíveis os seus preceitos, a Constituição deve atentar para os pressupostos realizáveis que permitem assegurar sua força normativa. Por isso, sem desprezar o significado dos fatores históricos, políticos e sociais, impende conferir especial destaque à chamada "vontade de Constituição", ou seja, àquela disposição livre e consciente, portanto incontroversa, de orientar a própria conduta segundo a ordem nela estabelecida.

Só assim, previu Hesse, seria viável converter um documento escrito em força ativa capaz de incutir na consciência coletiva, especialmente dos responsáveis pela interpretação das normas jurídicas, não só a vontade de poder, mas sobretudo a "vontade de Constituição", predisposta a concretizá-la no plano normativo-operacional, resguardando as liberdades públicas e os direitos de crédito, como ilustra conhecida passagem de sua obra:

> Mas, a força normativa da Constituição não reside, tão somente, na adaptação inteligente a uma dada realidade. A Constituição jurídica logra converter-se, ela mesma, em força ativa, que se assenta na natureza singular do presente (*individuelle Beschaffenheit der Gegenwart*). Embora a Constituição não possa, por si só, realizar nada, ela pode impor tarefas. A Constituição transforma-se em força ativa se essas tarefas forem efetivamente realizadas, se existir a disposição de orientar a própria conduta segundo a ordem nela estabelecida, se, a despeito de todos os questiona-

mentos e reservas provenientes dos juízos de conveniência, se puder identificar a vontade de concretizar essa ordem. Concluindo, pode-se afirmar que a Constituição converter-se-á em força ativa se fizerem-se presentes, na consciência geral — particularmente, na consciência dos principais responsáveis pela ordem constitucional —, não só a vontade de poder (*Wille zur Macht*), mas também a vontade de Constituição (*Wille zur Verfassung*)[165].

A menos que este sentimento aflore no seio comunitário, a rigidez e a supremacia constitucionais serão reduzidas a pó. O Direito não é só realidade estática. É também a marcha nem sempre uniforme de lutas e conquistas, acertos e desacertos. Embora, por si só, a Constituição não opere significativas mudanças, ela pode impor tarefas passíveis de concretização, a despeito de todas as objeções de conveniência e oportunidade.

Isto, porém, requer ampla mobilização popular, acadêmica e jurisprudencial, pois, como diz Rudolf Von Ihering, se a "paz é o fim que o direito tem em vista", certamente "a luta é o meio de que se serve para o conseguir". Assim, "por muito tempo pois em que o direito ainda esteja ameaçado pelos ataques da injustiça — e assim acontecerá enquanto o mundo for mundo — nunca ele poderá subtrair-se à luta. A vida do direito é uma luta: luta dos povos, do Estado, das classes, dos indivíduos".

Todos os direitos modernos, esclarece Ihering, "foram conquistados na luta; todas as regras importantes do direito devem ter sido, na sua origem, arrancadas àqueles que a elas se opunham, e todo o direito, direito de um povo ou direito de um particular, faz presumir que se esteja decidido a mantê-lo com firmeza". Bem por isso, não é o direito pura teoria, mas força viva. Assim, é fácil entender porque "a justiça sustenta numa das mãos a balança em que pesa o direito, e na outra a espada de que se serve para o defender. A espada sem a balança é a força bruta; a balança sem a espada é a impotência do direito. Uma não pode avançar sem a outra, nem haverá ordem jurídica perfeita sem que a energia com que a justiça aplica a espada seja igual à habilidade com que maneja a balança"[166].

À vista da simbiose entre esses dois elementos, não basta reconhecer a imperatividade das normas constitucionais para conformar a liberdade

---

[165] HESSE, Konrad. *A força normativa da Constituição*, cit., p. 19.

[166] IHERING, Rudolf von. *A luta pelo direito*. Trad. Pietro Nasseti. São Paulo: Martin Claret, 1998, p. 23.

de atuação dos órgãos públicos. Numa sociedade que sequer assimilou a indivisibilidade dos direitos civis, políticos, sociais, econômicos e culturais, o desafio maior ainda é o de introjetar o juízo da censura no espírito dos operadores do Direito, juízo este que, de um lado, envolve uma atuação negativa, consistente em depurar o sistema de toda norma inconstitucional, de outro, uma atuação positiva tendente a suprir as lacunas inconstitucionais da ordem jurídico-positiva, quase sempre removendo dogmas construídos por uma jurisprudência secular e restritiva.

É fato: o êxito alcançado no controle de constitucionalidade dos atos e omissões do Poder Público depende de uma *praxis* orientada pela força normativa da Constituição. Mas para sentir e viver a Constituição é preciso lutar para efetivá-la. Ora, quem vai à luta deve mirar um alvo (combate à omissão legislativa) e munir-se de armas para acertá-lo (mandado de injunção, ação direta de inconstitucionalidade por omissão, iniciativa popular e responsabilidade estatal). Na sequência, portanto, buscaremos fixar o conceito de omissão inconstitucional e desvendar o arsenal que o Direito oferece para controlar a discricionariedade dos órgãos de direção política capaz de comprometer a força normativa da Constituição.

4 A omissão legislativa inconstitucional

Delimitado pelo substrato material das Constituições, o conceito de inconstitucionalidade tem sido alvo de contínuos ajustes ao longo da história. Apesar disso, e mesmo admitindo ser a definição de inconstitucionalidade variável de acordo com o conteúdo da Lei Fundamental, ainda assim é possível isolar um núcleo mínimo, permanente e essencial.

As expressões "constitucionalidade e inconstitucionalidade designam conceitos de relação, isto é, a relação que se estabelece entre a Constituição e um comportamento, que lhe está ou não conforme, que com ela é ou não compatível"[167]. Para Jorge Miranda, só os atos produzidos pelo Poder Público podem ser taxados de inconstitucionais, jamais os provenientes de particulares[168]. Entretanto, boa parte da doutrina endossa a antítese, considerado inconstitucional qualquer comportamento contrário à Constituição, independentemente de haver emanado de entes privados ou de agentes públicos. De nossa parte, também encampamos a ideia de que a relevância constitucional de certos atos particulares, sobretudo diante de direitos e garantias fundamentais, permite aquilatar sua inadequação às disposições da Lei Maior.

É de observar, outrossim, que o vício de inconstitucionalidade implica um descompasso direto e imediato entre o comportamento ameaçador, de um lado, e a Constituição, de outro. Dentro deste conceito relacional, não há espaço para a chamada "inconstitucionalidade indireta ou mediata", em que a lesão impacta de forma direta sobre norma interposta entre o ato violador e a Constituição, refletindo apenas indiretamente sobre esta

---

[167] PIOVESAN, Flávia. *Proteção judicial contra as omissões legislativas*, cit., p. 86.

[168] MIRANDA, Jorge. *Manual de direito constitucional*, cit., t. 6, p. 10.

última. Tal achaque não passa de mera ilegalidade, inconfundível com a noção rigorosa e científica de inconstitucionalidade. Abonar o contrário equivaleria a elevar todas as questões de invalidade normativa ao *status* de questões inconstitucionais, o que não se concebe.

A Constituição é suscetível de descumprimento tanto por ação quanto por omissão, pois, como ensina Luís Roberto Barroso, vulnera-se "a imperatividade de uma norma de direito quer quando se faz o que ela proíbe, quer quando se deixa de fazer o que ela determina"[169].

A inconstitucionalidade por ação traduz um agir, um atuar, um *facere* ofensivo às disposições constitucionais. Como se averbou linhas atrás, o processo legislativo compreende uma atuação positiva, material e formalmente vinculada à Constituição. Nesse contexto, quando a ação normativa investe contra o conteúdo de um preceito constitucional, tem-se uma ação materialmente inconstitucional. Dispensável dizer que o vício material estará caracterizado quando a norma, mesmo disciplinando matéria relegada à liberdade de conformação do legislador, não for editada para prosseguir fins constitucionais, mas outros, diferentes ou contrários àqueles, e também quando a lei, a pretexto de implementar restrições autorizadas pelo constituinte, o fizer de modo inapropriado, desnecessário ou desproporcional. No primeiro caso, ter-se-ia a hipótese de desvio ou excesso do poder legislativo; no segundo, ofensa ao princípio da proporcionalidade. Sob prisma diverso, a inconstitucionalidade formal ocorre quando a aprovação de uma lei não obedece às regras procedimentais fixadas na Constituição[170].

Mas, como já se viu, não é somente a ação estatal que pode ofender a Constituição. A inércia do Poder Público pode conduzir igualmente a uma modalidade específica de ilegitimidade: a inconstitucionalidade por omissão. Característica do Estado Social, a omissão inconstitucional é cúmplice da incompletude do ordenamento jurídico e da abertura consti-

---

169 BARROSO, Luís Roberto. *O direito constitucional e a efetividade de suas normas*, cit., p. 159-160.

170 Clèmerson Merlin Clève inclui entre as hipóteses de vícios formais a inconstitucionalidade orgânica, que decorre da incompetência do órgão que edita o ato normativo. O mesmo autor acresce que a inconstitucionalidade formal pode se configurar também no caso de não atendimento dos pressupostos constitucionalmente considerados elementos determinativos de competência dos órgãos legislativos em relação a certas matérias, como ocorre no caso da ausência de relevância e urgência para a edição de Medidas Provisórias (*A fiscalização abstrata da constitucionalidade no direito brasileiro*, cit., p. 39-40).

tucional. Portanto, antes de precisar seu conceito, será necessário empreender breve análise preliminar sobre estes dois elementos.

4.1 O problema das lacunas no Direito Constitucional

O vocábulo "lacuna" expressa uma falha do sistema jurídico verificável sempre que uma situação fática não estiver disciplinada pelo Direito. Tal fenômeno está ligado ao modo de conceber o sistema jurídico.

Se, na trilha de muitos autores, considerássemos o sistema normativo como um todo fechado e completo, em relação a um conjunto de fatos, o problema da existência das lacunas não viria à tona. Isto porque a ordem normativa delimitaria o campo da experiência, afastando surpresas futuras a partir do seguinte postulado: "tudo o que não está juridicamente proibido, está permitido". Perante regra deste teor, o ordenamento jurídico tornar-se-ia onipresente, ofertando resposta para toda sorte de dilema: ou as ações humanas estão permitidas ou estão proibidas. Neste sistema, que é manifestação de uma unidade perfeita e acabada, a lacuna ganha caráter de mera aparência ou ficção jurídica.

Embora não se ignore a existência de normas permissivas, não se afigura correto conceber uma permissão genérica decorrente de simples postulação filosófica. Em tempos hodiernos, questiona-se a aplicação do postulado-base da completude do ordenamento jurídico na esfera pública. "Ao contrário dos particulares, os quais podem fazer tudo o que a lei não proíbe, a Administração só pode fazer o que a lei antecipadamente autorize"[171]. Ademais, é preciso mentalizar que a lei, por mais abstrata e extensa que seja em suas generalizações, por mais que se desdobre em artigos, parágrafos, incisos e alíneas, jamais conseguirá abarcar a infinidade de relações emergentes da vida social. Por isso, quem defende a plenitude da ordem jurídica acaba "por sonegar ao direito aquela plasticidade, mobilidade e evolutividade de que ele necessita para amoldar os valores que encerra às novas situações surgidas das mutações do mundo real"[172]. Estas as razões por que consideramos a ordem jurídica como um sistema aberto.

---

[171] MELLO, Celso Antônio Bandeira de. *Curso de direito administrativo*, cit., p. 76.

[172] BASTOS, Celso Ribeiro. *Hermenêutica e interpretação constitucional*, cit., p. 65.

Todavia, é de se reconhecer que a assimilação da teoria das lacunas sofre alguma refração no Direito Constitucional. Levando-se em conta que a Constituição se limita, no mais das vezes, a dispor em linhas gerais sobre determinados assuntos, sem no entanto exauri-los, muitos sustentam que esta deficiente compleição normativa traduziria uma reserva de *praxis* política. Vale dizer: estes vazios normativos configurariam situações deliberadamente excluídas do texto constitucional. Traduziriam casos que, antecipadamente previstos, representam uma exclusão proposital e não uma autêntica lacuna, i.e., uma falha oriunda da imprevisão do constituinte.

Por entender que as lacunas podem ser descobertas (desejáveis) e ocultas (indesejáveis), a doutrina majoritária não endossa a tese da plenitude hermética da ordem constitucional. Como esclarece Clèmerson Merlin Clève[173], é possível vislumbrar na Constituição: a) lacunas não ofensivas ao plano de ordenação constitucional, desejadas pelo constituinte (normas de eficácia limitada) e que, sendo colmatáveis em geral pelo Legislador, implicam um dever de legislar[174]; b) lacunas não ofensivas ao plano de ordenação constitucional que, embora desejadas pelo Constituinte, não podem sofrer processo de integração nem por obra do Legislador (é o que a doutrina denomina silêncio eloquente); c) lacunas ofensivas ao plano de ordenação constitucional que, não desejadas, podem sofrer processo de integração por meio dos mecanismos convencionais de colmatação (art. 4º da LINDB).

As três espécies de lacunas se relacionam a casos não expressamente regulados. Em alguns deles, a omissão foi proposital; noutros, acidental. Quando o lapso resultar de imprevisão, causando uma indesejável sensação de injustiça, por contrariar valores tutelados pelo constituinte, o juiz

---

173 CLÈVE, Clèmerson Merlin. *A fiscalização abstrata da constitucionalidade no direito brasileiro*, cit., p. 53.

174 Estas lacunas são denominadas por parcela da doutrina como lacunas técnicas: "Paul Foriers também apresenta uma classificação de lacunas em técnicas e práticas. A *técnica* ou *intra legem* seria a ausência pura e simples de uma regulamentação, e a *prática* consistiria na presença de uma norma considerada pelo juiz, no estado atual de nossas concepções e costume, como inadequada. Kelsen também salienta que a doutrina tem mostrado a existência de um tipo de lacuna que ele classifica de técnica. Esse tipo apresenta-se quando o legislador se omitir de ditar norma indispensável para a aplicação da lei, sendo que tal lacuna pode ser preenchida pelo mecanismo normativista da interpretação" (DINIZ, Maria Helena. *As lacunas no direito*. 5. ed. São Paulo: Saraiva, 1999, p. 92).

deverá superar a lacuna com o auxílio de técnicas usuais de integração (recurso à analogia, costumes e princípios gerais de direito). Mas esta construção jurídica deve ser exercida criteriosamente. Assim, "é necessário que haja uma sensação de legitimidade consistente no fato de que não é razoável e muito menos justo que a norma interpretada abarque determinadas hipóteses e deixe de fora outras que têm as mesmas razões e motivos para constar em seu texto"[175]. O Supremo Tribunal Federal vivenciou uma experiência deste jaez quando reconheceu que a palavra "casa", consignada no inciso XI do art. 5º do texto constitucional, abrange o escritório particular. Isto porque o escopo da norma foi o de resguardar a intimidade dos cidadãos que, com o fluir dos tempos, passou a se manifestar no local de trabalho, onde as pessoas permanecem confinadas longas horas. Aliás, recorrendo à analogia para assegurar o caráter evolutivo das expressões utilizadas pela Lei Fundamental, ousamos estender a mesma proteção a táxis aéreos, fluviais e terrestres, pousadas, hotéis e outras paragens onde a intimidade humana encontrar acolhida.

Costuma-se designar "silêncio eloquente" ou "lacuna desejável" a hipótese de omissão deliberada que, expressando um posicionamento jurídico do constituinte, não pode ser preenchida pelos métodos tradicionais de integração. Neste caso, o "vazio normativo" não resulta de simples imprevisão, mas reflete o firme propósito de excluir certa matéria do regramento constitucional. O art. 102, I, *a*, da CF, fornece um exemplo típico de silêncio eloquente, qual seja: a deliberada ausência de previsão constitucional impede que o ato normativo municipal deflagre a jurisdição concentrada perante o Supremo Tribunal Federal[176].

Mas as lacunas que interessam mais de perto ao presente estudo são as "técnicas". Explicitando: são aquelas que, embora não ofensivas ao plano de ordenação constitucional, implicam um dever de legislar capaz de dar lugar à inconstitucionalidade por omissão se não for cumprido satisfatoriamente. Elas se apresentam diante de normas de eficácia limitada, que reclamam regulamentação legislativa para surtir plenos efeitos e alcançar todas as situações desejadas pelo constituinte. Na lacuna técnica, a integração normativa não tem o condão de alterar o conteúdo do man-

---

[175] BASTOS, Celso Ribeiro. *Hermenêutica e interpretação constitucional*, cit., p. 72-73.

[176] Cumpre observar, no entanto, que o inciso I do parágrafo único do art. 1º da Lei n. 9.882/99 autoriza a interposição de arguição de descumprimento de preceito fundamental, perante o Supremo Tribunal Federal, em face de ato normativo municipal.

damento constitucional, pois visa apenas conferir aplicabilidade à norma carecedora de eficácia.

De um modo geral, concebe-se a integração como um fenômeno de criação do Direito, pois em qualquer de suas modalidades a ordem jurídica resulta acrescida. Assim compreendida, a integração mira dois objetivos cruciais, a saber: a) completar a normatividade constitucional; b) superar as lacunas ocultas (não desejadas pelo constituinte). Na primeira hipótese, o termo "integração" expressa a ideia de complementação de um vácuo jurídico, pela edição de lei ordinária que confere acabamento à norma constitucional, tornando-a inteligível e plenamente aplicável. No segundo, torna possível a resolução de casos aparentemente insolúveis com o auxílio da analogia, dos costumes e dos princípios gerais de direito.

Atualmente, é já um truísmo lembrar que magistrados e legisladores devem fazer uso das técnicas de integração sempre que necessário para conferir máxima efetividade às normas constitucionais. Só alguns poucos se empenham para desacreditar a integração como método adequado para suplantar as lacunas técnicas. É certo que a obra do constituinte deve ser complementada prioritariamente pelo legislador ordinário. Entretanto, pela proibição do *non liquet*, o magistrado não poderá eximir-se de apreciar uma causa por ausência de legislação intercalar. Neste caso, a lacuna técnica deverá ser suprida pelas técnicas de integração admitidas pelo ordenamento jurídico. Assentadas estas premissas, vamos agora estudar os elementos caracterizadores da omissão legislativa.

4.2 Caracterização da omissão legislativa

Jorge Miranda distingue as seguintes modalidades de omissões inconstitucionais: 1ª) inconstitucionalidade por omissão de atos normativos, que ocorre quando o legislador não edita os atos legislativos necessários à exequibilidade das normas constitucionais não exequíveis por si mesmas; 2ª) inconstitucionalidade por omissão de atos políticos ou de governo, que existe, por exemplo, quando não se nomeiam os titulares de cargos constitucionais ou não se promulgam as leis do parlamento[177]; 3ª) inconstitu-

[177] Leda Boechat Rodrigues fornece interessante exemplo desta modalidade omissiva na história constitucional brasileira, ao relatar a crise aberta entre o Judiciário e o Poder Executivo, no período de 1891 a 1893, quando o Supremo Tribunal Federal ficou durante meses sem funcionar por falta de preenchimento dos cargos vagos por parte do Presidente

cionalidade por omissão de revisão ou reforma constitucional, quando a Constituição, explícita ou implicitamente, requeira a modificação de algum dos seus preceitos ou dos seus institutos; 4ª) inconstitucionalidade por omissão de medidas administrativas; 5ª) inconstitucionalidade por omissão de decisão judicial, que equivale à própria denegação da justiça.

De todas as modalidades omissivas, a de mais difícil controle é a inércia legislativa[178], posto situar-se em zona limítrofe entre a liberdade de conformação normativa e o estrito cumprimento da Constituição. Por isso, esta obra se prenderá à análise deste objeto central, mesmo porque para as outras disfunções o arranjo jurídico brasileiro oferece soluções congruentes[179].

---

da República, única autoridade competente para nomear seus ministros, conforme o art. 47, § 12, da Carta então vigorante (*Defesa das liberdades civis*. Rio de Janeiro: Civilização Brasileira, 1968, t. 1. Apud FERRARI, Regina Maria Macedo Nery. *Efeitos da declaração de inconstitucionalidade*. 5. ed. São Paulo: Revista dos Tribunais, 2004, p. 364). Doutro vértice, cabe reconhecer que, no Brasil, dificilmente uma lei aprovada pelo Parlamento deixará de ser promulgada. Isto porque, pela atual sistemática (CF, art. 66, § 7º), "se a lei não for promulgada dentro de quarenta e oito horas pelo Presidente da República, nos casos dos §§ 3º e 5º, o Presidente do Senado a promulgará, e, se este não o fizer em igual prazo, caberá ao Vice-Presidente do Senado fazê-lo". Com tantos legitimados, o risco de uma lei não ser promulgada é bastante remoto.

[178] Regina Maria Macedo Nery Ferrari lembra que o órgão legislativo não se limita a criar leis, mas também exerce atos de fiscalização (CF, arts. 49, X, e 70) e de julgamento, como no processo de *impeachment* (CF, art. 52, I). Assim, não só a inércia normativa, mas também a omissão fiscalizatória e decisória do Poder Legislativo são inconstitucionais, embora para o nosso estudo só importe a primeira delas (*Efeitos da declaração de inconstitucionalidade*, cit., p. 364).

[179] Além de ser pacífica a admissão de mandado de segurança em face de omissão administrativa (*RDA*, 70/191), o STF já decidiu que a "omissão indefinida do Poder Executivo, não pode produzir a consequência de frustrar a lei" (*RTJ*, 71/674). Por outro lado, a denegação da justiça deve ser combatida em princípio por meio da via recursal, i.e., mediante interposição dos recursos previstos na legislação processual (apelação, agravo, recurso em sentido estrito, ordinário, especial, extraordinário, de revista, embargos declaratórios e infringentes etc.). De notar, outrossim, que a Emenda Constitucional n. 45, publicada no *DOU*, em 31 de dezembro de 2004, acresceu um derradeiro inciso LXXVIII ao art. 5º, assegurando a razoável duração do processo administrativo ou judicial, além dos meios que garantam a celeridade de sua tramitação. Ou seja, cuidou de especificar o que já dissera o art. 8º, § 1º, do Pacto de São José da Costa Rica, de que é signatário o Brasil: "toda pessoa tem direito a que sua causa seja atendida com as garantias desejadas, em um prazo razoável, por um juiz ou tribunal competente, independente e imparcial, estabelecido anteriormente pela lei, que decidirá do fundamento de toda acusação dirigida contra ela em matéria penal, ou determinará seus direitos e obrigações em matéria civil, assim como nos domínios do trabalho, da fiscalidade e em todo

A omissão legislativa inconstitucional consiste numa abstenção indevida, ou seja, em não fazer aquilo a que se estava constitucionalmente obrigado a fazer, por imposição de norma certa e determinada. É dizer: ela não é aferida em face do sistema constitucional em bloco, mas em face de uma norma constitucional específica, cuja exequibilidade é dependente de integração normativa.

Só é possível falar em inconstitucionalidade por omissão quando há o dever constitucional de atuação. Sabe-se que muitas normas constitucionais facultam — mas não obrigam — o exercício de certas competências. Assim, por exemplo, o art. 156, I, da Constituição Federal, diz competir ao Município a instituição do IPTU — imposto predial e territorial urbano. Ora, municípios dotados de receitas alternativas podem deixar de instituir esta exação tributária, sem que tal proceder configure inconstitucionalidade por omissão[180]. Isto porque referida norma não impõe uma obrigação concreta de legislar, mas se limita a conferir mera faculdade.

Ciente de que o conceito de omissão legislativa não é naturalístico, nem se resume a um simples não fazer, Canotilho adverte que o fenômeno está ligado a "uma exigência constitucional de acção, não bastando o simples dever geral de legislar para dar fundamento a uma omissão inconstitucional"[181]. É de pressupor, portanto, a existência de uma imposição constitucional ou ordem de legislar, abstrata ou concreta, mas forçosamente definida em norma certa e determinada.

O autor português distingue as ordens de legislar das imposições constitucionais, embora sustente que o não cumprimento de ambas

---

outro domínio". Enfim, a recusa ou o retardamento excessivo do Poder Judiciário em solver determinada pendência sujeitam-se à via recursal (princípio do duplo grau de jurisdição) e, em última instância, podem ensejar uma ação de reparação de danos. Mas a complexidade desta questão refoge ao nosso horizonte investigativo e não comporta análise mais acurada.

[180] É o caso, por exemplo, do município de Ilha Solteira (SP), sito às margens do rio Paraná que, angariando *royalties* da usina hidrelétrica ali instalada, não precisa da receita gerada pelo IPTU para fazer frente às despesas públicas. Neste aspecto, aliás, a Lei de Responsabilidade Fiscal, na parte em que obriga peremptoriamente União, Estados, Municípios e DF a instituírem e cobrarem todos os tributos de sua competência, mostra-se inconstitucional, pois esta é uma competência facultativa e não obrigatória. A inconstitucionalidade por omissão, repita-se, só irá manifestar-se diante de um comando normativo que impõe um dever concreto de atuação, jamais diante de mera faculdade constitucional.

[181] CANOTILHO, José Joaquim Gomes. *Direito constitucional e teoria da Constituição*, cit., p. 1036.

caracteriza uma omissão inconstitucional. Enquanto as últimas configuram determinações permanentes (ex.: fixação e atualização do salário mínimo, garantia de ensino básico universal, gratuito e obrigatório), as ordens de legislar comportam determinações únicas (ex.: criação de uma instituição, como uma Corte Constitucional, imposição que se encerra logo após a publicação da lei sobre organização e funcionamento do tribunal).

Mas Canotilho, a nosso ver erroneamente, exclui do conceito de omissão inconstitucional o não cumprimento das normas-fim ou normas-tarefa que impõem, abstratamente, a prossecução de certos objetivos. Para o autor, as imposições constitucionais gerais e abstratas (normas programáticas, preceitos enunciadores dos fins do Estado), embora configurem deveres de atuação normativa, não estabelecem concretamente aquilo que o legislador deve fazer para, em caso de omissão, falar-se em silêncio legislativo inconstitucional. Aí residiria, segundo ele, a diferença entre imposições abstratas e imposições concretas. A não realização das primeiras situar-se-ia no âmbito do não cumprimento das exigências constitucionais, e eventualmente no terreno dos comportamentos ainda constitucionais, mas que se transmudarão — no caso de sistemático não atuar legislativo — em situações juridicamente inconstitucionais. Por seu turno, o não cumprimento das imposições concretas proporcionaria autêntica violação, por ato omissivo, ao plano da ordenação constitucional.

Embora a concretização dos fins constitucionais dependa essencialmente da luta política, acredita-se que a não regulamentação das normas programáticas e dos preceitos enunciadores dos fins do Estado, ao menos no Brasil, também pode ensejar a fiscalização da constitucionalidade. A este respeito é preciso Clèmerson Merlin Clève: "A observação parece não se aplicar ao Brasil. Aqui, qualquer imposição constitucional ou ordem de legislar, abstrata ou concreta, desde que definida em norma certa e determinada, pode fundamentar, havendo inércia, omissão inconstitucional"[182].

Paulo Eduardo Garrido Modesto ensina que a omissão inconstitucional se caracteriza pela aglutinação dos seguintes elementos: "(a) uma inércia na atividade concretizadora, (...) (b) de certa e determinada

[182] CLÈVE, Clèmerson Merlin. *A fiscalização abstrata da constitucionalidade no direito brasileiro*, cit., p. 325.

norma constitucional, com reduzida eficácia de aplicação (exequibilidade), (c) consistente na violação de uma obrigação institucional geral ou especial, (d) constatada a partir de um juízo concreto sobre o transcurso do tempo"[183]. Alguns desses elementos já foram indicados, dos outros passamos a cuidar agora.

Só é possível falar em omissão legislativa quando a Constituição consagra normas de eficácia limitada, sem densidade suficiente para se tornarem exequíveis por si mesmas, reenviando ao legislador a tarefa de lhe conferir aplicabilidade. De fato, como o combate à inércia legislativa é determinado pelo desejo de conferir máxima efetividade às normas constitucionais, o termo "omissão inconstitucional" perderia o sentido se todas elas fossem dotadas de eficácia imediata e integral.

Enquanto a inconstitucionalidade por ação decorre da atuação excessiva que geralmente resulta em norma inválida, por atentar contra o princípio da compatibilidade vertical dos atos normativos, a inconstitucionalidade por omissão se prende à inércia dos Poderes Públicos capaz de interditar os potenciais efeitos de uma norma. Daí a afirmação de que a inconstitucionalidade por ação remete ao problema da validade normativa, enquanto a inconstitucionalidade por omissão opera no plano da eficácia[184].

O combate à omissão legislativa fomenta uma mudança de enfoque metodológico. "Se, antes, a imperfeição, o vício e a deformidade correspondiam às normas constitucionais não auto executáveis, dependentes de legislação, com o advento da inconstitucionalidade por omissão, o problema se desloca para o âmbito da legislação, ou seja, torna-se passível de inconstitucionalidade a omissão dos Poderes Públicos, quando inviabilizam a efetividade de um preceito constitucional"[185].

Por entrever na inércia das casas legislativas um pernicioso processo de corrosão dos valores tutelados pelo constituinte, esta inversão no pensamento jurídico tradicional prenuncia o último estágio de afirmação da supremacia constitucional. Pressente-se que a indiferença do legislador, na medida em que estanca a aplicação da Lei Maior, deflagra sem alarde

---

[183] MODESTO, Paulo Eduardo Garrido. Inconstitucionalidade por omissão, categoria jurídica e ação constitucional específica. *Revista de Direito Público*, São Paulo, n. 99, p. 121, jul./set. 1991.

[184] PIOVESAN, Flávia. *Proteção judicial contra omissões legislativas*, cit., p. 101.

[185] PIOVESAN, Flávia. *Proteção judicial contra omissões legislativas*, cit., p. 93.

o fenômeno da mutação informal da Constituição, com desastrosas consequências a longo prazo[186].

Vale dizer, à semelhança de um costume *contra legem*, como é o caso do desuso ou costume negativo, esta abstenção condenável investe contra a normatividade constitucional e dela faz letra morta, impedindo sua aplicação. Em vez de contribuir com a atualização semântica da Constituição, este *non facere* culmina por erodir seu quadro de valores, fazendo pouco caso de sua força normativa.

Constata-se assim o interesse que a problemática da omissão normativa desperta na assimilação da máxima efetividade das normas constitucionais. Balizada por disposições de superior hierarquia, a liberdade de conformação do legislador converte-se agora num dever de atuar, formalmente condicionado por regras procedimentais e materialmente delimitado por valores supremos. Em uma palavra: a inação legislativa torna-se passível de controle judicial sempre que frustrar o propósito constituinte.

4.3 Momento da caracterização da omissão legislativa

É de relevância ímpar o estudo do momento em que se caracteriza a omissão legislativa. De fato, se não houvesse limite temporal para expedir os atos necessários à efetivação das normas constitucionais, os órgãos públicos gozariam de inteira liberdade no desempenho desta tarefa integrativa, o que, em última análise, redundaria na própria ineficácia da Constituição[187].

Quando da promulgação da Lei Maior, em 5 de outubro de 1988, figuravam em seu corpo várias normas de eficácia limitada. Algumas foram regulamentadas no menor espaço de tempo possível, outras custaram a receber integração legislativa e há aquelas que ainda hoje carecem de

---

[186] FERRAZ, Anna Cândida da Cunha. *Processos informais de mudança da Constituição*. São Paulo: Max Limonad, 1986, p. 217-218. Em sentido idêntico, desenvolve-se a jurisprudência do Supremo Tribunal Federal: "As situações configuradoras de omissão inconstitucional — ainda que se cuide de omissão parcial, derivada da insuficiente concretização, pelo Poder Público, do conteúdo material da norma impositiva fundada na Carta Política, de que é destinatário — refletem comportamento estatal que deve ser repelido, pois a inércia do Estado qualifica-se, perigosamente, como um dos processos informais de mudança da Constituição, expondo-se, por isso mesmo, à censura do Poder Judiciário" (MC em ADIn 1.458-DF, rel. Min. Celso de Mello, *DJ* de 20-9-1996).

[187] FERRARI, Regina Maria Macedo Nery. *Efeitos da declaração de inconstitucionalidade*, cit., p. 369.

normatização complementar. É uma obviedade dizer que o legislador não poderia ser tachado de omisso no dia imediatamente seguinte à promulgação da novel Constituição, pois o processo de elaboração legislativa se desdobra em múltiplas fases e consome algum tempo.

Tal afirmação toma por base a ideia de que as lacunas técnicas ou de legislação podem consistir em "situações jurídicas imperfeitas", i.e., omissões ainda constitucionais, mas que, se não forem supridas em prazo razoável, deslocam-se para o território das omissões inconstitucionais. Assim, é fácil ver que a inconstitucionalidade por omissão é um *plus* em relação às situações jurídicas imperfeitas, por contar com um elemento adicional para sua caracterização: o tempo. Esta "verdade", entretanto, não pode olvidar o fato de que chegará um dia em que todas as situações jurídicas imperfeitas cederão lugar a omissões inconstitucionais. No registro de Clèmerson Merlin Clève: "(...) com o passar dos anos, e mantida a inércia dos poderes públicos, as imperfeições técnicas ('situações jurídicas imperfeitas') tendem a deslocar-se, em bloco, para o território da inconstitucionalidade por omissão"[188].

Quer-se com isso dizer que a análise da omissão legislativa não pode desprender-se da apreciação do fator tempo, pois o juízo da inconstitucionalidade por omissão é sempre um juízo sobre o tempo útil, razoável e necessário para proceder à integração da normatividade constitucional.

Podem-se aventar duas hipóteses no exame do momento em que se caracteriza a disfunção omissiva: a) ou a própria Constituição encarrega-se de delimitar o espaço temporal em que as medidas normativas deverão ser implementadas, como ocorre nos casos previstos no art. 37, X, da Constituição Federal, e nos arts. 12, 20, 48 e 50 do Ato das Disposições Constitucionais Transitórias; b) ou não há fixação constitucional de prazo para adoção das medidas pertinentes.

Quando há demarcação expressa de prazo, a omissão legislativa configura-se logo após o decurso do lapso temporal assinalado pelo constituinte. Mas a questão se torna mais tormentosa na ausência de disposição expressa, sendo mister apurar cuidadosamente o tempo escoado, levando-se em conta a razoabilidade conformada pelos dados fáticos, axiológicos e normativos que delimitam o horizonte jurídico. Traduzindo: é preciso

---

[188] CLÈVE, Clèmerson Merlin. *A fiscalização abstrata da constitucionalidade no direito brasileiro*, cit., p. 325.

avaliar qual o prazo razoável para a adoção das medidas normativas indispensáveis à plena exequibilidade do texto constitucional.

Baseando-se nas lições de Recaséns Siches, esclarece Flávia Piovesan que a "razoabilidade está limitada, condicionada e influenciada pela realidade concreta do mundo no qual opera o Direito; está circunscrita, condicionada e influenciada pela realidade do mundo social, histórico e particular, no qual e para o qual são produzidas as regras jurídicas; está, ainda, impregnada por valorações, critérios axiológicos, que devem levar em conta todas as possibilidades e todas as limitações reais"[189].

É dizer: inexistindo uma convicção apriorística em torno do conceito de "prazo razoável", caberá ao intérprete precisar-lhe o alcance à vista dos valores constitucionais afetados e do âmbito de incidência da norma ineficaz. Assim, é lícito concluir que a maior relevância da matéria constitucional minimiza a extensão do lapso concedido ao legislador. Por outro lado, nada obsta que se tome de empréstimo outros dispositivos constitucionais para fixar o marco a partir do qual se considera extrapolado o prazo de regulamentação. Ilustrativamente, na ausência de outros empecilhos técnicos ou materiais, julgamos factível tomar de empréstimo o prazo de conclusão dos projetos de iniciativa presidencial em trâmite sob regime de urgência (CF, art. 64, § 2º), fixando em noventa dias, ou intervalo próximo a isto, o período que se considera razoável para regulamentar uma norma constitucional carecedora de lei reservada à iniciativa exclusiva do Presidente da República. De igual modo, se a norma constitucional exigir dispêndios na implementação de programas socioeconômicos, certamente os agentes públicos, quando instados a dar consecução a tais metas, haverão de invocar motivos de conveniência e oportunidade administrativa, além da escassez de recursos, a fim de maximizar o prazo de integração normativa.

Diante de tantos elementos, o juiz terá de fazer uso de sua vivência e exercitar todas as suas habilidades na complexa tarefa de delimitar este lapso temporal. Tal não impede que, à luz do princípio da proporcionalidade, integrante do núcleo material da Constituição, se coloque a favor da maior efetividade possível e do menor sacrifício do cidadão. Isto porque, se não é possível espremer o alcance da expressão "prazo razoável" a intervalos tão estreitos que inviabilizem o exercício do múnus legislativo,

---

[189] PIOVESAN, Flávia. *Proteção judicial contra omissões legislativas*, cit., p. 94.

também não é lícito atribuir-lhe conotação tão elástica a ponto de chancelar a omissão continuada, sobretudo quando inviabilizadora de direitos fundamentais prontamente acionáveis nos termos do art. 5º, § 1º, da Constituição Federal.

4.4 Omissão total e parcial

Segundo Jorge Miranda, a omissão inconstitucional "verifica-se sempre que, mandando a norma reguladora de certa relação ou situação praticar certo acto ou certa atividade nas condições que estabelece, o destinatário não o faça, *não o faça nos termos exigidos*, não o faça em tempo útil, e a esse comportamento se liguem consequências mais ou menos adequadas" (grifamos)[190].

Por aí se vê que o dever constitucional de legislar tanto pode não ser satisfeito como o pode ser de modo integral ou parcial. O cumprimento parcial e o não cumprimento do dever constitucional de legislar caracterizam, respectivamente, a inconstitucionalidade por omissão parcial (relativa) e a total (absoluta).

A omissão total configura o que se convencionou denominar "silêncio transgressor", ou seja, uma absoluta falta de ação em face do dever jurídico de agir, ao passo que a omissão parcial corresponde àquela ação imperfeita que atende apenas em parte ao regramento constitucional. Dito de outro modo: quando absoluta, a omissão liga-se à inércia completa do legislador; quando parcial, à insuficiência da atividade legislativa.

O fenômeno da omissão parcial é bastante complexo, uma vez que sua ocorrência pode sinalizar o ingresso no território da chamada "exclusão de benefício incompatível com o princípio da isonomia", que se confunde, não raro, com a inconstitucionalidade por ação. Tal sucederá quando um ato normativo conceder privilégios ou impuser ônus a certas categorias de pessoas, mas não a todas aquelas que, estando em situação idêntica, deveriam ser contempladas de igual modo.

Nestes casos, caracterizada a inconstitucionalidade por omissão parcial, impõe-se o dilema dos tribunais: "ou declaram a inconstitucionalidade das normas que contenham essas omissões, na perspectiva de que houve a inconstitucionalidade por ação em decorrência de violação ao princípio da

---

190 MIRANDA, Jorge. *Manual de direito constitucional*, cit., t. 6, p. 272.

igualdade, ou, na perspectiva de que houve omissão inconstitucional (omissão parcial), estendem o âmbito normativo, a fim de que seja observado o princípio da igualdade"[191].

Para além dessas propostas, ventilam-se outras soluções intermediárias: I) o reconhecimento judicial de uma omissão ainda constitucional (situação jurídica imperfeita), ensejando-se ao Poder Público a edição, em tempo razoável, de lei restabelecedora do dever de integral obediência ao princípio da igualdade, sob pena de progressiva inconstitucionalização do ato normativo já editado, porém insuficiente e incompleto; II) a declaração de inconstitucionalidade sem pronúncia de nulidade da norma que enseja discriminação arbitrária, evitando-se a supressão de benefícios licitamente concedidos a determinados grupos, pois o que se pretende eliminar não é a outorga ilegal de vantagens, e sim a outorga incompleta de vantagens legais.

A jurisprudência majoritária do Supremo Tribunal Federal assume uma postura ortodoxa perante a omissão parcial, mormente em sede de exclusão arbitrária de benefício pecuniário, *locus* no qual transparece um excessivo apego ao teor da Súmula 339, segundo a qual não compete "ao Poder Judiciário, que não tem função legislativa, aumentar vencimentos de servidores públicos sob fundamento de isonomia". Nesta linha destaca-se a decisão relatada pelo Ministro Celso de Mello, no RMS 21.662-DF, de onde se extrai o excerto seguinte:

> O Poder Judiciário, que não dispõe de função legislativa, não pode conceder a servidores civis, sob fundamento de isonomia, extensão de vantagens pecuniárias que foram exclusivamente outorgadas por lei aos servidores militares. (...) O princípio da divisão funcional do poder impede que, estando em plena vigência o ato legislativo, venham os Tribunais a ampliar-lhe o conteúdo normativo e a estender a sua eficácia jurídica a situações subjetivas nele não previstas, ainda que a pretexto de tornar efetiva a cláusula isonômica inscrita na Constituição.

Igualmente, em mandado de injunção impetrado por servidor integrante de categoria excluída de reajuste provido por lei ordinária, o Pretório Excelso certificou uma vez mais a propósito da isonomia: "A eventual inobservância desse postulado pelo legislador imporá ao ato estatal

---

[191] PIOVESAN, Flávia. *Proteção judicial contra omissões legislativas*, cit., p. 97.

por ele elaborado e produzido a eiva de inconstitucionalidade. Mas refoge ao âmbito de finalidade do mandado de injunção corrigir eventual inconstitucionalidade que infirme a validade de ato em vigor" (MI 58-DF, *DJ*, 19-4-1991). Idêntica *opinio iuris* avista-se na decisão prolatada nos autos de medida cautelar em ação direta de inconstitucionalidade, movida pela Confederação Nacional dos Trabalhadores na Saúde (MC/ADIn 1.458-DF, *DJ*, 20-9-1996), em que a Corte, visualizando a ocorrência de omissão parcial na fixação do salário mínimo em importe não condizente com as despesas passíveis de cobertura, admitiu que não lhe assiste, "em face dos próprios limites fixados pela Carta Política em tema de inconstitucionalidade por omissão (CF, art. 103, § 2º), a prerrogativa de expedir provimentos normativos com o objetivo de suprir a inatividade do órgão legislativo inadimplente".

Ao ponderar sobre o tema, Canotilho elucida que se a concretização incompleta resultar de uma deliberada intenção do legislador em privilegiar certa categoria de pessoas em detrimento de outras, haveria de ser reconhecida, *in casu*, a inconstitucionalidade por ação. Porém, decorrendo apenas de uma equivocada apreciação das situações de fato, sem existir o propósito deliberado de arbitrariamente favorecer pessoas, grupos ou situações, verificar-se-ia autêntica inconstitucionalidade por omissão[192]. Nesta segunda hipótese, considerando ter havido apenas um equívoco ou esquecimento, sem o qual o legislador atenderia o restante do grupo, seria lícito ao Judiciário, em face da omissão parcial, corrigir o equívoco e estender a vantagem ao grupo involuntariamente esquecido, providência que vem sendo adotada com sucesso pela Corte Constitucional italiana nas chamadas sentenças aditivas, segundo relata o autor.

De um modo geral, a doutrina não se sente confortável ao lidar com os inconvenientes gerados pela omissão parcial, tema dos mais complexos. Isto ocorre porque as técnicas usuais de hermenêutica e interpretação não são capazes de oferecer resposta à altura desta nova categoria de inconstitucionalidade, como expõe Gilmar Ferreira Mendes: "Evidentemente, a cassação da norma inconstitucional (declaração de nulidade) não se mostra apta, as mais das vezes, para solver os problemas decorrentes da omissão parcial, mormente da chamada exclusão de benefício incompatível com o princípio da igualdade. É que ela haveria de suprimir o benefício

---

[192] CANOTILHO, José Joaquim Gomes. *Direito constitucional e teoria da Constituição*, cit., p. 1036.

concedido, em princípio licitamente, a certos setores, sem permitir a extensão da vantagem aos segmentos discriminados"[193].

De nossa parte, mesmo sabendo que nesses casos a problemática da omissão parcial tangencia o arranjo constitucional dos poderes, não vemos empeço para ampliar o campo de incidência da norma a fim de contemplar os grupos esquecidos. Detectada a falha legislativa, cabe recorrer à interpretação conforme a Constituição para revelar um conteúdo implícito já contido na norma incompleta ou acrescer-lhe um conteúdo constitucionalmente exigido pelo princípio da igualdade. Aliás, Flávia Piovesan alude à decisão prolatada nos autos do Ag. 211.422-PI, em que o ministro relator, Maurício Corrêa, após certificar a ocorrência de omissão lesiva à igualdade entre servidores civis e militares, estendeu o reajuste de 28,86% previsto nas Leis n. 8.622/93 e 8.627/93 aos funcionários inicialmente excluídos do cumprimento ao art. 37, X, da Constituição Federal[194].

Cumpre notar, outrossim, no caso de ônus imposto a certo grupo social com exclusão de outros colocados na mesma situação, que nada obsta a declaração de inconstitucionalidade do ato motivador da discriminação arbitrária. Em tal hipótese, a invalidação da norma não converte o Supremo Tribunal Federal em "legislador positivo", pois a medida não objetiva a extensão do horizonte normativo ou a concessão de benesses submetidas à reserva legal e orçamentária, cingindo-se, ao revés, a enxugar o âmbito de aplicação da norma, coarctando excessos.

Por fim, espera-se que a renovação da Suprema Corte, com o ingresso de cinco novos ministros a partir de 2002, e as perspectivas abertas pela Lei n. 9.868/99, que prevê a declaração de inconstitucionalidade sem redução de texto e a interpretação conforme a Constituição, impulsionem uma mudança paradigmática de tão acanhada jurisprudência, que insiste em vetar a atuação supletiva mesmo perante violação ao texto constitucional. A independência orgânica e a especialização funcional, caracteres associados à separação de poderes, não podem reduzir o Judiciário à condição de mero legislador negativo, de um apático observador do processo de elaboração normativa ou de simples títere encarregado de pronunciar o que lhe dita a lei, jamais supri-la. E isto é assim porque não há diferenças ontológicas entre colmatar uma lacuna ilegítima e invalidar a lei in-

---

193 MENDES, Gilmar Ferreira. *Jurisdição constitucional*. 3. ed. São Paulo: Saraiva, 1999, p. 318.

194 PIOVESAN, Flávia. *Proteção judicial contra omissões legislativas*, cit., p. 98.

constitucional. Em ambos os casos, o Poder Judiciário acaba sempre interferindo na atividade legislativa.

4.5 O vácuo jurídico e a inconstitucionalidade decorrente da não atualização das normas de prognose

Canotilho sustenta a ocorrência de omissão inconstitucional pelo não cumprimento da obrigação do Poder Público em melhorar ou corrigir as normas de prognose (previsão) incorretas ou defasadas em face de circunstâncias supervenientes. A omissão, assim, consistiria não na ausência de medida para tornar efetiva norma constitucional, mas na falta de adaptação ou de aperfeiçoamento das medidas regulamentares já editadas[195].

Na Alemanha, a não adaptação ou o não aperfeiçoamento da lei integradora assume relevância quando dela resultar grave consequência para a efetivação dos direitos fundamentais, como ensina Gilmar Ferreira Mendes:

> O dever de legislar pode decorrer de expressa exigência constitucional (*Verfassungsauftrag*; norma-tarefa, na tradução proposta por Canotilho), ou pode derivar do chamado dever de proteção (*Schutzpflicht*), que obriga o Estado a atuar na defesa e proteção de certos valores, como a vida, a integridade física, a honra, sobretudo em face de agressões praticadas por terceiros. O Tribunal tem identificado, ultimamente, como fundamento do dever constitucional de legislar, o dever geral de adequação (*allgemeiner Nachbesserungsvorbehalt*), que impõe ao legislador a obrigação de corrigir as consequências danosas ou perversas para os direitos fundamentais resultantes da aplicação da legislação existente[196].

O dever de atualizar a legislação ordinária pode advir de expressa previsão normativa ou de mutações ocorridas no mundo dos fatos e dos valores. O art. 45, § 1º, da Constituição Federal consigna um típico exemplo do primeiro destes casos, *in verbis*: "O número total de Deputados, bem como a representação por Estado e pelo Distrito Federal, será estabelecido por lei complementar, proporcionalmente à população, procedendo-se aos

---

195 CANOTILHO, José Joaquim Gomes. *Direito constitucional e teoria da Constituição*, cit., p. 1035.

196 MENDES, Gilmar Ferreira. *Direitos fundamentais e controle de constitucionalidade*. 4. ed. São Paulo: Saraiva, 2004, p. 413.

ajustes necessários, no ano anterior às eleições, para que nenhuma daquelas unidades da Federação tenha menos de oito ou mais de setenta Deputados".

Ao dispor que a representação parlamentar na Câmara dos Deputados é proporcional à população de cada unidade federativa, o preceito constitucional está a exigir uma permanente atualização da lei complementar disciplinadora da matéria. Logo, se o censo realizado pelo Instituto Brasileiro de Geografia e Estatística (IBGE) assinalar a expansão do processo de interiorização demográfica, o legislador deverá proceder aos ajustes necessários no ano que anteceder às eleições, incrementando a participação congressual dos Estados com significativo crescimento populacional.

Mas a omissão inconstitucional oriunda da não atualização das normas de prognose pode resultar de mudanças fáticas e valorativas. Como a interpretação está condicionada pela realidade histórica em que opera o Direito, mutações nos valores culturais podem alterar o sentido das normas constitucionais, reclamando alterações no plano da legislação ordinária. Ilustrativamente, o art. 128 do Código Penal, ao legalizar apenas o aborto necessário para salvar a vida da gestante ou para interromper gravidez resultante de estupro, constitui, a nosso ver, norma superada em virtude da alteração semântica do valor "vida". De fato, se pelas convenções sociais hoje se reconhece que a proteção do art. 5º, *caput*, do texto constitucional alcança tão somente a gravidez viável, não há como subtrair da gestante o direito de abortar quando comprovada a inviabilidade extrauterina do feto por rigorosa perícia médica, especialmente nos casos de anencefalia[197].

---

[197] Esta questão, que desperta grande controvérsia, chegou ao conhecimento do Supremo Tribunal Federal em 17-6-2004, por força de arguição de descumprimento de preceito fundamental, subscrita por Luís Roberto Barroso, em nome da Confederação Nacional dos Trabalhadores em Saúde (ADPF/54). O relator do processo, Ministro Marco Aurélio, chegou a conceder liminar monocraticamente no período de recesso forense, *ad referendum* do órgão pleno, reconhecendo o "direito constitucional da gestante de submeter-se à operação terapêutica de parto de fetos anencefálicos, a partir do laudo médico atestando a deformidade, a anomalia que atingiu o feto". No entanto, ao reapreciar a liminar concedida pelo relator, o plenário do Supremo Tribunal Federal decidiu não referendá-la. O processo hoje se encontra pendente de julgamento, com parecer da Procuradoria-Geral da República opinando por sua improcedência. Na doutrina, não são amenos os debates que a matéria suscita. Vidal Serrano Nunes Júnior entende que "a vida, iniciada desde a concepção, não pode sofrer solução de continuidade não espontânea", enfatizando que nem mesmo uma emenda constitucional "poderia legitimar o aborto em nosso sistema jurídico fora das duas hipóteses já admitidas, sabido que é o disposto no art. 60, § 4º, IV, que petrificou os chamados direitos fundamentais".

De igual modo, o desenvolvimento científico pode acarretar uma defasagem normativa caracterizadora da omissão inconstitucional. Assim, a título exemplificativo, se a legislação municipal sobre transporte coletivo e logradouros públicos não for periodicamente revisada, a fim de incorporar novas tecnologias que permitam eliminar barreiras arquitetônicas e assegurar a plena integração social do deficiente físico (CF, arts. 227, § 2º, e 244), estará caracterizada a inobservância do dever geral de adequação.

O vácuo jurídico ocorre quando a lei regulamentadora de certa norma constitucional é revogada pelo Legislativo ou invalidada pelo Judiciário, sem a adoção de providências posteriores tendentes a disciplinar a matéria versada no diploma cuja vigência expirou. É evidente cuidar-se de um retrocesso que segue itinerário oposto ao da regulamentação, pois de uma situação juridicamente disciplinada caminha-se para o vazio normativo.

Propiciando a abertura de uma lacuna capaz de tolher a eficácia das normas constitucionais, o vácuo jurídico se assemelha à omissão legislativa, embora seja mais facilmente solucionado. De fato, são duas as opções conhecidas para superá-lo: I) ou se declara inconstitucional a norma revogadora da lei que integrou a eficácia do texto constitucional, na perspectiva de que houve lesão ao princípio da efetividade; II) ou se declara inconstitucional a norma regulamentadora que vulnera as disposições do texto magno, deixando, contudo, de pronunciar sua nulidade por motivos de segurança jurídica ou manifesto interesse público, com o que se evita a formação de uma indesejável lacuna normativa.

Questão interessante diz respeito ao poder regulamentar da Administração Pública. À semelhança do que se passa no plano constitucional, os vazios da lei e a imprevisibilidade de certos fatos impõem o reconhecimento ao chefe do Poder Executivo de competência para expedir regulamentos voltados a prover situações não previstas pelo legislador, mas ocorrentes na prática administrativa. O decreto regulamentar, em tais circunstâncias, vem preencher as lacunas da lei, conferindo-lhe fiel execução.

Sendo um repositório de menor hierarquia, o regulamento administrativo só pode explicitar o que já está implícito na lei, jamais contrariá-la

---

(*Curso de direito constitucional*. 7. ed. São Paulo: Saraiva, 2003, p. 104). Pietro de Jesús Lora Alárcon, ao contrário, defende a liberação do aborto de feto anencéfalo em homenagem ao princípio da dignidade da pessoa humana (*Patrimônio genético humano e sua proteção na Constituição Federal de 1988*. São Paulo: Método, 2004, p. 295).

ou excedê-la. Por isso, na esfera federal, a Constituição outorga competência ao Congresso Nacional para sustar os atos do Executivo que exorbitem da função regulamentar (art. 49, V). Cria-se, assim, um vazio normativo em nível da execução da lei que, por essa via transversa, tem sua aplicação estancada naquilo que depender de regulamentação. E, por seu turno, se a tal lei "paralisada" foi expedida para regulamentar uma norma constitucional de eficácia limitada, acaba-se frustrando de forma reflexa a aplicação da própria Constituição.

Mas a hipótese não retrata a ocorrência de um "vácuo legislativo", e sim de um "vácuo administrativo", tema que não nos interessa diretamente. Mesmo assim, cumpre reiterar que o Supremo Tribunal Federal já decidiu, por mais de uma vez, que a omissão indefinida da Administração Pública não pode produzir a consequência de frustrar a lei. Ademais, forçoso é admitir a impetração de mandado de segurança para assegurar o exercício de direito líquido e certo, prontamente acionável, mas ilegalmente sonegado sob o pretexto da ausência de decreto regulamentar (CF, art. 5º, LXIX), ou, ainda, o manejo de mandado de injunção quando a existência de prévia regulamentação administrativa for indispensável para viabilizar a fruição de direitos, liberdades ou prerrogativas constitucionais (CF, art. 5º, LXXI). O entendimento, *mutatis mutandis*, aplica-se também quando o Congresso Nacional sustar a execução de atos do Executivo que excedam os limites da delegação legislativa.

Seja como for, tanto a inobservância do dever geral de adequação legislativa quanto a caracterização do vácuo jurídico, frustrando a aplicação da Lei Fundamental, reclamam a emergência de uma dogmática emancipatória, capaz de outorgar máxima efetividade aos preceitos constitucionais e que não tenha receio de empunhar, de forma consequente, a bandeira da dignidade da pessoa humana.

5 A omissão legislativa no direito comparado e na constituição de 1988

Ao percorrer o direito comparado, Jorge Miranda observa que países como Alemanha, Áustria, Itália, Espanha, Hungria e Costa Rica, embora não possuam norma expressa instituidora da omissão legislativa, vêm obtendo resultados satisfatórios em face da adoção de técnicas de interpretação e integração, que resultam em sentenças criativas voltadas à pronta efetivação das normas constitucionais[198].

Na Alemanha, o *Bundesverfassungsgericht* (Tribunal Constitucional) passou a sindicar mais intensamente a disfunção omissiva sempre que prejudicial aos direitos fundamentais, emprestando eficácia plena aos preceitos constitucionais inexequíveis por si mesmos por meio do processo de concretização (*Konkretisierung*). Dando ênfase à chamada omissão parcial, o Tribunal vem optando por uma das seguintes medidas: I) ou pronuncia a inconstitucionalidade sem nulificar a norma existente; II) ou reconhece que, embora regular, a norma encontra-se em trânsito para a inconstitucionalidade, fazendo um apelo ao legislador para adequá-la às novas exigências constitucionais.

O precedente gerado pelo art. 6º, V, da Lei Fundamental de Bonn ilustra com clareza a orientação da jurisprudência tedesca. Segundo este dispositivo, deve o legislador assegurar condições idênticas de desenvolvimento físico, espiritual e social, aos filhos nascidos dentro ou fora do casamento. Ao apreciar recurso interposto contra a decisão do Tribunal do Estado de Kiel, a Corte Constitucional alemã considerou não haver escoado prazo razoável para o adimplemento do dever constitucional de legislar. Recomendou, no entanto, que o Parlamento procedesse à ade-

[198] MIRANDA, Jorge. *Manual de direito constitucional*, cit., t. 6, p. 276-277.

quação da legislação ordinária o quanto antes, enfatizando que, a persistir a mora legislativa, os juízes poderiam aplicar diretamente a Constituição, nulificando qualquer tipo de discriminação normativa existente entre filhos legítimos e ilegítimos[199].

Já a *Corte Constituzionale* italiana, especialmente no que tange à exclusão de benefício incompatível com o princípio da isonomia, considerando ter havido tratamento desigual que, se ausente, possibilitaria a extensão da norma àquelas situações não contempladas, vem admitindo a prolação de sentenças aditivas. Por meio delas, supre a omissão legal e estende o âmbito normativo a pessoas, situações e casos excluídos de seu campo de incidência.

Jorge Miranda também destaca que os tribunais norte-americanos "têm exercido, com frequência, o poder de solicitar aos órgãos legislativos que aprovem as leis que consideram necessárias" à proteção de direitos fundamentais, isso quando não é a Suprema Corte que descobre, originariamente e mediante interpretação construtiva, um direito constitucional ainda não regulamentado pelo legislador[200].

Surpreendente, entretanto, é o que se passa na Índia, segundo noticia Dirley da Cunha Júnior. Lá, o art. 32, n. 2, da Constituição de 26 de novembro de 1949, confere ao Supremo Tribunal competência para emitir diretivas ou ordens destinadas à concretização de direitos fundamentais[201]. Analisando o tema, Sérgio Fernando Moro aduz que as diretivas têm servido para colmatar as lacunas da lei, possibilitando a regulamentação provisória de certas matérias enquanto perdurar a inércia legislativa. Cita como exemplo o caso Vishaka *v.* State of Rajasthan, de 1997, em que a Suprema Corte baixou diretivas para assegurar a igualdade de gênero ameaçada no ambiente de trabalho pela ausência de proibição normativa do assédio sexual às mulheres. Do *decisum* transcreve-se o seguinte excerto: "Em vista do acima exposto e da ausência de lei

[199] *BVerfGE* 25, 167 (187). Apud MENDES, Gilmar Ferreira. *Jurisdição constitucional*. 4. ed. São Paulo: Saraiva, 2004, p. 273.

[200] MENDES, Gilmar Ferreira. *Jurisdição constitucional*, p. 277.

[201] CUNHA JÚNIOR, Dirley da. *Controle judicial das omissões do Poder Público*, cit., p. 129. Diz textualmente o art. 32, n. 2, da Constituição indiana: "O Supremo Tribunal tem poder de emitir diretivas ou ordens, incluindo *habeas corpus*, *mandamus*, proibição, *quo warranta* e *certiorari*, destinadas à efetivação dos direitos fundamentais conferidos por esta Constituição".

promulgada para garantir a igualdade sexual e a proteção contra o assédio e o abuso sexual, mais particularmente contra o assédio sexual em ambiente de trabalho, nós baixamos as linhas e normas especificadas a seguir para serem devidamente observadas em todos os locais de trabalho ou em outras instituições, até que seja promulgada legislação com esse propósito. Isto é feito no exercício do poder disponibilizado pelo artigo 32 da Constituição para efetivação dos direitos fundamentais e enfatizamos que isto deve ser tratado como lei declarada por esta Corte sobre o artigo 114 da Constituição"[202].

Mas, apesar da surpreendente inovação indiana, o primeiro diploma a institucionalizar de forma expressa a omissão legislativa foi a Constituição da Iugoslávia, de 21 de fevereiro de 1974, que, em seu art. 377, dispôs: "Se o Tribunal Constitucional da Iugoslávia verificar que o órgão competente não promulgou as prescrições necessárias à execução das disposições da Constituição da República Socialista Federativa da Iugoslávia, das leis federais e das outras prescrições federais e atos gerais, dará do fato conhecimento à Assembleia da República Socialista Federativa da Iugoslávia".

Um pouco depois, a Constituição da República Portuguesa, de 2 de abril de 1976, em seu art. 283, também conferiu competência ao Tribunal Constitucional para apreciar o descumprimento da Constituição por omissão das medidas legislativas necessárias para tornar exequíveis as normas constitucionais, possibilitando a comunicação do fato aos órgãos remissos para a adoção das providências tendentes a suprir as lacunas detectadas.

A cadeia evolutiva se completa com a promulgação das Constituições brasileira, em 5 de outubro de 1988, e angolana, em 25 de agosto de 1992. Esta última se limita a seguir o modelo tradicional e, sem trazer grandes inovações, dispõe nos arts. 134, alínea *c*, e 156, *in verbis*:

> Artigo 134. A Corte Constitucional deve em geral administrar a justiça em questões legais e constitucionais, e deve: (...) c) verificar e considerar a não aplicação da Constituição devido à falha em adotar as medidas necessárias para tornar exequíveis as normas constitucionais.

---

[202] MORO, Sérgio Fernando. *Jurisdição constitucional como democracia*. Tese de Doutorado apresentada na Universidade Federal do Paraná.

> Artigo 156. 1. O Presidente da República, um quinto dos membros presentes e o Advogado-Geral podem requerer à Corte Constitucional que declare a inconstitucionalidade por omissão.
>
> 2. Se a inconstitucionalidade por omissão for verificada, a Corte Constitucional deverá informar os órgãos legislativos apropriados, para que a omissão possa ser remediada (tradução livre)[203].

Inspirada no direito português, a Constituição Federal de 1988 foi o primeiro diploma brasileiro a se preocupar com a inércia do legislador. Mas, além de instituir a ação direta de inconstitucionalidade por omissão já conhecida alhures, avançou ainda mais com a introdução do mandado de injunção, remédio destinado a viabilizar concretamente a fruição de direitos, liberdades e prerrogativas tolhidos por falta de regulamentação. No âmbito dos recursos previstos para sindicar a omissão legislativa, destacam-se ainda a iniciativa popular (CF, arts. 29, XIII, 27, § 4º, e 61, § 2º) e a responsabilidade civil do Estado (CF, art. 37, § 6º).

O combate à inconstitucionalidade por omissão é consequência do perfil da Carta de 1988 que, enquanto Constituição Dirigente, vincula os Poderes Públicos à persecução de seus desideratos. A acentuada preocupação em prover a imediata realização do texto constitucional não mais permite que o seu destinatário aguarde, em espera indefinida, a elaboração das normas regulamentadoras faltantes. A admitir o contrário, "configurar-se-ia verdadeira subversão da ordem jurídica, apresentando-se a omissão do legislador infraconstitucional mais eficaz que a atuação do constituinte, a inexistência de norma regulamentadora mais vinculante que a existência de norma constitucional"[204].

Vive-se o limiar de um novo ciclo na história da jurisdição constitucional brasileira, com a incorporação de garantias tendentes a cobrar dos órgãos públicos, e particularmente do Poder Legislativo, uma postura

---

[203] No original: "Article 134. The Constitutional Court shall in general administer justice on legal and constitutional matters, and shall: (...) (c) Verify and consider non-compliance with the Constitutional Law owing to failure to take the requisite measures to make constitutional rules executable. Article 156. 1. The President of the Republic, one-fifth of Members present and the Attorney General may request the Constitutional Court to declare unconstitutionality by omission. 2. If unconstitutionality by omission is verified, the Constitutional Court shall inform the appropriate legislative body accordingly, so that the omission may be remedied" (http://www.angola.org/referenc/constitution/constit.htm).

[204] PIOVESAN, Flávia. *Proteção judicial contra omissões do Poder Público*, cit., p. 109.

afeita aos ditames constitucionais, materializando as promessas encampadas pelo *Welfare State*.

Não somos ingênuos a ponto de pensar que as inovações trazidas pela novel Carta serão assimiladas da noite para o dia, sobretudo quando provocam alterações numa estrutura secular, quase feudal, como a divisão funcional de poderes. Passados dezoito anos desde sua promulgação, tudo indica que a assimilação das novas garantias continuará a consumir tempo e preparo. Todavia, superado o choque inicial, ingressa-se agora na fase do amadurecimento científico. A renovada composição do Supremo Tribunal Federal, o advento da Lei n. 9.868/99, a afirmação dos princípios constitucionais (especialmente o da efetividade) e o reconhecimento do caráter criativo da atuação judicial acenam com novas e múltiplas possibilidades.

É neste cenário que a iniciativa popular, a responsabilidade civil do Estado, a ação direta de inconstitucionalidade por omissão e o mandado de injunção serão analisados, isoladamente, procurando-se enfatizar não tanto os aspectos processuais de cada instrumento, mas a virtual potencialidade para coibir os excessos de uma inaplicabilidade afrontosa ao texto constitucional.

6 Ação direta de inconstitucionalidade por omissão

Sob marcada influência do direito português, a Constituição Federal de 1988 introduz no ordenamento jurídico nacional a ação direta de inconstitucionalidade por omissão, buscando abreviar a ineficácia das normas carentes de regulamentação, nos precisos termos do art. 103, § 2º: "Declarada a inconstitucionalidade por omissão de medida para tornar efetiva norma constitucional, será dada ciência ao Poder competente para a adoção das providências necessárias e, em se tratando de órgão administrativo, para fazê-lo em trinta dias".

A despeito de ter sido instituída em simples parágrafo de artigo que versa sobre a antiga ação direta de inconstitucionalidade de lei ou ato normativo, certo é que o novo instrumento com ela não se confunde, posto configurar ação autônoma e específica, voltada ao controle da omissão inconstitucional em sede abstrata[205].

Com a mencionada ação pretende-se suprir as lacunas inconstitucionais da ordem jurídica, de molde a impelir os órgãos públicos a passar da inação para a ação, expedindo as medidas regulamentares reclamadas para conferir plena eficácia às normas constitucionais. Nas palavras de Michel Temer: "A primeira afirmação que se deve fazer é aquela referente à finalidade desse controle: é a de realizar, na sua plenitude, a vontade constituinte. Ou seja: nenhuma norma constitucional deixará de alcançar eficá-

---

[205] Clèmerson Merlin Clève é de opinião contrária: "Não há lugar para sustentar-se a existência, no Brasil, de uma ação constitucional especial voltada para, em sede de fiscalização abstrata, esse tipo de questão constitucional" (*A fiscalização abstrata da constitucionalidade no direito brasileiro*, cit., p. 338-339). A favor de nossa concepção: CARRAZZA, Roque Antonio. *Curso de direito constitucional tributário*. 16. ed. São Paulo: Malheiros, 2001, p. 347; e CUNHA JÚNIOR, Dirley da. Controle judicial das omissões do Poder Público, cit., p. 540.

cia plena. Os preceitos que demandarem regulamentação legislativa ou aqueles simplesmente programáticos não deixarão de ser invocáveis e exequíveis em razão da inércia do legislador. O que se quer é que a inação (omissão) do legislador não venha a impedir o auferimento de direitos por aqueles a quem a norma constitucional se destina. Quer-se — com tal forma de controle — passar da abstração para a concreção; da inação para a ação; do descritivo para o realizado"[206].

Importa salientar, neste passo, que a ação direta de inconstitucionalidade por omissão instaura um processo objetivo e abstrato, com o escopo de preencher as lacunas normativas que inviabilizam a efetivação da Lei Fundamental. Bem se vê que ela não busca assegurar a ninguém a fruição concreta de um direito subjetivo. Pelo contrário, a procedência da ação, longe de possibilitar o usufruto imediato de uma prestação material, converte-se em mera advertência para que o órgão remisso adote as medidas tendentes a conferir plena exequibilidade ao texto constitucional. Dito de outro modo: a ação *sub examinen* não persegue interesse subjetivo ou direito concreto, mas se limita a impulsionar o processo de elaboração de normas abstratas e gerais, reforçando a aplicabilidade dos preceitos constitucionais.

6.1 Origem, semelhanças e dessemelhanças

A doutrina é quase unânime ao assinalar a convergência entre a regra constante do § 2º do art. 103 da Constituição brasileira e a disciplina conferida à inconstitucionalidade por omissão pelo art. 283 da Constituição portuguesa, a saber: "1. A requerimento do Presidente da República, do Provedor de Justiça ou, com fundamento em violação de direitos das regiões autônomas, dos Presidentes das assembleias regionais, o Tribunal Constitucional aprecia e verifica o não cumprimento da Constituição por omissão das medidas legislativas necessárias para tornar exequíveis as normas constitucionais. 2. Quando o Tribunal Constitucional verificar a existência de inconstitucionalidade por omissão, dará disso conhecimento ao órgão legislativo competente".

Nos dois sistemas, a solução é idêntica: verificada a ocorrência de inconstitucionalidade por omissão, deve a Corte Constitucional cientificar o órgão competente a fim de proceder à regulamentação necessária. É dizer:

---

206 TEMER, Michel. *Elementos de direito constitucional.* 16. ed. São Paulo: Malheiros, 2000, p. 51.

a decisão prolatada em tais casos será meramente declaratória e nunca constitutiva, uma vez que a Corte não pode criar as normas faltantes ou mesmo pronunciar o modo pelo qual a omissão legislativa será suplantada[207]. Como se percebe, ainda prevalece neste domínio uma concepção anacrônica da separação de poderes, que interdita a assunção de funções normativas pelo Judiciário mesmo quando presente violação ao texto constitucional. Sob o pretexto de que a jurisdição não substitui a legislação, o constituinte finge controlar a omissão legislativa, quando na verdade se limita a transmitir uma advertência desacompanhada de prazo e desprovida de sanção.

Em ambos os diplomas, a ação de inconstitucionalidade por omissão suscita o exercício da jurisdição concentrada no órgão de cúpula do Poder Judiciário: o Supremo Tribunal Federal no Brasil (CF, art. 102, I, *a*) e o Tribunal Constitucional em Portugal (CRP, art. 283). A eficácia *erga omnes* da decisão que reconhece a disfunção omissiva e a limitação do controle a questões puramente abstratas são outras similitudes presentes no sistema luso-brasileiro.

Mas também é possível surpreender algumas dessemelhanças entre os dois institutos. Assim, no tocante à legitimidade ativa *ad causam*, é forçoso reconhecer que a Constituição brasileira superou a portuguesa. Enquanto a primeira estabeleceu um amplo rol de legitimados para a propositura da ação de inconstitucionalidade (CF, art. 103, I a IX), a segunda concentrou esta faculdade processual nas mãos de três agentes: Presidente da República, Provedor de Justiça e Presidentes das Assembleias Legislativas Regionais.

Ademais, a Constituição brasileira permite incluir no polo passivo da ação não apenas o legislador inerte, mas também o órgão administrativo omisso, assinalando-lhe prazo de trinta dias para a regulamentação do preceito constitucional. O estatuto português, por seu turno, só considera relevante a omissão de medidas legislativas, excluindo do âmbito de controle os regulamentos administrativos.

Para CLÈMERSON MERLIN CLÈVE, esta particularidade permite visualizar a diferença presente entre a inconstitucionalidade positiva (por ação) e a inconstitucionalidade negativa (por omissão). Aos olhos do citado autor, enquanto a primeira implica uma relação de incompatibilidade direta entre

---

[207] PIOVESAN, Flávia. *Proteção judicial contra omissões legislativas*, cit., p. 132.

a lei e a Constituição, a omissão normativa abrangeria, para além disso, a ausência de regulamentação administrativa que embaraça de forma imediata a aplicação da lei e indiretamente a efetividade constitucional[208].

6.2 Legitimidade ativa

Como já aduzimos parágrafos acima, a ação de inconstitucionalidade por omissão inaugura um processo objetivo no qual inexistem partes e lide. É dizer: não há verdadeiramente um processo subjetivo em que autor e réu litigam por interesses opostos. Como no processo objetivo não se busca assegurar a sujeito nenhum a fruição concreta de bens ou direitos, não há falar em lide, i.e., em conflito de interesses caracterizado por uma pretensão (do autor) resistida (pelo réu). Simplesmente não há litígio, contenda ou disputa judicial.

A ação em comento não será proposta *contra* o órgão legislativo com o fito de puni-lo pelo desleixo funcional. O que haverá é o interesse comum de todos os envolvidos no controle abstrato da omissão inconstitucional e, presume-se, até mesmo do legislador depois de cientificado pelo Supremo Tribunal Federal, em prover a regulamentação das normas constitucionais não exequíveis por si mesmas. Em vez de rivalizar por um *direito subjetivo supostamente violado*, as partes atuarão em concerto esmerando-se para colmatar as *lacunas do direito objetivo*. Portanto, feita esta advertência inicial, só em sentido meramente formal é possível falar em parte ou autor legitimado para ajuizar a ação de inconstitucionalidade por omissão.

Nos termos do art. 103 da Constituição Federal, com a redação dada pela Emenda Constitucional n. 45, de 8 de dezembro de 2004, detêm legitimidade ativa para propor a referida ação os seguintes agentes e entidades: I — o Presidente da República; II — a Mesa do Senado Federal; III — a Mesa da Câmara dos Deputados; IV — a Mesa de Assembleia Legislativa ou da Câmara Legislativa do Distrito Federal; V — o Governador de Estado ou do Distrito Federal; VI — o Procurador-Geral da República; VII — o Conselho Federal da Ordem dos Advogados do Brasil; VIII — o Partido Político com representação no Congresso Nacional; IX — a Confederação Sindical ou Entidade de Classe de âmbito nacional.

---

[208] CLÈVE, Clèmerson Merlin. *A fiscalização abstrata da constitucionalidade no direito brasileiro*, cit., p. 343.

A outorga do direito de propositura a diferentes órgãos estatais e entidades sociais ressalta o caráter objetivo da ação direta de inconstitucionalidade por omissão, uma vez que os autores não postulam a concessão de direitos sonegados por ausência de regulamentação, mas atuam como autênticos fiscais de um interesse público indisponível, qual seja: o interesse em preencher as lacunas normativas com o fim de tornar operantes as normas constitucionais de eficácia reduzida.

É evidente o avanço alcançado em relação à Carta de 1967, que consagrava o monopólio do Procurador-Geral da República para deflagrar o controle abstrato de constitucionalidade. Este modelo de ampla legitimação é em grande parte responsável pelo frenesi que a jurisdição constitucional experimenta atualmente. De fato, após a promulgação da Constituição de 1988, o número de ações diretas de inconstitucionalidade aumentou substancialmente. Neste aspecto, Clèmerson Merlin Clève fornece números contundentes: "(...) de 1934, quando foi instituída a ação interventiva, até 1988, o número de ações diretas ajuizadas perante o Pretório Excelso (apenas interventivas até 1965; interventivas e genéricas após 1965) não chegou a 1.700 (um mil e setecentos). De 1988 (outubro) a março de 1999, ou seja num prazo de dez anos e cinco meses, foram ajuizadas 1.962 (um mil e novecentos e sessenta e duas) ações, muitas delas impugnando mais de um dispositivo, às vezes mais de uma dezena deles, no caso das ações voltadas contra as normas das Constituições estaduais que foram promulgadas a partir de outubro de 1989"[209].

Em face da multiplicação de processos objetivos, o Supremo Tribunal Federal esboçou uma reação natural, procurando restringir o manejo da ação direta de inconstitucionalidade. Por isso, passou a entender que só o Presidente da República, as Mesas do Senado e da Câmara dos Deputados, o Procurador-Geral da República, o Conselho Federal da OAB e os Partidos Políticos, em vista de suas atribuições institucionais, conservam legitimidade universal para interpor a referida ação diante de qualquer omissão normativa, visando assegurar a supremacia e a efetividade do texto constitucional.

Todos os demais constituiriam legitimados especiais, aos quais competiria demonstrar um vínculo de pertinência temática entre os seus interesses institucionais e a omissão inconstitucional que deu azo ao ajuiza-

---

[209] CLÈVE, Clèmerson Merlin. *A fiscalização abstrata da constitucionalidade no direito brasileiro*, cit., p. 161.

mento da ação direta. Melhor dizendo, a Suprema Corte só vem admitindo a ação direta por parte de Governadores e Mesas de Assembleias Estaduais ou da Câmara Legislativa do Distrito Federal se a lei ausente afetar os interesses das respectivas unidades federadas; e, por parte das Confederações Sindicais ou Entidades de Classe, se a omissão ferir os direitos de seus filiados ou associados.

Nesse particular, convém registrar a opinião de FLÁVIA PIOVESAN, que critica o requisito da pertinência temática exigido pelo Supremo Tribunal Federal, já que a ação direta de inconstitucionalidade por omissão constitui um instrumento de tutela do direito objetivo, não havendo razão para o autor demonstrar interesse específico na causa, posto inexistir na hipótese uma contenda por interesses opostos e concretos. Entende a autora que, a prevalecer a exegese contrária, estar-se-ia "a converter um instrumento de defesa de direito objetivo em verdadeiro instrumento de defesa de direito subjetivo, o que seria uma distorção jurídica"[210].

Mas a verificação do vínculo de pertinência temática é apenas uma das várias barreiras impostas pela jurisprudência restritiva do Supremo Tribunal Federal, que antes se pauta pela limitação do que pela ampliação do rol de legitimados ativos.

Desse modo, o Pretório Excelso entende que só a Confederação integrada pelo menos por três Federações Sindicais estaria subsumida ao conceito do inciso IX do art. 103 da Constituição Federal. Doutro vértice, a Entidade de Classe de âmbito nacional seria aquela capaz de representar integralmente uma categoria econômica ou profissional, desde que reunisse associados ao menos em nove Estados da Federação, por analogia à lei dos partidos políticos.

Para alguns autores, a exigência de representatividade em pelo menos nove unidades da Federação revela-se constitucional na medida em que, para ascender ao *status* de entidade classista de âmbito nacional, seria indispensável preencher um mínimo de amplitude representativa. Por isso, acreditam que, pelo critério de distribuição espaço-geográfica, a entidade com representação em um ou poucos Estados-membros está excluída do rol de legitimados.

Nesse passo, pede-se vênia para discordar de tal entendimento. A demarcação do conceito de entidade classista não pode orientar-se unicamen-

---

[210] PIOVESAN, Flávia. *Proteção judicial contra omissões legislativas*, cit., p. 118.

te pelo critério de distribuição geográfica. Antes convém prestigiar a teleologia constitucional que, segundo nos parece, pauta-se mais pelo coeficiente de representatividade da categoria econômica ou profissional do que por sutilezas técnicas construídas no afã de restringir-lhe o alcance.

Portanto, para vetar o conhecimento de ações movidas por entidades de âmbito nacional, não basta recorrer analogicamente à legislação pertinente aos partidos políticos. Tal proceder implica submeter a Constituição ao crivo do legislador ordinário, de interpretá-la a partir da lei, de conformá-la à legislação infraconstitucional, quando, na verdade, todo o avanço científico registrado nos últimos anos, em relação à interpretação e à hermenêutica constitucional, apresenta como postulado básico entendimento inverso, qual seja, o de que a lei deve ser interpretada conforme a Constituição, em função da supremacia e da força normativa que lhe são inerentes.

Ilustrativamente, é possível entrever o caso de uma entidade classista que represente todos os membros de uma categoria profissional com atuação restrita a uma ou duas unidades da Federação. Em tal hipótese, apesar de estar limitada geograficamente, a entidade detém significativo coeficiente de representatividade, pois congrega todos os integrantes da categoria profissional. Destarte, não há como declará-la parte ilegítima para a propositura de ação direta de inconstitucionalidade por omissão, uma vez que a teleologia da norma constitucional não se prende a questões geográficas, mas está relacionada ao coeficiente de representatividade.

Além disso, segundo a jurisprudência dominante no Supremo Tribunal Federal, deve haver homogeneidade de interesses entre os membros da entidade de classe. Ou seja, os associados devem ser pessoas físicas ligadas entre si pelo exercício da mesma atividade econômica ou profissional. Daí não deter legitimidade para aforar a ação direta a entidade que possui composição híbrida, com pessoas físicas e jurídicas, ou a que se projeta como uma verdadeira "associação de associações".

Por muito tempo, o Supremo Tribunal Federal entendeu que a perda da representação congressual pelo partido político, configurando caso de carência superveniente, ensejaria a extinção do processo sem julgamento de mérito. Tal posição sempre nos causou estranheza, pois a defesa da supremacia constitucional configura interesse indisponível, não se admitindo sequer a desistência da ação regularmente proposta (Lei n. 9.868/99, art. 5º).

É certo que no processo subjetivo as condições da ação, entre as quais se inclui a legitimidade ativa, devem perdurar até o término da marcha processual, sob pena de ser decretada a carência de ação, i.e., sob pena de não reunir o órgão judicial condições para compor o conflito de interesses travado entre autor e réu. Mas a ação direta de inconstitucionalidade não instaura um processo subjetivo. Pelo contrário, sendo indiscutível o seu teor objetivo, os requisitos reclamados para deflagrar o controle abstrato da omissão inconstitucional são aquilatados quando do seu ajuizamento, sendo inaplicáveis as regras do processo subjetivo que permitem avaliar *a posteriori* a presença das condições da ação. A representação congressual, *in casu*, funcionará apenas como mola propulsora para investigar a ocorrência de lesão à ordem constitucional, questão de interesse público e indisponível que, uma vez suscitada, exige regular sindicância.

Ademais, as distorções da legislação eleitoral que chancelam a infidelidade partidária podem conduzir a soluções esdrúxulas. Tal ocorreria quando o único representante parlamentar de um partido, depois de haver se desfiliado e motivado o arquivamento do processo, retornasse aos quadros da indigitada agremiação, autorizando-a a ingressar com outra ação direta com pedido e fundamento idênticos àqueles deduzidos no processo extinto.

Por tais razões, firmamos a convicção de que a perda da representação congressual jamais poderia motivar a extinção do processo movido por uma sigla partidária. Assim, foi com alegria que assistimos a mudança operada no julgamento de agravo na ADIn 2.159, em sessão plenária de 12 de agosto de 2004, quando o Supremo Tribunal Federal decidiu, por maioria, "que a perda superveniente de representação parlamentar não desqualifica o partido político como legitimado ativo para a propositura da ação direta de inconstitucionalidade".

Apesar da guinada que o advento da Constituição de 1988 e a renovada composição do Supremo Tribunal Federal proporcionaram, acredita-se que a afirmação da efetividade constitucional poderia avançar a passos largos com a instalação de uma sociedade aberta de intérpretes, acolhendo-se a iniciativa popular para propositura de ações diretas e conferindo participação real — e não apenas nominal — ao *amicus curiae* no controle abstrato da omissão legislativa, como será reportado na sequência.

6.3 A iniciativa popular, o *amicus curiae* e a sociedade aberta de intérpretes

Interpretar é desvendar o sentido e o alcance de uma ou mais disposições normativas, a fim de aplicá-las num caso concreto ou solver determinada controvérsia jurisdicional. Tal atividade ganha preeminência em nosso estudo, pois a maior ou menor efetividade de uma norma constitucional será mensurada, e portanto condicionada, pelos diferentes sentidos que seus intérpretes lhe atribuam.

Sem embargo de suas especificidades, a interpretação constitucional situa-se no âmbito genérico da interpretação jurídica. Assim, pode e deve ser empreendida por fontes tradicionalmente habituadas à lide jurídica, como a doutrina e os representantes dos três Poderes da nação. Na seara constitucional, a interpretação doutrinária não se dirige à aplicação imediata da norma jurídica, cingindo-se a municiar subsídios intelectuais que permitirão seu desenvolvimento pelos órgãos de direção política. O ciclo se fecha com a conjugação de esforços legislativos, executivos e jurisdicionais, voltados a conferir máxima efetividade às normas constitucionais mediante comandos concretos ou abstratos, desencadeando assim a chamada interpretação operativa.

Para além desses horizontes já explorados à exaustão, talvez o que de mais valioso se possa destacar é a ideia de que a interpretação constitucional é um processo plural e aberto, no qual, ao lado dos "atores oficiais", estão engajadas todas as potências públicas, todos os cidadãos e todos os grupos socialmente atuantes, sendo impossível estabelecer um elenco cerrado, taxativo ou *numerus clausus* de intérpretes da Constituição.

Rompendo com os anacronismos de uma visão restritiva, não se concebe a interpretação como a explicitação mecânica e abstrata do sentido de uma disposição normativa, sem conexão com o substrato social. Antes, visualiza-se neste múnus a arte de integrar a norma à realidade social, bem assim de situá-la no presente para conformar o futuro. Logo, ao lado da doutrina, dos juízes, dos legisladores e dos gestores públicos, também o cidadão e os grupos sociais ocupam posição de fastígio no campo da interpretação constitucional, pois quem vive a norma, independentemente do cargo ou função que exerça, acaba, de alguma forma, por interpretá-la ou cointerpretá-la[211].

Como havíamos adiantado logo no introito deste trabalho, a história do constitucionalismo, ligada à contenção do poder e à definição de garantias mínimas, perde muito do significado seminal quando o maior interessado em concretizar tais conquistas — o cidadão — não intervém no processo interpretativo.

---

211 BASTOS, Celso Ribeiro. *Hermenêutica e interpretação constitucional*, cit., p. 138.

Em trabalho sobre a interpretação operada em flancos diversos dos tradicionalmente aceitos, Peter Häberle esclareceu que as pessoas que coabitam um Estado sempre realizam interpretação constitucional, seja para orientar a própria conduta, seja para conhecer os respectivos direitos e deveres.

Tal assertiva parte da constatação de que muitas questões que envolvem a Constituição não deságuam no Judiciário, pois esbarram na incompetência dos tribunais para conhecer algum assunto ou na inércia de quem reluta em submeter seus problemas à apreciação jurisdicional. Daí resulta que inúmeras questões constitucionais são resolvidas na informalidade, pela via do consenso ou da renúncia. Em situações conflituosas, não é difícil assistir a um acordo construído pelas partes envolvidas, que acabam demarcando a tênue fronteira que separa os seus direitos. Paralelamente, mesmo diante de frontal violação do texto magno, às vezes o particular vitimado prefere simplesmente renunciar ao direito de acionar a tutela jurisdicional, por vislumbrar escassas chances de resguardar eficientemente interesses tidos como ínfimos. Seja como for, nas situações apontadas, o cidadão comum atua como autêntico intérprete, produzindo, de forma autônoma, direito constitucional material.

Por isso, Häberle postula urgente revisão da metodologia jurídica, advertindo que a interpretação advinda de fontes tradicionais, especialmente aquela realizada pelos juízes, não é e jamais será a única admissível. Ao lado dos órgãos estatais, subsistirá permanente espaço para a manifestação crítica de pareceristas, peritos, grupos de pressão, sindicatos, partidos políticos, cidadãos, entidades sociais, opinião pública etc. Para o publicista alemão, a interpretação da Constituição é um processo aberto a todos os seus destinatários, não se resumindo a um evento puramente estatal, como anota em sugestiva passagem:

> Todo aquele que vive no contexto regulado por uma norma e vive com este contexto é, indireta ou, até mesmo, diretamente, um intérprete dessa norma. O destinatário da norma é participante ativo, muito mais ativo do que se pode supor tradicionalmente, do processo hermenêutico. Como não são apenas os intérpretes jurídicos da Constituição que vivem a norma, não detêm eles o monopólio da interpretação da Constituição[212].

---

212 HÄBERLE, Peter. *Hermenêutica constitucional*, cit., p. 15.

A despeito do mérito de identificar um latente processo de concretização do Direito Constitucional realizado por outros intérpretes que não os oficiais, os apontamentos de Häberle se obscurecem paulatinamente quando se afastam do universo jurídico e transitam por domínios inerentes à Sociologia e à Ciência Política.

Mas os desvios secundários não desmerecem o conjunto da obra, nem ofuscam a discussão centrada sobre a legitimação dos intérpretes que não estão formalmente autorizados a investigar o conteúdo material da Constituição. Para Häberle, tomada a interpretação como um processo aberto, seria inconcebível cerrar o leque de intérpretes num rol inflexível, emergindo daí a necessidade de ampliar o círculo de pessoas legitimadas, como corolário da interação entre Direito e realidade:

> A estrita correspondência entre vinculação (à Constituição) e legitimação para a interpretação perde, todavia, o seu poder de expressão quando se consideram os novos conhecimentos da teoria da interpretação: interpretação é um processo aberto. Não é, pois, um processo de passiva submissão, nem se confunde com a recepção de uma ordem. A interpretação conhece possibilidades e alternativas diversas. A vinculação se converte em liberdade na medida em que se reconhece que a nova orientação hermenêutica consegue contrariar a ideologia da subsunção. A ampliação do círculo dos intérpretes aqui sustentada é apenas a consequência da necessidade, por todos defendida, da integração da realidade no processo de interpretação. É que os intérpretes em sentido amplo compõem essa realidade pluralista. Se se reconhece que a norma não é uma decisão prévia, simples e acabada, há de se indagar sobre os seus participantes no seu desenvolvimento funcional, sobre as forças ativas da *law in public action* (personalização, pluralização da interpretação constitucional!)[213].

E mais adiante, arremata:

> Para a conformação e a aplicação do direito processual resultam consequências especiais. Os instrumentos de informação dos juízes constitucionais — não apesar, mas em razão da própria vinculação à lei — devem ser ampliados e aperfeiçoados, espe-

---

213 HÄBERLE, Peter. *Hermenêutica constitucional*, cit., p. 30-31.

> cialmente no que se refere às formas gradativas de participação e à própria possibilidade de participação no processo constitucional (especialmente nas audiências e nas "intervenções"). Devem ser desenvolvidas novas formas de participação das potências públicas pluralistas enquanto intérpretes em sentido amplo da Constituição. O direito constitucional processual torna-se parte do direito de participação democrática. A interpretação constitucional realizada pelos juízes pode-se tornar, correspondentemente, mais elástica e ampliativa sem que se deva ou possa chegar a uma identidade de posições com a interpretação do legislador. Igualmente flexível há de ser a aplicação do direito processual constitucional pela Corte Constitucional, tendo em vista a questão jurídico-material e as partes *materialmente* afetadas (*atingidas*). A íntima relação contextual existente entre Constituição e direito constitucional processual faz-se evidente também aqui[214].

Fácil notar que a teoria desenvolvida por Häberle guarda certa atualidade, permitindo colmatar destacadamente duas lacunas presentes no ordenamento jurídico nacional, a saber: I) a inexistência de iniciativa popular para deflagrar o controle concentrado de constitucionalidade; e, II) a não previsão da figura do *amicus curiae* na ação declaratória de constitucionalidade.

Muitas situações de conflito potencial não são levadas ao Supremo Tribunal Federal por dificuldades de ordem processual, agravadas no âmbito do controle concentrado em face da ausência de legitimidade ativa *ad causam* do cidadão comum. Aliás, no tocante à omissão inconstitucional, a iniciativa popular revela-se essencial para sindicar a inércia do legislador e conferir plena efetividade às disposições da Lei Maior.

Na grande maioria dos casos, a omissão inconstitucional relaciona-se à regulamentação de normas programáticas que abrigam prestações socioeconômicas, devidas pelo Estado ou pela sociedade aos indivíduos menos afortunados. Assim, se o rol de legitimados constante do art. 103 do texto constitucional não for estendido a ponto de contemplar os cidadãos comuns, dificilmente as entidades sociais e os entes políticos aí inclusos estarão dispostos a defendê-los, pois, não raro, os interesses que uns e outros sustentam contrapõem-se frente a frente.

---

214 HÄBERLE, Peter. *Hermenêutica constitucional*, cit., p. 47-48.

Aliás, se os cidadãos podem apresentar projeto de lei federal (CF, art. 61, § 2º), estadual (CF, art. 27, § 4º) e municipal (CF, art. 29, XIII), não parece desarrazoado defender a extensão a estes mesmos cidadãos de legitimidade para aforar ação direta de inconstitucionalidade, desde que observados certos requisitos.

Mas esta não é a única dificuldade a ser superada. Paradoxalmente, após admitir a manifestação de órgãos e entidades representantes da sociedade civil no âmbito da ação direta de inconstitucionalidade, sancionando o art. 7º, § 2º, da Lei n. 9.868/99, o então Presidente da República, Fernando Henrique Cardoso, decidiu vetar o § 2º do art. 18 do referido diploma legal, que abrigava idêntica oportunidade em sede de ação declaratória de constitucionalidade.

Os dispositivos em apreço, como é cediço, cuidam do chamado *amicus curiae*, i.e., daquela pessoa ou entidade que, não sendo parte no processo objetivo, ministra subsídios e aportes instrumentais, com o objetivo de auxiliar o Pretório Excelso a desvelar o real propósito constituinte, de molde a solver a controvérsia suscitada pelos "intérpretes oficiais". Fazendo as vezes de verdadeiro amigo da corte, ele se habilita no processo "para apresentar a sua visão da questão constitucional em testilha, oferecendo à Corte a sua interpretação, como partícipe ativo da sociedade aberta de intérpretes da Constituição"[215], o que deslegitima o veto presidencial aposto ao § 2º do art. 18 da Lei n. 9.868/99.

A participação real (e não apenas nominal) do *amicus curiae* aproxima a Corte Constitucional da realidade circunjacente, pois traz à colação as dúvidas e os problemas que as questões constitucionais suscitam no meio comunitário, as preocupações das distintas facções sociais, os valores e os interesses em disputa, bem como a repercussão negativa ou positiva que a decisão final poderá acarretar sobre a própria sociedade.

Além de familiarizar o magistrado com as perturbações que agitam o cenário social, uma mobilização deste jaez cede espaço para a criação de um fórum crítico, onde são bem-vindas quaisquer tentativas de atuar ética e persuasivamente nos bastidores forenses. Tal proceder envolve a possibilidade de expender argumentos num ou noutro sentido, de palpitar responsavelmente por memoriais escritos ou mediante sustentação oral, de postular a colmatação de lacunas normativas, de pugnar pela constitu-

---

[215] BINENBOJM, Gustavo. *A nova jurisdição constitucional brasileira*, cit., p. 158.

cionalidade de uma norma ou de advogar sua eliminação do sistema jurídico, distribuindo, se necessário, cópias de estudos e pareceres técnico-científicos.

Com isso, desperta-se o juízo da censura, revitalizando-se na consciência coletiva o sentimento constitucional, retratado por Loewenstein como aquela vontade livre e consciente de atuar como verdadeiro *ombudsman* dos intérpretes oficiais (juízes, legisladores e gestores públicos), fiscalizando sua conduta e cobrando pronta concretização dos direitos civis, políticos, sociais, econômicos e culturais, plasmados no texto constitucional, mas ainda carentes de regulamentação complementar.

Apesar do relevante papel a ser desempenhado pelo *amicus curiae*, há quem busque mitigar sua importância, sustentando levianamente que, por excesso de trabalho e escassez de tempo disponível, as manifestações escritas apresentadas por terceiros não são lidas por todos os Ministros do Supremo Tribunal Federal, possuindo reduzida influência sobre as decisões plenárias. Outros advogam a tese de que os poderes conferidos às entidades representativas são limitados e não incluem a possibilidade de promover sustentação oral ou de recorrer contra decisões desfavoráveis.

Porém, se não há autorização explícita no texto da Lei n. 9.868/99, também ali não se surpreende vedação alguma para a realização desses atos. Assim, mesmo na ausência de expresso permissivo legal, acredita-se que a atuação eficaz do *amicus curiae* envolve, além da possibilidade de deduzir memoriais escritos, a de promover sustentação oral nas sessões de julgamento. O Supremo Tribunal Federal, após esposar entendimento contrário, reviu sua posição inicial e passou a admitir tal prerrogativa (ADIn 2.777-8, SP, rel. Min. Cezar Peluso, *Informativo do STF*, n. 331). A mudança paradigmática na jurisprudência da Suprema Corte já era mais do que esperada. Deveras, de que nos adianta um amigo se nem voz ativa ele tem?

Hoje, num país de dimensões continentais como o Brasil, a manifestação oral desempenha importante papel educativo, máxime porque as sessões do Supremo Tribunal Federal são televisionadas e retransmitidas em todo o território nacional, aproximando dos debates constitucionais mesmo aqueles que residem em locais remotos. Neste vértice, são oportunas as anotações de Gustavo Binenbojm:

> Com efeito, faz parte do diálogo constitucional travado pelo Tribunal Constitucional com a sociedade a apresentação oral dos argumentos pelo requerente, requeridos e *amici curiae*, perante

a audiência da sociedade aberta de intérpretes da Constituição, de forma que o público, destinatário último da decisão, seja informado das posições e argumentos de todos os envolvidos na questão. Não faz sentido dar aos julgadores voz perante a opinião pública e limitar a participação do *amicus curiae* às peças escritas, que só serão conhecidas por aqueles que manusearem os autos do processo[216].

Por outro lado, se o *amicus curiae* pode expender argumentos orais ou escritos perante o Supremo Tribunal Federal, não há razão para interditar-lhe a faculdade de recorrer de decisões judiciais. Pode, assim, valer-se do agravo regimental contra as decisões interlocutórias do relator, bem assim de embargos declaratórios em face de acórdãos proferidos pelo colegiado. Outrossim, no âmbito do controle abstrato estadual, poderá utilizar-se de recurso especial ou extraordinário, conforme a hipótese de cabimento[217].

A nova paisagem constitucional, remodelada sob nítida inspiração democrática, acena para a construção de uma sociedade aberta e pluralista, em que o debate constitucional não seja monopólio de poucas "cabeças coroadas", mas um processo aberto à contribuição de uma variada gama de intérpretes. Pluralizar este debate é "permitir que a voz dos afetados se faça ouvir e receba a devida consideração"[218] dos órgãos competentes, resultado que se alcança com a inclusão da iniciativa popular no elenco do art. 103 da Constituição Federal, e mediante estímulos à participação mais efetiva do *amicus curiae* no âmbito do controle concentrado de constitucionalidade.

Uma das virtudes da teoria de Häberle, lecionam Gilmar Ferreira Mendes e Ives Gandra da Silva Martins, "reside na negação de um monopólio da interpretação constitucional, mesmo naqueles casos em que se confere a um órgão jurisdicional específico o monopólio da censura". Por isso, insistem, "o reconhecimento da pluralidade e da complexidade da interpretação constitucional traduz não apenas uma concretização do princípio democrático, mas também uma consequência metodológica da abertura material da Constituição"[219].

---

216 BINENBOJM, Gustavo. *A nova jurisdição constitucional brasileira*, cit., p. 161-162.

217 BINENBOJM, Gustavo. *A nova jurisdição constitucional brasileira*, cit., p. 164.

218 BINENBOJM, Gustavo. *A nova jurisdição constitucional brasileira*, cit., p. 161.

219 MENDES, Gilmar Ferreira; MARTINS, Ives Gandra da Silva. *Controle concentrado de constitucionalidade*. São Paulo: Saraiva, 2001, p. 165.

A assimilação deste novo perfil hermenêutico está diretamente ligada à implementação dos valores de que o Estado Social é tributário. Na precisa lição de Flávia Piovesan, "o desafio de uma Constituição dirigente é, em grande medida, o desafio de concretização constitucional, que envolve a tarefa de normação ou regulação e aplicação-interpretação"[220]. Interpretação que não pode restringir-se a uma plêiade de privilegiados, justamente os menos interessados em juridicizar o *Welfare State* e engendrar técnicas conducentes à efetiva fruição dos direitos sociais, econômicos e culturais.

Isto implica, de um lado, o redimensionamento das funções exercidas pelo cidadão, alçado à condição de protagonista da interpretação constitucional, e, de outro, a democratização dos debates constitucionais, inaugurando um fórum coletivo capaz de despertar o juízo da censura e de recobrar a força normativa da Constituição, com vistas a conformar a liberdade de atuação dos Poderes Públicos, censurando com rigor especial as omissões legislativas que, de qualquer modo, venham a tolher a plena efetividade das normas constitucionais.

6.4 Procedimento e competência

A ação direta de inconstitucionalidade, seja de ato normativo, seja por omissão, possui a mesma natureza. Nos dois casos manifesta-se um processo objetivo, com todas as consequências extraíveis do conceito. Por isso, salvo naquilo que for impertinente, ambas seguirão o mesmo procedimento delineado na Lei n. 9.868/99.

A ação direta de inconstitucionalidade por omissão, que será processada e julgada originariamente pelo Supremo Tribunal Federal, não está sujeita a prazos prescricionais. Releva notar, entretanto, que sem o decurso de tempo razoável para a edição dos atos regulamentares não se fará presente a omissão censurável.

No âmbito desta ação, os legitimados passivos são as autoridades ou órgãos legislativos remissos e que, em tese, seriam responsáveis pela prática do ato reclamado pela Constituição. Assim, aplicando-se analogicamente o art. 6º da Lei n. 9.868/99, o relator do processo poderá fixar um prazo de trinta dias para que tais agentes e entidades prestem as in-

[220] PIOVESAN, Flávia. *Proteção judicial contra omissões legislativas*, cit., p. 49.

formações pertinentes. Apesar de se proibir a intervenção de terceiros, já vimos que a lei faculta ao relator a admissão do *amicus curiae* em face de sua representatividade ou devido à relevância da matéria *sub judice*.

O Supremo Tribunal Federal já decidiu que a "audiência do Advogado-Geral da União, prevista no art. 103, § 3º, da CF de 1988, é necessária na ação direta de inconstitucionalidade, em tese, de norma legal, ou ato normativo (já existentes), para se manifestar sobre o ato ou texto impugnado — não, porém, na ação direta de inconstitucionalidade, por omissão, prevista no parágrafo 2º do mesmo dispositivo, pois nesta se pressupõe, exatamente, a inexistência de norma legal ou ato normativo"[221].

Tal regra é excepcionada nos casos de omissão parcial, pois em semelhante situação tem-se um ato normativo que descumpre o princípio da isonomia ou não atende satisfatoriamente uma imposição constitucional qualquer, competindo ao Advogado-Geral da União promover-lhe a defesa.

Já antecipamos que a ação direta de inconstitucionalidade por omissão não objetiva proteger um interesse subjetivo lesado ou na iminência de sê-lo. Pelo contrário, ela se limita a operar no plano abstrato-normativo, o que significa dizer que ela constitui um mecanismo de defesa da integralidade da vontade constitucional, adequado para obter "a declaração da mora do legislador, com o consequente desencadeamento, por iniciativa do próprio órgão remisso, do processo de suprimento da omissão inconstitucional"[222].

Assim, talvez por se basear na premissa de que o controle concentrado lida apenas com questões normativo-abstratas e não com questões fático-concretas, o entendimento reinante no Supremo Tribunal Federal restringe a realização de prova técnica (perícia), considerando "inadmissível a ação direta de inconstitucionalidade que envolva matéria de fato complexa e dependente de exame aprofundado"[223].

Pensamos, no entanto, que a instrução probatória e a realização de perícia podem ser indispensáveis sobretudo para a caracterização induvi-

---

[221] Questão de Ordem na ADI 23-SP, rel. Min. Sydney Sanches.

[222] CLÈVE, Clèmerson Merlin. *A fiscalização abstrata da constitucionalidade no direito brasileiro*, cit., p. 340.

[223] Brasil, Procuradoria-Geral da República, Subprocurador-Geral da República no exercício da função prevista no art. 103, § 1º, da Constituição, Parecer apresentado na ADIn 737-DF, p. 2.

dosa da omissão parcial. Neste particular, toma-se de empréstimo o exemplo de Clèmerson Merlin Clève: "Apanhe-se a hipótese de lei que fixa, nos termos do art. 7º, IV, da Constituição, o salário mínimo. Se a não edição de lei é caso de omissão inconstitucional total, a edição de lei que, de modo insuficiente, atende às necessidades definidas na normativa constitucional inaugura situação de inconstitucionalidade parcial. Numa economia estável, livre das pressões inflacionárias e não recessiva, é perfeitamente aceitável que, em certas circunstâncias, a prova técnica seja indispensável para a formação de um firme convencimento acerca da ocorrência ou não de omissão parcial"[224].

Não se admite a concessão de liminar em sede de ação direta de inconstitucionalidade por omissão, sobretudo quando a lacuna aberta resultar de inércia legislativa. De fato, se nem mesmo a decisão final pode constranger o legislador a suprir a lacuna normativa, seria ilógico supor que uma decisão provisória pudesse fazê-lo[225].

Recebida a petição inicial e decorrido o prazo das informações, serão ouvidos, sucessivamente, o Advogado-Geral da União, em caso de omissão parcial, e o Procurador-Geral da República, fixando-se o prazo de quinze dias para a manifestação de cada um (Lei n. 9.868/99, art. 8º). Aliás, importa lembrar que o Procurador-Geral da República opina em todos os feitos de competência do Supremo Tribunal Federal, inclusive naqueles em que figure como autor, por força do disposto no § 1º do art. 103 da Constituição Federal.

Vencidas todas estas fases, o relator deverá distribuir cópia do relatório final a todos os Ministros e solicitar a inclusão do processo na pauta de julgamentos, a fim de proferir decisão cujos efeitos se analisam a seguir.

6.5 Decisão e efeitos da ação direta de inconstitucionalidade por omissão

A decisão proferida em sede de controle abstrato da omissão inconstitucional assume as vestes de uma ordem judicial dirigida a outro órgão

---

[224] CLÈVE, Clèmerson Merlin. *A fiscalização abstrata da constitucionalidade no direito brasileiro*, cit., p 341.

[225] "É incompatível com o objeto mediato da referida demanda a concessão de liminar. Se nem mesmo o provimento judicial último pode implicar o afastamento da omissão, o que se dirá quanto ao exame preliminar" (ADIn 365-5).

do Estado, em geral o Poder Legislativo, a fim de que este adote as medidas necessárias para que a norma constitucional prevaleça em toda a sua pujança.

É sempre oportuno registrar que a procedência da ação direta de inconstitucionalidade produz consequências díspares, que variam segundo a natureza da providência regulamentar omitida. Assim, se a eficácia da norma constitucional estiver paralisada em face da ausência de regulamentação administrativa, o órgão competente será notificado para implementá-la dentro do prazo de trinta dias. Decorrido este prazo sem a adoção das medidas cabíveis, os agentes remissos poderão ser penalizados nas esferas administrativa e cível, bem assim na seara penal ante a caracterização dos crimes de desobediência (CP, art. 330) e prevaricação, se presente interesse pessoal (CP, art. 319).

Mas se a omissão de medidas administrativas não gera percalços maiores, o mesmo não se passa quando a providência sonegada tem natureza legislativa. Neste último caso, declarada a procedência da ação direta de inconstitucionalidade, a exortação judicial servirá apenas para atestar a mora do órgão legiferante, jamais para afastá-la. Isto porque, como tal advertência vem desacompanhada de prazo e desprovida de sanção, é forçoso reconhecer que a mera cientificação é incapaz de constranger o legislador a expedir as normas reclamadas para a exequibilidade dos preceitos constitucionais.

Tempos atrás, Michel Temer já indicara que a não demarcação de prazo implicava a impossibilidade de responsabilizar o órgão legislativo, caso este insistisse em prolongar sua inércia depois de notificado pelo Supremo Tribunal Federal: "Verifica-se que, em se tratando de órgão administrativo, o agente público encarregado da prática do ato poderá ser responsabilizado se não o praticar no prazo fixado de 30 dias. Mas, em se tratando de medidas legislativas, não havendo a Constituição Federal fixado prazo para a adoção da providência, qual a sanção para o não cumprimento da ordem judicial que declarou a inconstitucionalidade por omissão e determinou a prática da medida? Não há previsão no texto constitucional, no que a nossa Constituição reproduziu o sistema da Constituição portuguesa (...). Tudo indica que o constituinte pátrio confia no estabelecimento de mecanismos regimentais internos no Poder Legislativo, capazes de viabilizar o disposto na determinação judicial"[226].

---

[226] TEMER, Michel. *Elementos de direito constitucional*, cit., p. 52.

A preocupação demonstrada pelo citado constitucionalista se reforçou com a notícia de que a atual Constituição, na data de sua promulgação, reclamava a aprovação de duzentas e quarenta e duas normas complementares, a maioria de cunho legislativo, segundo levantamento da Consultoria-Geral da República, divulgado na edição de 9-9-1988 do jornal *Folha de S.Paulo*[227]. Assim, diante do amplo universo de regulamentação e da escassa utilidade da ação direta de inconstitucionalidade para suprir as omissões legislativas, põe-se cada vez mais em xeque a autoridade, a supremacia e a efetividade do texto constitucional.

A ingênua confiança depositada na boa vontade do legislador gerou uma ineficácia incrédula. Isto porque a declaração da inconstitucionalidade negativa, seguida de ciência ao órgão remisso para a adoção das providências necessárias, não assegura o efetivo cumprimento do preceito constitucional.

É bem verdade que a procedência da ação direta não é de todo inócua, pois declara a mora legislativa e torna límpida a responsabilidade estatal pelos danos daí advindos. Mas, abstraindo estas consequências secundárias, pouca ou nenhuma eficácia remanesce na decisão prolatada pelo Supremo Tribunal Federal, posto inexistir prazo para o adimplemento do dever constitucional de legislar.

Sabe-se que o controle de constitucionalidade tem por meta final afastar qualquer sorte de violação à Lei Fundamental, não importando se praticada por ato comissivo ou omissivo. Controlar a constitucionalidade é impedir a subsistência do comportamento inconstitucional, banindo ações e omissões que atentem contra a Constituição.

Portanto, "se na via de ação direta, cabe ao Supremo Tribunal Federal, ao declarar a inconstitucionalidade da lei ou do ato normativo, expeli-los do sistema, em se tratando de ação direta de inconstitucionalidade por omissão caberá ao Supremo, por analogia, afastar a subsistência da inconstitucionalidade por omissão, que afronta a ordem jurídica"[228]. E isto se faz suprindo as lacunas normativas que corroem a efetiva aplicação do texto constitucional. Daí por que, em vez de instituir um regime de comunicação formal, e de resto inócua, seria mais apropriado reservar ao Pretório

227 PIOVESAN, Flávia. *Proteção judicial contra omissões legislativas*, cit., p. 121.

228 PIOVESAN, Flávia. *Proteção judicial contra omissões legislativas*, cit., p. 125.

Excelso competência para expedir regulamentos provisórios com vigência assegurada, enquanto subsistisse a inércia legislativa.

Aliás, era esta a ideia originalmente defendida pelos membros da Assembleia Nacional Constituinte que se reuniu em Brasília, durante o biênio de 1987-1988, para discutir o formato do texto atual. Tanto é que só a partir do segundo substitutivo apresentado pela Comissão de Sistematização se retirou tal competência normativa do Supremo Tribunal Federal, antes prevista no art. 149, § 2º, do Projeto de Constituição.

Para José Afonso da Silva, integrante da Comissão de Notáveis, encarregada de elaborar o anteprojeto da nova Constituição Federal, a falta de bom senso do constituinte de 1988 "não impediria que a sentença que reconhecesse a omissão inconstitucional já pudesse dispor normativamente sobre a matéria até que a omissão legislativa fosse suprida"[229]. Ressalvando hipóteses em que a atuação do legislador se afigura insubstituível, Flávia Piovesan postula a extensão de poderes normativos ao Supremo Tribunal Federal para suprir as lacunas inconstitucionais da ordem jurídica, senão vejamos:

> A título de proposição, sustenta-se que mais conveniente e eficaz seria se o Supremo Tribunal Federal declarasse inconstitucional a omissão e fixasse prazo para que o legislador omisso suprisse a omissão inconstitucional, no sentido de conferir efetividade à norma constitucional. O prazo poderia corresponder ao prazo da apreciação em "regime de urgência" que, nos termos do art. 64, § 2º, do texto, é de quarenta e cinco dias. Pois bem, finalizado o prazo, sem qualquer providência adotada, poderia o próprio Supremo, a depender do caso, dispor normativamente da matéria, a título provisório, até que o legislador viesse a elaborar a norma faltante. Esta decisão normativa do Supremo Tribunal Federal, de caráter temporário, viabilizaria, desde logo, a concretização de preceito constitucional. Estariam então conciliados o princípio político da autonomia do legislador e a exigência do efetivo cumprimento das normas constitucionais.
>
> Observe-se que, nas hipóteses em que a atuação do legislador fosse absolutamente insubstituível, não caberia ao Supremo dispor normativamente. A título de exemplo, destacam-se as

---

[229] SILVA, José Afonso da. *Curso de direito constitucional positivo*, cit., p. 48.

normas de eficácia limitada do tipo institutivo (exemplos: art. 134, parágrafo único, referente à Defensoria), as normas relativas à elaboração de Códigos (art. 48 do Ato das Disposições Constitucionais Transitórias, referentes à elaboração do Código de Defesa do Consumidor), dentre outras.

Isto é, haveria que se distinguir o dever constitucional de legislar, suscetível de complementação ou suprimento, daquela exigência insuprível na via judicial, posto que requer, necessariamente, a intervenção insubstituível do legislador[230].

Mesmo partilhando da tese advogada por José Afonso da Silva e Flávia Piovesan, acredita-se que a atribuição de poderes normativos tão amplos ao Supremo Tribunal Federal só poderia advir de disposição expressa, introduzida por meio de emenda constitucional. Isto porque não se visualiza no art. 103, § 2º, da Constituição Federal, uma lacuna indesejável e contrária à ordenação constitucional, suprível mediante técnicas convencionais de integração. Pelo contrário. Tem-se aí uma hipótese de silêncio eloquente que, expressando um firme propósito do constituinte originário, só pode ser modificado por nova decisão tomada pelo constituinte derivado.

Emenda dessa natureza não fere o princípio da separação dos poderes, petrificado pelo art. 60, § 4º, III, da Constituição Federal. Das muitas razões invocáveis para justificar a assertiva, mencionam-se as seguintes: I — hoje referido princípio não apregoa um *apartheid* radical, mas impõe uma nova forma de relacionamento entre os Poderes Legislativo, Executivo e Judiciário, onde cada órgão estatal fiscaliza a atuação do outro; II — a proposta concilia os princípios da separação dos poderes e da supremacia constitucional, pois inicialmente concede ao legislador prazo razoável para adotar as providências cabíveis, limitando-se a autorizar o Supremo Tribunal Federal a expedir normas provisórias somente quando a omissão persistir após o decurso deste lapso temporal; III — assim procedendo, o Supremo não se arroga poderes legislativos, mas elimina as lacunas inconstitucionais da ordem jurídica, atuando como legítimo guardião da Constituição Federal nos exatos termos do art. 102, *caput*, do texto magno; IV — se após a Emenda Constitucional n. 45, de 8 de dezembro de 2004, atribuiu-se competência ao Supremo para aprovar súmulas vinculantes

---

230 PIOVESAN, Flávia. *Proteção judicial contra omissões legislativas*, cit., p. 127.

em relação aos demais órgãos do Judiciário e à Administração Pública em geral (CF, art. 103-A), com mais razão se justifica a extensão de poderes para garantir o efetivo cumprimento do programa constitucional paralisado em face da omissão legislativa.

Tal estratégia, como visto, foi adotada com êxito pela Constituição da Índia, de 26 de novembro de 1949, cujo art. 32, n. 2, guarneceu o Supremo Tribunal de poderes para emitir diretivas ou ordens voltadas à efetivação de direitos fundamentais. E, após mais de cinquenta anos de intenso uso desta faculdade processual, não se tem notícia de nenhum conflito irremediável entre os órgãos legislativo e judiciário. Longe disso, o que se nota é uma atuação discreta, subsidiária e complementar, mas eficaz o bastante para suprir as lacunas inconstitucionais, mediante a regulamentação provisória de certas matérias, até que seja promulgada legislação com esse propósito.

Por isso, defende-se a aprovação de emenda constitucional que dê nova redação ao § 2º do art. 103 da Constituição Federal, outorgando competência ao Supremo Tribunal Federal para, após declarar a omissão inconstitucional, fixar prazo para a adoção das medidas legislativas pertinentes e, transcorrido este lapso sem o adimplemento do dever constitucional de legislar, expedir normas provisórias vigentes até a promulgação da lei que suprirá, em definitivo, a lacuna normativa.

Como esclarece Flávia Piovesan, só estariam excluídas desse processo de concretização aquelas hipóteses em que a atuação legislativa fosse absolutamente insubstituível. Exemplificativamente, seria defeso ao Supremo Tribunal Federal, a pretexto de emprestar eficácia ao parágrafo único do art. 85 da Constituição, estabelecer provisoriamente a tipificação dos crimes de responsabilidade do Presidente da República[231], uma vez que a definição de infrações delituosas e a cominação de penas foram postas sob a imperiosa reserva de lei, por força do que dispõe o art. 5º, XXXIX, do texto constitucional[232]. Por idênticas razões, seria vedado ao Supremo fazer uso desta atribuição normativa para instituir o imposto sobre grandes

---

[231] Cuida-se de situação hipotética já que os crimes de responsabilidade do Presidente da República estão regulamentados na Lei n. 1.079/50, recepcionada pela Constituição Federal de 1988.

[232] CF, art. 5º, XXXIX: "Não há crime sem lei anterior que o defina, nem pena sem prévia cominação legal".

fortunas ou criar outra espécie de tributo, ante o princípio da estrita legalidade tributária[233].

Aliás, pela proximidade e semelhança entre os dois institutos, não seria tese absolutamente insustentável acudir às hipóteses em que se proíbe a edição de medidas provisórias para, também nestes casos, impedir o Supremo Tribunal Federal de baixar normativas temporárias. Isto porque, em ambos os casos, a tarefa de elaboração normativa seria trespassada a quem não foi regularmente investido na função legiferante, sendo precárias, excepcionais e com prazo de vigência predeterminado as normas assim produzidas. De fato, as medidas provisórias perdem sua eficácia se não forem convertidas em lei no prazo de sessenta dias, enquanto as normas baixadas pelo Supremo deveriam vigorar até a promulgação de lei específica, de acordo com a proposta encampada nesta obra. Logo, compartilhando de igual natureza, seria aconselhável que tanto as medidas provisórias decretadas pelo Presidente da República quanto as normativas temporárias editadas pelo Supremo observassem as mesmas limitações.

Finalmente, ante os argumentos deduzidos no terceiro capítulo deste livro, cumpre registrar que a chamada "reserva do possível", por si só, não constitui motivo suficiente para impedir que o Supremo Tribunal Federal, após declarar a omissão inconstitucional e tendo transcorrido *in albis* o prazo fixado para a adoção das providências legislativas, expeça normas provisórias. À evidência, quando instado a escolher entre a efetivação dos direitos fundamentais ou a proteção de um interesse secundário e financeiro do Estado, deverá o Poder Judiciário inclinar-se pela defesa dos direitos humanos plasmados na Constituição da República.

6.6 O controle da inconstitucionalidade por omissão perante a Constituição Estadual e a Lei Orgânica Municipal

A Constituição de 1988 introduziu várias inovações em matéria de controle de constitucionalidade, algumas ainda não completamente dige-

[233] "Sem prejuízo de outras garantias asseguradas ao contribuinte, é vedado à União, aos Estados, ao Distrito Federal e aos Municípios: I — exigir ou aumentar tributo sem lei que o estabeleça" (CF, art. 150, I). "Compete à União instituir impostos sobre: (...) VII — grandes fortunas nos termos de lei complementar" (CF, art. 153, VII). Ademais, no caso em questão, outro empeço poderia ser oposto, uma vez que o exercício da competência tributária é, via de regra, facultativo, e não obrigatório, inexistindo, portanto, verdadeira omissão inconstitucional.

ridas. Nos planos estadual e municipal, por exemplo, permanece em aberto a questão referente à possibilidade de se instituir a ação direta de inconstitucionalidade por omissão.

Dotado de autonomia política, o Estado-membro se rege por uma Constituição que emana de um poder especial, não incluso no rol dos poderes constituídos (Legislativo, Judiciário e Executivo), e substancialmente distinto do poder constituinte originário, porque sujeito a limites e exercido no âmbito da competência normativa que a Constituição Federal reserva aos entes estaduais. Falamos do poder constituinte decorrente, responsável pela elaboração da Constituição Estadual, dotada de rigidez e supremacia perante as demais normas estaduais e municipais, atributos que lhe são creditados pelo fato de suas regras dependerem de um processo mais rigoroso para sua alteração do que o estabelecido para a modificação das leis ordinárias.

Em virtude de tais atributos, estabelece-se uma relação de hierarquia entre a Constituição do Estado-membro e o ordenamento jurídico consequente, o que acarreta a invalidade das normas estaduais e municipais com ela incompatíveis. Destarte, em âmbito estadual, os conflitos potenciais solucionam-se com a prevalência da norma-parâmetro para a aferição da validade de outros diplomas normativos, qual seja: a Constituição Estadual.

Erigindo-se como uma das mais notáveis formas de afirmação da autonomia estadual, a instituição do controle abstrato de inconstitucionalidade positiva por parte dos Estados-membros não enfrenta maior resistência, como se infere do art. 125, § 2º, da Constituição Federal: "Cabe aos Estados a instituição de representação de inconstitucionalidade de leis ou atos normativos estaduais ou municipais em face da Constituição Estadual, vedada a atribuição da legitimação para agir a um único órgão".

Todavia, a despeito da inovação assimilada em âmbito estadual no exame da constitucionalidade dos atos normativos, cumpre registrar que a Constituição Federal deixou de instituir técnicas voltadas a sindicar a omissão de normas estaduais ou municipais reclamadas para conferir plena eficácia à Constituição do Estado-membro.

Mesmo na ausência de expressa autorização constitucional, considera-se factível a adoção de medidas deste jaez no plano estadual. Com efeito, é possível sustentar, a partir de uma interpretação histórica, sistemática e teleológica, que o constituinte de 1988 buscou dotar o Estado-membro da mais ampla competência para dispor sobre a defesa de sua própria ordem jurídica, atribuindo-lhe poderes que até mesmo o Supremo Tribunal Federal, à luz da Constituição de 1969, entendeu não possuir[234]. Recorrendo a outros elementos presentes no sistema constitucional, verifica-se que aos Estados foi cometida a tarefa de organizar sua Justiça, respeitados os princípios estabelecidos na Lei Fundamental (CF, art. 125, *caput*). Assim, observando o princípio constitucional da simetria, será lícito guarnecer o Tribunal de Justiça Estadual de competência para processar e julgar a ação de inconstitucionalidade por omissão, desde que seus efeitos sejam simétricos àqueles previstos no art. 102, § 2º, da Constituição Federal. É dizer: o Tribunal não poderá suprir a inércia legislativa com a prolação de sentença normativa, mas deverá apenas cientificar o órgão remisso para a adoção das medidas cabíveis.

De igual modo, podendo abraçar solução mais severa (invalidar um ato normativo contrário à Constituição Estadual), não vemos por que impedir o acolhimento de medida menos drástica (declarar a inconstitucionalidade por omissão, admoestando-se em seguida o órgão competente para suprir a lacuna jurídica). De fato, a primeira hipótese implica a nulificação da norma impugnada, o que, à evidência, produz uma intervenção judicial mais intensa do que a reclamada para advertir o órgão remisso.

Ademais, o simples reconhecimento da inconstitucionalidade positiva não oferece solução satisfatória para o problema da omissão parcial. De fato, sobretudo perante a chamada "exclusão de benefício incompatível com o princípio da igualdade", a cassação da norma não atende ao desígnio do constituinte, pois acaba suprimindo o benefício concedido licitamente a um determinado grupo, quando o correto seria estender a vantagem aos segmentos impedidos de fruí-lo.

Assim, por tudo o que se expôs, parece estreme de dúvida que a autorização contida na Constituição Federal para que os Estados-membros

---

[234] A Constituição de 1969 não continha autorização para os Estados-membros adotarem o controle abstrato de leis estaduais e municipais em face de suas respectivas Constituições. Apesar disso, São Paulo e Paraná instituíram técnicas voltadas à defesa das Constituições Estaduais. Analisando recursos extraordinários das decisões proferidas nessas ações diretas, "o STF rejeitou a tese de que seria lícito ao Estado-membro, na defesa de sua própria ordem jurídica, e com fundamento no princípio da autonomia federativa, criar ação direta genérica. O STF, ao repelir essa nova modalidade de ação, enfatizou que o controle jurisdicional em abstrato é excepcional e só se permite nos casos expressamente indicados na Constituição Federal" (MELLO FILHO, José Celso de. *Constituição Federal anotada*, cit., p. 345).

instituam a representação de inconstitucionalidade também abrange a disfunção omissiva. É necessário, porém, fixar algumas premissas.

Em primeiro lugar, em atenção ao princípio da simetria e considerando-se a relativa fungibilidade presente entre os dois modelos de controle, acredita-se que a legitimidade para a propositura de ação direta deverá ser atribuída aos mesmos entes, verse a inconstitucionalidade sobre ação ou omissão normativa.

Em segundo, o parâmetro-normativo que torna possível a aferição da omissão legislativa no plano estadual jamais será a Constituição Federal, mas sempre a Constituição do Estado-membro. Isto porque o "controle de constitucionalidade *in abstracto* (principalmente em países em que, como o nosso, se admite, sem restrições, o *incidenter tantum*) é de natureza excepcional, e só se permite nos casos expressamente previstos pela própria Constituição, como consectário, aliás, do princípio da harmonia e independência dos Poderes do Estado"[235]. Portanto, havendo sido outorgado ao Supremo Tribunal Federal o monopólio da guarda da Constituição Federal em sede abstrata (CF, art. 102, I, *a*, e § 1º), não se concebe exceção a tal regra. Os Tribunais de Justiça, quando apreciarem representações de inconstitucionalidade de leis estaduais ou municipais, deverão contraditá-las tão somente perante as Constituições Estaduais, sob pena de usurparem a competência exclusiva do Supremo Tribunal Federal[236]. Tal particularidade, porém, não exclui a possibilidade de impugnar as decisões proferidas pelas Cortes Estaduais, em sede de controle abstrato, mediante recurso extraordinário dirigido ao Pretório Excelso[237].

---

[235] RE 91.740-RS, rel. Min. Moreira Alves, *RTJ*, 93(1)/461-462.

[236] "Julgando o mérito de ação direta ajuizada pelo Governador do Estado do Rio Grande do Sul, o Tribunal declarou a inconstitucionalidade da expressão que atribuía competência ao Tribunal de Justiça local para processar e julgar ação direta de lei ou ato normativo municipal questionado perante a Constituição Federal, contida na alínea *d* do inciso XII do art. 95 da Constituição do mesmo Estado ('*d* — a ação direta de inconstitucionalidade de lei ou ato normativo estadual perante esta Constituição, e municipal perante esta e a Constituição Federal, inclusive por omissão'). Considerou-se que o controle concentrado de constitucionalidade no âmbito dos Estados-membros tem como parâmetro a Constituição Estadual, nos termos do § 2º do art. 125 da CF ('Cabe aos Estados a instituição de representação de inconstitucionalidade de leis ou atos normativos estaduais ou municipais em face da Constituição Estadual, vedada a atribuição da legitimação para agir a um único órgão')" (STF, Pleno, ADIn 409/RS, rel. Min. Sepúlveda Pertence, *Informativo do STF*, 20-3-2002, n. 260, p. 1).

[237] "As decisões proferidas pelos Tribunais de Justiça, em sede de controle normativo abstrato, no julgamento de ações diretas de inconstitucionalidade (CF, art. 125, § 2º), expõem-

Aderindo à perspectiva abraçada nesta dissertação, inúmeros Estados extraíram do permissivo implícito no mencionado § 2º do art. 125 da Constituição Federal autorização para encampar técnicas de controle da omissão legislativa na seara estadual. Sem pretender ser exaustivo, citam-se como exemplos as Constituições do Acre (art. 104, § 3º), Alagoas (art. 134, § 2º), Amazonas (art. 75, § 3º), Bahia (art. 134, § 4º), Ceará (art. 127, § 2º), Espírito Santo (art. 112, § 3º), Mato Grosso do Sul (art. 123, § 4º), Paraíba (art. 107), Paraná (art. 113, § 1º), Pernambuco (art. 63, § 2º), Piauí (art. 124, § 2º), Rio Grande do Norte (art. 71, § 4º), Rio Grande do Sul (art. 95, § 1º), Rio de Janeiro (art. 159, § 2º), Rondônia (art. 88, § 3º), Santa Catarina (art. 85, § 3º) e São Paulo (art. 90).

Releva notar, outrossim, que alguns dos diplomas ora mencionados estabelecem sanções mais enérgicas do que aquelas arroladas na Constituição Federal. Assim, no afã de viabilizar a concretização de suas normas, a Constituição do Estado do Piauí estipula que o não atendimento da solicitação para suprir a lacuna normativa, dentro do prazo assinalado pelo Tribunal de Justiça, configura crime de responsabilidade de quem possuía competência para editar a norma e não o fez.

Mais tormentoso é o debate sobre a técnica adequada para suplantar as antinomias entre a Lei Orgânica Municipal e toda a consequente produção legislativa. A resistência assenta-se em dois motivos principais: I — autores como IVES GANDRA MARTINS e CELSO RIBEIRO BASTOS sustentam que "não pode haver ação de inconstitucionalidade por lesão à lei orgânica do município, uma vez que, nada obstante a simetria de que ela desfruta com as Constituições Estaduais e Federal, a sua natureza é de lei e não de Constituição"[238]; II — "sobre o controle das leis municipais em relação à

-se à possibilidade de impugnação, mediante recurso extraordinário, perante o Supremo Tribunal Federal. Esta Corte, ao apreciar tal específica questão — após acentuar que a admissibilidade de ação direta perante o Tribunal de Justiça, em cujo âmbito se impugne lei municipal, sob alegação de ofensa a normas constitucionais estaduais 'que reproduzem dispositivos constitucionais federais de observância obrigatória pelos Estados' —, deixou assentado, na matéria, o pleno cabimento de recurso extraordinário, se a interpretação dada pelo Tribunal de Justiça à regra inscrita na Carta estadual, 'que reproduz a norma constitucional federal de observância obrigatória pelos Estados', contrariar o sentido e o alcance da Constituição da República" (*RTJ*, 147/4004, rel. p/ acórdão Min. Moreira Alves, *Informativo do STF*, n. 125).

238 BASTOS, Celso Ribeiro; MARTINS, Ives Gandra. *Comentários à Constituição do Brasil*, cit., v. 4, t. 3, p. 512.

lei orgânica nada se encontra na Constituição Federal e tampouco em qualquer das Constituições estaduais"[239].

Mas as objeções apontadas não escondem a supremacia da Lei Orgânica perante outras normas municipais, atributo que decorre do processo mais dificultoso reclamado para sua elaboração (aprovação por 2/3 dos membros da Câmara Municipal, em dois turnos de votação — CF, art. 29). Parece-nos, entretanto, que sua prevalência só pode ser assegurada por meio do controle incidental. É que, inexistindo nos Municípios um Judiciário próprio, "não se poderia cogitar da atribuição de competência a qualquer órgão municipal para exercer tal controle"[240].

Lembre-se de que compete privativamente à União legislar sobre direito processual civil. Quando muito, a regulamentação de questões referentes à sobredita matéria poderia ser delegada aos Estados-membros por meio de lei complementar, mas jamais aos Municípios (CF, art. 22, I, e respectivo parágrafo único). De mais a mais, a instituição do controle jurisdicional concentrado sobre ações ou omissões normativas não foi incluída no rol de competências do art. 30 da Lei Fundamental. Portanto, é vedado à Lei Orgânica Municipal entronizar mecanismos voltados a sindicar a omissão legislativa *in abstracto*.

Tal não impede que, na via difusa, se proceda à invalidação da norma municipal contrária à Lei Orgânica, bem como se aduza a omissão de medida reclamada para torná-la exequível, como pressuposto da responsabilidade civil do Município pelos danos daí resultantes.

---

[239] TAVARES, André Ramos. *Curso de direito constitucional.* 2. ed. São Paulo: Saraiva, 2003, p. 354.

[240] TAVARES, André Ramos. *Curso de direito constitucional.* 2. ed., cit., p. 355.

7 Mandado de injunção

Isaac Newton provou em física que toda ação provoca uma reação de igual intensidade em sentido contrário. Pois bem, o histórico de promessas irrealizáveis e de ilusões constitucionais, por vezes seguidas de um longo período de frustrações, também gerou uma ampla reação nacional em busca de efetividade, emancipação política e afirmação dos direitos humanos.

Durante os trabalhos da Assembleia Nacional Constituinte, instalada em Brasília no biênio de 1987-1988, muito se discutiu sobre a eficácia das normas constitucionais. Buscava-se, àquela altura, uma fórmula capaz não apenas de preencher as lacunas da ordem jurídica, mas também de viabilizar o exercício imediato de direitos constitucionais dependentes de regulamentação legislativa.

Originária deste movimento, a Constituição de 1988 assume singular projeção na marcha pela maior efetividade possível, uma vez que, ao lado do controle abstrato da omissão inconstitucional, acresce um novo remédio de caráter concreto e preordenado à tutela de direitos demandantes de regulamentação normativa, nos precisos termos do art. 5º, LXXI, da Lei Fundamental: "Conceder-se-á mandado de injunção sempre que a falta de norma regulamentadora torne inviável o exercício de direitos e liberdades constitucionais e das prerrogativas inerentes à nacionalidade, à soberania e à cidadania".

Cuida-se, à evidência, de uma garantia inédita que pressupõe a existência de um nexo de causalidade entre a omissão normativa e a inviabilização do direito, da liberdade ou da prerrogativa constitucional. Porém, antes de esmiuçar os pressupostos reclamados ao manejo da injunção, convém analisar sua origem e sua natureza à luz de similares garantias existentes no direito comparado.

7.1 Origem, semelhanças e dessemelhanças

Desde logo, saliente-se não haver consenso na doutrina sobre a origem do mandado de injunção. Aliás, o próprio vocábulo "injunção" não é de uso corrente entre nós, pois não guarda antecedente legislativo, doutrinário ou jurisprudencial no direito brasileiro.

Para José Afonso da Silva, Francisco Antônio de Oliveira e Celso Agrícola Barbi, a fonte mais próxima da nova garantia é o *writ of injunction* do direito norte-americano, que desempenha um grande papel, seja no âmbito das lides particulares, para as quais foi originariamente criado, seja em questões constitucionais, às quais se estendeu com o decorrer do tempo.

Nos Estados Unidos, o *writ of injunction* reveste duas formas distintas: a *prohibitory injunction*, para vedar a prática de ato contrário ao direito, e a *mandatory injunction*, para ordenar a prática de ato cuja omissão também viola direito. Em ambos os casos, "o descumprimento da ordem de *injunction* pela negativa de obedecê-la, pela autoridade pública ou pelo particular, constitui *contempt of Court*, isto é, desacato à Corte, sancionado com prisão decretada em forma sumaríssima pelo Tribunal"[241].

Em sentido contrário, J. M. Othon Sidou questiona não apenas a origem, mas também a designação aposta à nova garantia constitucional. Lembra o mencionado autor que, nos países anglo-saxônicos, a palavra injunção significa ordem proibitiva ou interdição, bem ao oposto da destinação atribuída pelo constituinte, que persegue a inércia e não a atividade estatal[242].

Othon Sidou diferencia o *writ of injunction*, destinado a impedir a execução de algum ato ilegal ou contrário ao direito, do *mandamus* norte-americano, voltado a compelir alguém a executar um dever jurídico para cujo exercício inexista regulamentação legal. E, após recordar que o direito argentino traduziu o *mandamus* como *mandamiento de ejecucción* e a *injunction* como *mandamiento de prohibición*, evoca a autoridade de Adhemar Ferreira Maciel para dizer: "O novel instituto, de *writ of injunction* só tem o nome"[243].

---

241 BARBI, Celso Agrícola. Mandado de Injunção, *RT*, 637:9.

242 SIDOU, J. M. Othon. *"Habeas corpus", mandado de segurança, mandado de injunção, "habeas data" e ação popular:* as garantias ativas dos direitos coletivos. 6. ed. Rio de Janeiro: Forense, 2002, p. 268.

243 SIDOU, J. M. Othon. *"Habeas corpus", mandado de segurança, mandado de injunção*, cit., p. 270.

Há aqueles que entreveem no *Verfasungsbeschwerde* do direito alemão a origem do nosso mandado de injunção[244]. Tal recurso, previsto no art. 93 da Lei Fundamental de Bonn, pode ser interposto por qualquer cidadão, perante a Corte Constitucional, sob a alegação de ter sido lesado no exercício de direitos fundamentais, por ação ou omissão do Poder Público. Portanto, ao apreciar o *Verfasungsbeschwerde*, o Tribunal poderá declarar a mora legislativa e proferir uma solução congruente até que, no futuro, seja editada em definitivo a norma regulamentadora pelo órgão competente.

Em que pesem as considerações expostas numa ou noutra direção, parece induvidoso que o mandado de injunção guarda peculiaridades que permitem apartá-lo de outros institutos, ainda que porte características comuns a todos ou a alguns deles. Por isso, filiamo-nos à corrente encabeçada por Flávia Piovesan, para quem, "nos moldes em que é concebido, o mandado de injunção não encontra similar no direito alienígena"[245], cuidando-se de genuína inovação nacional.

7.2 Requisitos constitucionais

Seguindo os passos da ação direta de inconstitucionalidade por omissão, o mandado de injunção será impetrado quando o Poder Público não observar os afazeres normativos arrolados no texto constitucional, uma vez que ambos se dirigem à busca da máxima efetividade.

Mas, apesar dessa aparente semelhança, as duas ações cumprem objetivos diversos. Enquanto a ação direta constitui instrumento de controle abstrato da omissão inconstitucional, o mandado de injunção opera concretamente no espaço demarcado por uma relação de causa e efeito. É dizer, "a uma causa — a falta de norma regulamentadora — a ordem jurídica atribui uma consequência — a inviabilidade do exercício de direitos e liberdades constitucionais e das prerrogativas inerentes à nacionalidade, à soberania e à cidadania"[246].

---

244 MACIEL, Adhemar Ferreira. Mandado de injunção e inconstitucionalidade por omissão. *Revista de Informação Legislativa*, n. 101, Brasília, p. 133, jan./mar. 1989. TUCCI, Rogério Lauria; TUCCI, José Rogério Cruz e. *Constituição de 1988 e processo*. São Paulo: Saraiva, 1989, p. 151.

245 PIOVESAN, Flávia. *Proteção judicial contra omissões legislativas*, cit., p. 178.

246 PIOVESAN, Flávia. *Proteção judicial contra omissões legislativas*, cit., p. 134.

Esse binômio causa-efeito, ou melhor, a caracterização desse nexo de causalidade é determinante para a concessão da injunção. Ausente qualquer dos requisitos listados, descabe o mandado de injunção, como já assentou o Pretório Excelso: "(...) a situação de lacuna técnica — que se traduz na existência de um nexo causal entre o *vacum juris* e a impossibilidade do exercício dos direitos e liberdades constitucionais e das prerrogativas inerentes à nacionalidade, à soberania e à cidadania — constitui requisito necessário que condiciona a própria impetrabilidade desse novo remédio instituído pela Constituição de 1988"[247].

Impende, portanto, analisar os elementos componentes desta relação de causalidade, até porque parte da doutrina tende a reduzir consideravelmente o alcance das expressões enunciadas no art. 5º, LXXI, da Constituição Federal.

De início, cumpre notar que o texto constitucional alude à omissão de "norma regulamentadora", que corresponde a um horizonte conceitual bem mais amplo do que a omissão de "norma legislativa". Portanto, a norma faltante pode ser de natureza legislativa ou administrativa, material ou processual, sendo relevante apenas o fato de que sua ausência obsta a fruição de um direito constitucionalmente assegurado. De igual forma, avaliamos possível a impetração do mandado de injunção não apenas perante casos de omissão total, mas também diante de omissão parcial, especialmente quando a deficiência normativa vulnerar o princípio da igualdade.

Todavia, mesmo esta compreensão *lato sensu* não autoriza a incluir no âmbito de controle da ação injuncional a omissão de atos administrativos materiais e concretos. Assim, dissentimos de Flávia Piovesan quando sustenta que o conceito de norma regulamentadora abarcaria "não apenas a edição de normas, mas a produção de ato administrativo e ato material"[248].

Neste particular, a nosso ver com acerto, Carlos Ari Sundfeld destaca: "(...) há direitos, derivados de normas constitucionais de eficácia plena, cuja fruição requer prévia providência material de outrem (o sujeito passivo do direito), normalmente o Poder Público. Ex.: o direito de acesso à escola (art. 128, § 1º) e o direito de acesso às ações e serviços para promoção, proteção e recuperação da saúde (art. 196) dependem da existência de escolas e

[247] *RT*, 659/213.

[248] PIOVESAN, Flávia. *Proteção judicial contra omissões legislativas*, cit., p. 136.

hospitais, de professores e médicos, de material didático e medicamentos. Se alguém não obtém vaga em hospital ou escola, não é por falta de norma regulamentando tais serviços, mas por falta de providências materiais necessárias ao seu oferecimento (destinação de verbas, licitação, contratação, concurso público). Essa falta de providências materiais não é suprível por mandado de injunção, que se destina a suprir ausência de norma regulamentadora do direito, não de atos administrativos concretos (que não são regulamentadores). Contudo, tais direitos (acesso à escola e à saúde) são exigíveis, porque as normas que os definem têm aplicação imediata (art. 5º, parágrafo primeiro). Então, por meio de ações comuns pode-se obter a condenação do Estado à prática de atos necessários ao oferecimento de tais serviços (obrigação de fazer) ou ao ressarcimento (para pagar a utilização de serviços privados, na falta dos públicos)"[249].

Fácil notar, portanto, que os direitos previstos em normas constitucionais autoaplicáveis ou em normas de eficácia limitada já regulamentadas não desafiam mandado de injunção. Quando não satisfeitos, podem ser reclamados por meio de mandado de segurança ou ação congênere, porquanto já decidiu o Supremo Tribunal Federal que "se a omissão do legislador inexiste, o caso não é de injunção, mas sim de mandado de segurança"[250].

De igual modo, a ação injuncional só é manejável para assegurar a fruição de direitos, liberdades e prerrogativas previstos na Constituição. Assim, descabe mandado de injunção fundado na alegação de falta de norma regulamentadora a tornar viável o exercício de direitos previstos em lei complementar ou qualquer outra norma de escalão inferior[251].

---

[249] SUNDFELD, Carlos Ari. Mandado de Injunção. *Revista de Direito Público*, n. 94, p. 146.

[250] MI 182-1, *DJ*, 22-3-1991, *RSTF*-Lex, n. 148, abr. 1991, p. 87.

[251] Em sentido aparentemente contrário, destaca-se decisão relatada pelo ex-desembargador do Tribunal de Justiça do Rio de Janeiro, José Carlos Barbosa Moreira: "É admissível mandado de injunção seja qual for o texto constitucional, federal ou estadual, que proveja o direito cujo exercício depende de norma regulamentadora ainda não editada — Não conflita com a Carta da República a disposição do art. 84, parágrafo único, da Constituição do Estado do Rio de Janeiro, que trata de licença sindical para os servidores públicos civis eleitos para cargos de direção em federações ou sindicatos da categoria, durante o exercício do mandato — A servidores nessa situação reconhece-se o direito, até a entrada em vigor da lei regulamentadora, ao gozo de licença não remunerada, determinando-se à autoridade impetrada que os afaste de suas funções, sem prejuízo dos direitos e vantagens à carreira" (MI 6/90, julgado em 22-2-1991, 4º Grupo de Câmaras Cíveis, TJRJ).

Polêmico, entretanto, é o manejo do mandado de injunção na hipótese em que a norma regulamentadora se afigura inconstitucional. Equiparando a inconstitucionalidade da norma à inexistência de regulamentação, Flávia Piovesan considera lícito impetrar a ação injuncional para arguir incidentalmente o vício de inconstitucionalidade e, por conseguinte, a ausência de regulamentação[252].

No mesmo toar, em dissertação de mestrado submetida à Pontifícia Universidade Católica de São Paulo, Maria Cecília Paiva Cury defende o cabimento do mandado de injunção na hipótese em tela com fulcro no princípio da máxima efetividade das normas constitucionais, na inafastabilidade da tutela jurisdicional e na aplicabilidade imediata dos direitos e garantias fundamentais[253].

Discordamos dessa posição, pois o intérprete deve visualizar a norma em quatro planos distintos: a) existência; b) validade; c) eficácia; d) efetividade. Bem se vê que inexistência não é sinônimo de invalidade. Como restou assentado no Capítulo 2 desta obra, ausente ou inexistente é o ato que não chegou a nascer por falta de elementos essenciais. A questão da inexistência é, sempre e sempre, uma questão prévia ao exame da validade normativa. Como o processo legislativo se fraciona em múltiplas fases, só a partir da promulgação a lei ganhará existência jurídica. Mas, se antes desta etapa final a lei simplesmente não existia, após a promulgação ela passará a existir, embora possa ser constitucional ou inconstitucional.

Portanto, estabelecida a distinção entre os planos da existência e da validade normativa, não parece correto valer-se do mandado de injunção para assegurar o exercício de direitos já regulamentados por lei que se reputa inconstitucional, porquanto referida ação, *ex vi* do que dispõe o inciso LXXI do art. 5º do texto magno, só é cabível quando a ausência de norma regulamentadora — e não sua virtual invalidade — inviabilizar a fruição de direitos, liberdades e prerrogativas constitucionais. Admitir o contrário equivaleria a converter o mandado de injunção em verdadeira

---

252 PIOVESAN, Flávia. *Proteção judicial contra omissões legislativas*, cit., p. 137. No mesmo sentido: CARRAZZA, Roque Antonio (*Curso de direito constitucional tributário*. São Paulo: Malheiros, 2000, p. 293-302). MACHADO, Carlos Augusto Alcântara (*Mandado de injunção, um instrumento de efetividade da Constituição*. São Paulo: Atlas, 1999, p. 76).

253 CURY, Maria Cecília Paiva. *O mandado de injunção como instrumento de controle da omissão parcial*: a busca pela maior efetividade das normas constitucionais. Dissertação de Mestrado submetida à Pontifícia Universidade Católica de São Paulo, 2005, p. 133.

ação direta de inconstitucionalidade de lei ou ato normativo, como já afirmou o Supremo Tribunal Federal: "Não é o mandado de injunção a sede adequada para controle de constitucionalidade, sequer *incidenter tantum*. Até porque, sendo a ausência de norma seu pressuposto maior, nem mesmo se pode cogitar dessa indagação"[254].

Embora costumeiramente se afirme que "a salvaguarda da Constituição é o primeiro dos deveres de cidadania"[255], não se pode esposar soluções que não guardem um mínimo de lastro ou respaldo textual no enunciado normativo.

Somos partidários da plena efetivação das normas constitucionais de índole socioeconômica, mas o mandado de injunção não é nem pode alimentar a pretensão de ser uma panaceia para todos os males. Ao seu lado postam-se outros remédios igualmente eficazes para conferir plena operatividade às disposições constitucionais.

Daí não ser lícito também invocar o princípio do amplo acesso ao Poder Judiciário para dilargar o campo de abrangência do mandado de injunção, uma vez que outros recursos igualmente idôneos se apresentam para corrigir as disfunções normativas que, de qualquer modo, excepcionem a aplicação imediata dos direitos fundamentais. É dizer, sobre guardar correspondência com o enunciado textual do inciso LXXI do art. 5º da Constituição Federal, a interpretação quiçá mais restritiva que ora se defende não exclui da apreciação jurisdicional qualquer sorte de lesão ou ameaça à plena realização do desígnio constitucional.

Dissipadas as dúvidas atinentes ao primeiro termo da relação de causalidade subjacente ao mandado de injunção, é hora de investigar o objeto tutelado pela nova garantia constitucional.

No que concerne a este assunto, que já rendeu discussões homéricas, três correntes disputam espaço na doutrina. A primeira sustenta que a parte final do art. 5º, LXXI, da Constituição Federal, ao mencionar prer-

---

[254] STF, *RTJ*, 131/963, rel. Min. Celso de Mello. Cf. também: "Não cabe mandado de injunção para, sob color de reclamar a edição de norma regulamentadora de dispositivo constitucional (art. 39, § 1º, da CF), pretender-se a alteração de lei já existente, supostamente incompatível com a Constituição" (STF, *RTJ*, 155/3, MI 79-DF, rel. Min. Octavio Gallotti). E ainda: "Impossível é pretender transformar o mandado de injunção em ação direta de inconstitucionalidade" (STF, *DJU*, 5-6-1992, p. 5951, MI 314-9-DF, rel. Min. Marco Aurélio de Mello).

[255] BONAVIDES, Paulo. A salvaguarda da democracia constitucional. In: *Constituição e democracia*, Antônio G. Moreira Maués (org.). São Paulo: Max Limonad, 2001, p. 245.

rogativas "inerentes à nacionalidade, à soberania e à cidadania", reduziu o alcance da expressão "direitos e liberdades constitucionais". A segunda circunscreve o objeto do remédio constitucional à tutela dos direitos e garantias fundamentais previstos no Título II da Lei Maior. Por fim, a terceira e última corrente sustenta que o campo de atuação do mandado de injunção é bem mais amplo, correspondendo-lhe todo direito e liberdade constitucional, não importando a sua natureza ou localização topográfica, assim como as prerrogativas, estas sim, desde que inerentes à nacionalidade, à cidadania e à soberania popular.

De pronto, em homenagem ao princípio da efetividade, segundo o qual a uma norma constitucional deve ser atribuído o sentido que maior eficácia lhe dê, as duas primeiras correntes doutrinárias hão de ser afastadas, por restringirem demasiadamente o alcance da mencionada garantia constitucional. É dizer: não importa tanto o conteúdo do direito sonegado, pois o *writ* é sempre cabível quando o seu exercício for tolhido pela ausência de norma regulamentadora.

O próprio método gramatical de interpretação chancela tal entendimento, uma vez que a conjunção aditiva "e", utilizada no dispositivo em exame, não restringe o alcance dos direitos e das liberdades constitucionais, mas a eles agrega um terceiro elemento, qual seja: as prerrogativas ligadas à soberania, à nacionalidade e à cidadania.

Portanto, nos termos do mencionado art. 5º, LXXI, o mandado de injunção presta-se a viabilizar o exercício de: a) todo e qualquer direito constitucional não regulamentado; b) toda e qualquer liberdade constitucional não regulamentada; c) as prerrogativas constitucionais inerentes à nacionalidade, à cidadania e à soberania, desde que não regulamentadas.

Parece oportuno abrir um parêntese para abordar a prerrogativa inerente à soberania, porquanto de compreensão menos evidente. Por óbvio, o constituinte não se referiu à soberania como atributo do Estado. Pelo contrário, teve em mente a chamada soberania popular segundo a qual todo poder emana do povo, que o exerce por meio de representantes eleitos ou diretamente nos termos da Constituição.

Aliás, o primeiro substitutivo ao anteprojeto de Constituição que brotou no seio da Comissão de Sistematização evidenciava literalmente tal particularidade no art. 37, cuja redação se transcreve: "Conceder-se-á mandado de injunção, observado o rito processual do mandado de segurança, sempre que a falta de norma regulamentadora torne inviável o exercício dos direitos e liberdades constitucionais e as prerrogativas inerentes à nacionalidade, *à soberania do povo* e à cidadania" (grifamos).

Uma linha quase imperceptível demarca a fronteira entre as prerrogativas referentes à cidadania e à soberania popular. Tanto é que para alguns autores tais expressões são sinônimas. Embora não se compartilhe deste entendimento, certo é que vez por outra o exercício destas prerrogativas será obrigatoriamente conjunto.

Pode-se ilustrar o quadro recorrendo-se ao que dispõe o art. 15, III, da Constituição Federal: "É vedada a cassação de direitos políticos, cuja perda ou suspensão só se dará nos casos de: (...) III — condenação criminal transitada em julgado, enquanto durarem os seus efeitos".

Perante o mencionado dispositivo é comum indagar: O preso pode votar e concorrer a cargo eletivo? A resposta a tal sorte de questionamento é condicionada pelo conceito que se tem de "preso". Se com este termo pretende-se fazer menção ao universo de presidiários já condenados por sentença transitada em julgado, então a resposta será negativa, i.e., eles não poderão votar ou concorrer a qualquer cargo eletivo enquanto estiverem cumprindo a pena imposta pelo juiz. Porém, se a palavra é utilizada noutro contexto para abranger os presos civis (depositários infiéis ou alimentantes inadimplentes), os presos em flagrante delito, os presos preventivos ou os presos temporários, não condenados por sentença criminal transitada em julgado[256], é forçoso reconhecer que a reclusão car-

---

[256] Cumpre destacar, neste vértice, que a "Lei da Ficha Limpa" (LC n. 135/2010) introduziu significativas mudanças no cenário jurídico. Hoje, enquanto não sobrevier o trânsito em julgado da sentença penal condenatória, nenhuma limitação recairá sobre os direitos políticos ativos do preso provisório, que abrangem a participação em referendo e plebiscito, a propositura de ação popular e a subscrição de projeto de lei de iniciativa popular. Porém, a mesma solução não se aplica à capacidade eleitoral passiva, pois a "Lei da Ficha Limpa" passou a aplicar a inelegibilidade não apenas aos condenados por decisão penal transitada em julgado, mas também àqueles atingidos por condenações criminais recorríveis proferidas por órgãos colegiados. Assim, no tocante à elegibilidade do preso provisório, pode-se afirmar: 1) não possuindo nenhuma sentença penal condenatória, posto resultar a segregação da liberdade de mera cognição sumária ou abreviada tomada no início ou no curso do processo que tramita em 1ª instância, poderá o preso provisório candidatar-se a cargo eletivo; 2) ainda que ostente condenação criminal, proferida contudo por órgão singular de 1º grau de jurisdição e não por órgão colegiado (turmas, seções ou órgãos especiais dos tribunais), poderá, mesmo assim, o preso provisório disputar mandato eletivo; 3) estando condenado por decisão criminal recorrível emanada de órgão colegiado, não poderá se candidatar a nenhum cargo para as eleições que se realizarem desde a condenação até o transcurso de 8 anos após o cumprimento da pena;

cerária não pode impedir o exercício dos direitos políticos ativos e passivos em sua integralidade. Por outras palavras, uma parcela da massa carcerária continua em pleno uso e gozo de seus direitos políticos, podendo votar, propor ação popular, subscrever projeto de iniciativa popular e até mesmo disputar eleições desde observados os novos parâmetros fixados pela Lei Complementar n. 135/2010 (Lei da Ficha Limpa).

Mas o sistema penitenciário brasileiro longe está da perfeição. Além do problema da superlotação, é frequente alojar-se num mesmo presídio, às vezes até na mesma cela, "presos definitivos" e "presos temporários". Some-se a isto a escassez de recursos humanos e financeiros, as relações promíscuas que, às vezes, se estabelecem entre guardas e detentos, as falhas da Lei de Execução Penal, bem como a falta de vontade política, e vislumbraremos o real estado do nosso sistema penitenciário: caótico e desolador. Perante este cenário, parece até dispensável dizer que as delegacias e os presídios brasileiros não costumam abrigar seções eleitorais ou urnas eletrônicas, o que atenta contra a soberania e a cidadania do preso em regime provisório.

Isto ocorre porque a leitura do inciso III do art. 15 do texto magno permite divisar uma norma constitucional implícita, com eficácia limitada, que demanda regulamentação legislativa e disponibilização de recursos materiais para surtir os efeitos esperados. É dizer, o preso temporário só poderá exercer o direito de voto quando a União vier a regulamentá-lo (CF, art. 22, I), de modo que estabeleça o número de seções, urnas e fiscais que os presídios e as delegacias de polícia deverão abrigar. Mas, como o mandado de injunção tem efeitos concretos e visa assegurar o pleno exercício de direitos, liberdades ou prerrogativas constitucionais, inclusive aquelas inerentes à soberania popular e à cidadania, torna-se lícito ao preso, ainda não definitivamente condenado por sentença transitada em julgado, valer-se do instituto para assegurar o direito ao sufrágio eleitoral se, em face da ausência de regulamentação legislativa, não forem instaladas urnas eletrônicas em presídios e estabelecimentos congêneres.

---

4) sendo atingido por sentença penal condenatória transitada em julgado, também não poderá se candidatar nas eleições que se realizarem dentro deste período. Ressalva-se, porém, a possibilidade de o condenado por sentença recorrível de órgão colegiado valer-se dos recursos cabíveis para buscar sua absolvição junto às cortes superiores, resgatando sua capacidade eleitoral passiva. Entendimento idêntico aplica-se ao apenado que, em sede de revisão criminal, consegue desconstituir o édito condenatório que já havia passado em julgado.

É de notar, contudo, que o manejo da injunção no caso em apreço dará guarida tanto à cidadania, por possibilitar a participação do homem comum nas decisões políticas fundamentais, quanto à soberania popular, por viabilizar a escolha de representantes que expressarão indiretamente a vontade de todo povo brasileiro, até mesmo daquele contingente segregado do convívio social. Por aí se observa quão difícil é separar a cidadania da soberania popular, uma vez que ambas traduzem ideias vagas, abertas à construção interpretativa e que, não raro, se sobrepõem.

O que importa assinalar, no entanto, é que o mandado de injunção pressupõe a existência de um nexo de causalidade entre a omissão normativa e a inviabilização de direitos e liberdades constitucionais e, ainda, das prerrogativas ligadas à nacionalidade, à soberania popular e à cidadania.

7.3 Legitimidade ativa e passiva

O mandado de injunção pode ser impetrado por qualquer pessoa física ou jurídica, nacional ou estrangeira, desde que titular de direitos, liberdades ou prerrogativas constitucionais tolhidos por ausência de regulamentação.

Curiosa é a situação do estrangeiro e do apátrida, os quais dificilmente conseguirão manejá-lo para viabilizar o exercício de prerrogativas jungidas à cidadania, à soberania popular e à nacionalidade. De fato, sendo a nacionalidade um vínculo que se estabelece entre um indivíduo e o Estado brasileiro, e a cidadania um *plus* em relação à nacionalidade por agregar-lhe o exercício de direitos civis e políticos, afigura-se remota a possibilidade de estrangeiros ou apátridas impetrarem mandado de injunção em prol das mencionadas prerrogativas. O mesmo parece ocorrer com a soberania popular, posto tratar-se de noção abstrata e muito próxima da ideia de cidadania. Logo, a hipótese mais factível é a de que estrangeiros e apátridas recorram à injunção para viabilizar o exercício de direitos e liberdades constitucionais, e não das mencionadas prerrogativas.

Embora, em sua dicção literal, o art. 5º, *caput*, da Constituição Federal estenda os direitos previstos nos seus incisos apenas aos estrangeiros residentes no Brasil, é inegável que o alcance da norma transcende o seu enunciado textual, agraciando tanto o apátrida quanto o estrangeiro não residente em nosso território.

Isso ocorre porque os direitos e garantias fundamentais têm um forte sentido de proteção do gênero humano, diante do qual especificações grupais, étnicas ou raciais têm importância secundária. Ademais, a parte final do *caput* do art. 5º adverte que a proteção constitucional, inclusive quanto às omissões normativas, materializa-se "sem distinção de qualquer natureza". Assim, com fulcro na interpretação sistemática e teleológica, não é errôneo dizer que os direitos fundamentais destinam-se a todos os indivíduos, sejam eles brasileiros, estrangeiros ou apátridas, residam ou não em nosso país. Excetuam-se apenas aqueles casos em que o vínculo de nacionalidade foi guindado pelo próprio constituinte à condição de requisito indispensável para o exercício de certas atividades, cargos ou direitos políticos (CF, arts. 12, § 3º, 14, § 3º, I, 104, parágrafo único, etc.). Logo, à vista disso, nada obsta que um turista estrangeiro, impedido de usufruir de um direito constitucional por ausência de regulamentação, valha-se do mandado de injunção para tentar viabilizá-lo.

No julgamento do Mandado de Injunção n. 361-1-RJ[257], o Supremo Tribunal Federal passou a admitir acertadamente a impetração coletiva por sindicatos, entidades de classe ou associações, em defesa de direitos dos respectivos membros ou associados, aplicando analogicamente o disposto no art. 5º, LXX, da Constituição Federal.

Se a própria Constituição esclarece que as entidades associativas e os sindicatos estão habilitados a representar os interesses de seus filiados judicial ou extrajudicialmente (CF, arts. 5º, XXI, e 8º, III), não parece lógico interditar o ajuizamento do mandado de injunção coletivo que, dentre outros méritos, evita o acúmulo de demandas idênticas e impede a prolação de sentenças contraditórias.

É preciso, porém, alguma cautela. Sustenta-se aqui o cabimento do mandado de injunção para a tutela de direito coletivo, mas não difuso, pois como diz Flávia Piovesan: "Caso se admitisse a tutela também de direito difuso, o instrumento do mandado de injunção estaria, até certo ponto, a se confundir com o instrumento da ação direta de inconstitucionalidade por omissão. Isto é, caberia, em julgamento de mandado de injunção, a elaboração da norma regulamentadora geral e abstrata. O

[257] "Mandado de injunção coletivo. Admissibilidade, por aplicação analógica do art. 5º, LXX, da Constituição da República. Legitimidade, no caso, de entidade sindical de pequenas e médias empresas, as quais, notoriamente dependentes de crédito bancário, têm interesse comum na eficácia do art. 192, § 3º, da Constituição, que fixou limites aos juros reais" (MI 361-1, *DJ*, Seção I, 17-6-1994, p. 15707).

mandado de injunção deixaria de constituir instrumento de defesa de direito subjetivo, voltado a viabilizar o exercício de direitos e liberdades constitucionais, para se transformar em instrumento de tutela de direito objetivo, permitindo a eliminação de lacunas do sistema jurídico--constitucional"[258].

Nessa perspectiva, parece incorrer em manifesta inconstitucionalidade o art. 6º, VIII, da Lei Complementar n. 75/93, ao atribuir ao Ministério Público da União competência para impetrar "mandado de injunção sempre que a falta de norma regulamentadora torne inviável o exercício dos direitos e liberdades constitucionais e das prerrogativas inerentes à nacionalidade, à soberania e à cidadania, quando difusos os interesses a serem protegidos".

Possibilitar a regulamentação judicial com eficácia *erga omnes* de interesses difusos que são, por sua própria natureza, indivisíveis e titularizados por um contingente indeterminado de pessoas, equivaleria a romper todas as fronteiras da doutrina da separação de poderes, não importa se mais ou menos elásticas, para investir o Judiciário em poderes normativos de alcance geral, libertando-o das amarras que o prendem à edição de normas voltadas a dirimir controvérsias individuais ou grupais. Importaria, em suma, converter as cortes judiciais em verdadeiras casas legiferantes. Daí a necessidade de se limitar a atuação do Ministério Público para que, na condição de substituto processual, só possa impetrar mandados de injunção tendentes a viabilizar direitos coletivos ou individuais homogêneos, mas nunca difusos.

Quanto à legitimidade passiva *ad causam* também se manifesta relevante controvérsia doutrinária e jurisprudencial. De acordo com o Supremo Tribunal Federal, devem figurar no polo passivo do mandado de injunção os órgãos competentes para elaborar a norma regulamentadora do direito, liberdade ou prerrogativa constitucional sonegados, pois somente a eles seria imputável o dever jurídico de emanação de provimentos normativos.

Assim, os particulares não poderiam integrar a ação injuncional, uma vez que não lhes compete o dever de editar as normas reclamadas para viabilizar o exercício do direito vindicado pelo impetrante. ALEXANDRE DE

---

[258] PIOVESAN, Flávia. *Proteção judicial contra omissões legislativas*, cit., p. 144.

Moraes[259], Clèmerson Merlin Clève[260] e André Ramos Tavares[261] compartilham tal entendimento.

De nossa parte, na contramão da jurisprudência do Supremo Tribunal Federal, cremos que a legitimidade passiva deve recair sobre o ente público ou privado que suportará o ônus da injunção, até porque a finalidade dessa nova garantia não é a de obter a regulamentação genérica de um cânone constitucional, mas sim de propiciar a fruição material de um direito, liberdade ou prerrogativa constitucional.

Por outras palavras, a sentença proferida em mandado de injunção tem natureza constitutiva, pois constitui uma nova relação jurídica ao investir alguém no dever de viabilizar ou ao menos tolerar o exercício de um direito fundamental, não se limitando a recomendar a outro órgão do Estado a regulamentação de certa norma constitucional. Logo, caracterizada a natureza constitutiva do mandado de injunção, é lícito considerar como legitimados passivos todos os entes, públicos ou privados, que suportarão o ônus da decisão judicial.

É oportuno dizer que a legitimação passiva dos órgãos encarregados de elaborar a norma faltante não é pacífica nem mesmo no Supremo Tribunal Federal. De fato, entre os seus componentes, já se levantou uma voz discordante: a do Ministro Carlos Mário Velloso. São dele as palavras que seguem: "Sustento a tese de que está legitimada passivamente para ação do mandado de injunção a pessoa física ou jurídica, pública ou privada, que deva suportar os efeitos da sentença"[262].

Sérgio Bermudes[263], Othon Sidou[264] e Flávia Piovesan[265] endossam referida tese, advertindo que "não faria sentido chamar-se ao processo a autoridade cuja inércia se imputa a omissão, de modo a excluir a parte

---

259 MORAES, Alexandre de. *Direito constitucional,* cit., p. 182.

260 CLÈVE, Clèmerson Merlin. *A fiscalização abstrata da constitucionalidade no direito brasileiro,* cit., p. 373-374.

261 TAVARES, André Ramos. *Curso de direito constitucional,* 2. ed., cit., p. 752.

262 VELLOSO, Carlos Mário. A nova feição do mandado de injunção. *Revista Trimestral de Direito Público,* v. 2, p. 281, 1993.

263 BERMUDES, Sérgio. O mandado de injunção. *RT,* 642/24.

264 SIDOU, J. M. Othon. *"Habeas corpus", mandado de segurança, mandado de injunção, "habeas data" e ação popular,* cit., p. 280.

265 PIOVESAN, Flávia. *Proteção judicial contra omissões legislativas,* cit., p. 145.

contra a qual a pretensão é dedutível"[266]. Em face das considerações que ora se faz e ante a renovação de seus componentes, espera-se que o Supremo Tribunal Federal reveja o entendimento fixado sobre a matéria em apreço, para encampar a posição defendida pelo Ministro CARLOS MÁRIO VELLOSO.

7.4 Procedimento e competência

Tramita na Câmara dos Deputados o Projeto de Lei n. 6.002/90, que regulamenta o mandado de injunção, disciplinando-lhe o rito procedimental, a competência e os respectivos efeitos jurídicos. Destacamos, aliás, o honroso convite que nos foi formulado pela Comissão de Constituição e Justiça da Câmara dos Deputados para debater em audiência pública, ao lado do Advogado-Geral da União e do professor ELIVAL DA SILVA RAMOS (USP), pontos polêmicos do mencionado projeto de lei, o qual, segundo nos parece, bem contempla a ideia de efetividade constitucional[267].

Entretanto, enquanto a referida regulamentação específica não sobrevém, cumpre destacar que o art. 24 da Lei n. 8.038/90 estabeleceu que o mandado de injunção observará o rito processual do mandado de segurança naquilo que couber. Recorde-se, a propósito, que o art. 37 do anteprojeto de Constituição formulado pela Comissão de Sistematização mencionava expressamente a observância do procedimento do mandado de segurança.

É de observar, outrossim, que o Supremo Tribunal Federal consolidou o entendimento de que não é cabível a concessão liminar da injunção pleiteada. Todavia, discordamos da referida orientação por considerarmos que a tutela de urgência constitui uma das facetas do direito constitucional de ação, além de figurar como pressuposto inafastável do princípio do amplo acesso ao Poder Judiciário, previsto no inciso XXXV do art. 5º do texto magno.

---

[266] PIOVESAN, Flávia. *Proteção judicial contra omissões legislativas*, cit., p. 146.

[267] Sugerimos consulta ao link oficial do site da Câmara dos Deputados que contém a convocação para audiência pública e a íntegra do Projeto de Lei n. 6002/1990, com o parecer do relator, Deputado Vicente Candido (SP), pela constitucionalidade, juridicidade, boa técnica legislativa e respectiva aprovação, bem como os votos em separado dos Deputados Nazareno Fonteles (PI) e Fábio Trad (MS) com propostas de aperfeiçoamentos. Eis o link oficial: http://www2.camara.leg.br/camaranoticias/noticias/DIREITO-E-JUSTICA/423479-AUTORIDADES--DISCUTIRAO-MANDADO-DE-INJUNCAO-NA-CCJ.html.

É razoável proibir a liminar na ação direta de inconstitucionalidade por omissão, na qual nem mesmo o provimento final pode compelir o órgão remisso a legislar, não porém no mandado de injunção, que detém natureza constitutiva e busca viabilizar o quanto antes o exercício de um direito constitucional injustamente sonegado. Em acréscimo, impende lembrar que o mandado de injunção segue o rito do mandado de segurança previsto na Lei n. 12.016/2009, que, em seu art. 7º, III, prevê a concessão de liminar quando for relevante a fundamentação jurídica e houver receio de que a demora processual torne ineficaz a medida pleiteada.

Entende-se que o art. 5º, LXXI, da CF, que prevê o mandado de injunção, é autoaplicável por força do que dispõe o § 1º do mesmo dispositivo (As normas definidoras de direitos e garantias fundamentais têm aplicação imediata). E não poderia ser diferente, pois seria no mínimo paradoxal que a ação dirigida contra a omissão normativa se tornasse ineficaz por ausência de regulamentação.

A competência para processar e julgar o mandado de injunção varia de acordo com o órgão responsável pela edição da norma regulamentadora. A Constituição cuida da competência para processar e julgar o mandado de injunção em três dispositivos: art. 102, I, *q*, e II, *a* (STF); e art. 105, I, *h* (STJ). Com base neles, parte da doutrina afirma que o constituinte originário concentrou o exercício da jurisdição nos Tribunais Superiores.

Porém, sobre este ponto específico, José Afonso da Silva aduz que o art. 105, I, *h*, da Constituição Federal ressalva, de forma genérica e sem maiores detalhes, a competência dos órgãos da Justiça Militar, Eleitoral, do Trabalho e Federal, para processar e julgar o mandado de injunção. Assim, torna-se preciso recorrer à interpretação sistemática, a fim de buscar em outras normas constitucionais a perfeita intelecção da matéria[268].

De acordo com o sistema constitucional, são órgãos: a) da Justiça Federal: os Tribunais Regionais Federais e os juízes federais de primeira instância (art. 106); b) da Justiça do Trabalho: o Tribunal Superior do Trabalho, os Tribunais Regionais do Trabalho e os juízes do Trabalho (art. 111); c) da Justiça Eleitoral: o Tribunal Superior Eleitoral, os Tribunais Regionais Eleitorais, os juízes e as Juntas Eleitorais (art. 118); e d) da Justiça Militar: o Superior Tribunal Militar e os tribunais e juízes militares instituídos em lei (art. 122).

---

268 SILVA, José Afonso da. *Mandado de injunção e "habeas data"*. São Paulo: Revista dos Tribunais, 1989, p. 373.

Com base em tais regras, José Afonso da Silva realça que a Constituição reconhece a competência de juízes de primeira instância para o processo e julgamento do mandado de injunção, fazendo-o em caráter principal com relação à competência originária do Superior Tribunal de Justiça.

Assim, o referido autor sustenta que, ao ressalvar os casos da alçada do Supremo Tribunal Federal e dos órgãos da Justiça Militar, Eleitoral, do Trabalho e Federal, a Constituição acabou reservando ao Superior Tribunal de Justiça uma faixa específica de competência que se afere somente após a dos demais órgãos jurisdicionais. E, como diz José Afonso da Silva, ressalva não é exceção, e sim primazia. Portanto, as competências originárias do Superior Tribunal de Justiça e do Supremo Tribunal Federal seriam restritas e excepcionais. O normal, segundo o professor, seria atribuir competência originária aos órgãos de primeiro grau e a competência recursal aos tribunais.

Parece-nos que o constituinte originário se satisfez timidamente com a inovação criada e, desconhecendo o alcance do instituto que engendrou, decidiu relegar às Constituições Estaduais e às leis de organização judiciária a definição do foro competente para conhecer do mandado de injunção nas hipóteses ressalvadas pelo texto constitucional, entreabrindo uma porta para que os Estados-membros disciplinem a matéria como bem lhes convier. Tal parece ser o entendimento do Superior Tribunal de Justiça que, no Mandado de Injunção n. 54-PR (Reg. 90.10455-6), assim pronunciou: "(...) sem pretender discutir o acerto da via a que se propôs percorrer o postulante, o certo é que, na hipótese dos autos, a impetração deve ser julgada pelo Tribunal de Justiça do Estado, onde se debate o ato de seu Presidente, tal como dispõe a Constituição Estadual".

Por oportuno, convém destacar que as Constituições de vários Estados-membros preveem a competência originária dos Tribunais de Justiça para processar e julgar o mandado de injunção quando a elaboração da norma faltante couber à Assembleia Legislativa ou ao Governador de Estado. Nesse sentido, dispõe o art. 114, II, *j*, da Constituição do Estado de Mato Grosso do Sul: "Compete ao Tribunal de Justiça: (...) II — processar e julgar, originariamente: (...) *j*) os mandados de injunção, quando a ausência de norma regulamentadora de competência do Governador ou da Mesa da Assembleia Legislativa tornar inviável o exercício dos direitos e das liberdades constitucionais e das prerrogativas inerentes à nacionalidade, à soberania e à cidadania".

Mas e quando a omissão normativa resultar da inércia da Câmara Municipal, qual seria o órgão judicial competente para apreciar o mandado de injunção impetrado pelo munícipe lesado no exercício de um direito fundamental?

Em tal hipótese, não será permitido à Lei Orgânica Municipal fixar a competência dos órgãos judiciais, até porque a legislação sobre direito processual civil é privativa da União e não pode ser delegada aos Municípios. A solução, portanto, será ditada pela Constituição Estadual e pela lei de organização judiciária de iniciativa do Tribunal de Justiça, nos termos do art. 125, § 1º, da Constituição Federal.

Entende-se, porém, que a ausência de previsão do órgão competente na lei de organização judiciária ou na Constituição Estadual não pode prejudicar o conhecimento da injunção impetrada em face de omissão legislativa municipal. Isto porque a referida garantia constitucional é autoaplicável e prescinde de regulamentação para ser acionada. Neste caso, por obediência ao art. 24, § 1º, da Lei n. 8.038/90, parece lícito aplicar analogicamente as regras inerentes ao mandado de segurança, fixando a competência das Varas de Fazenda e de Registros Públicos para conhecer, em primeira instância, do mandado de injunção.

7.5 Efeitos da sentença no mandado de injunção

Relevante controvérsia instalou-se entre aqueles que se debruçaram sobre a análise dos efeitos da decisão proferida no mandado de injunção, destacando-se três correntes doutrinárias que sustentam competir ao Poder Judiciário: a) elaborar a norma faltante para suprir, com eficácia *erga omnes*, a omissão do legislador (tese da independência jurisdicional ou concretista geral); b) declarar a inconstitucionalidade da omissão normativa e dar ciência ao órgão competente para a adoção das medidas pertinentes (tese da subsidiariedade ou não concretista); c) viabilizar, no caso concreto, o exercício imediato de liberdades, prerrogativas ou direitos tolhidos por ausência de regulamentação (tese resolutiva ou concretista individual).

Vejamos, sequencialmente, os aspectos mais relevantes de cada corrente doutrinária, antes de declinar nossa preferência pessoal.

A primeira delas atribui ao Poder Judiciário competência legislativa para elaborar norma geral e abstrata. É dizer, ao conceder a injunção, o juiz usurparia a função legislativa a pretexto de colmatar uma lacuna jurídica. Como se nota, a solução proposta converte o mandado de injunção, voltado à satisfação de um direito subjetivo, num instrumento de tutela de direito objetivo, em nítida violação ao princípio da separação dos poderes, razão por que não aderimos a tal corrente.

De igual modo, é de ser rejeitada a tese da subsidiariedade, que equipara o mandado de injunção à ação direta de inconstitucionalidade por omissão. Ao menos, não é razoável pressupor que o constituinte tenha criado dois remédios para dar ciência ao órgão remisso e nenhum para viabilizar, de pronto e efetivamente, o exercício do direito constitucional ainda não regulamentado.

A admitir o contrário, culminaríamos ampliando por via transversa o rol dos legitimados para a propositura da ação direta de inconstitucionalidade por omissão. Isto porque não adiantaria nada centrar a legitimidade desta ação nos entes arrolados nos incisos do art. 103 do texto magno, e, simultaneamente, franquear a qualquer pessoa a impetração do mandado de injunção com idêntica finalidade.

Ademais, ao teor dos princípios da coerência e da máxima efetividade, é imperioso reconhecer que o constituinte não utiliza palavras inúteis. Sabe-se que a uma norma jurídica deve ser atribuído o significado de maior eficácia e que, via de regra, vocábulos diferentes apresentam conotações díspares. Portanto, se foram empregadas designações ou expressões distintas para gizar os contornos do mandado de injunção e da ação direta de inconstitucionalidade, é intuitivo concluir que tais institutos cumprem finalidades inconfundíveis.

A tentativa de igualar os efeitos gerados pelos dois institutos esbarra também no princípio da inafastabilidade do controle judicial (CF, art. 5º, XXXV), que abarca desde o livre acesso ao Poder Judiciário até o direito a obter uma tutela célere, efetiva e útil. Isto porque, atribuindo-se finalidade declaratória ao mandado de injunção afrontar-se-ia a efetividade do processo, i.e., a aptidão do pronunciamento jurisdicional de concretizar o direito vindicado.

Entretanto, não foi essa a leitura que o Supremo Tribunal Federal realizou inicialmente. No julgamento do Mandado de Injunção n. 107-DF, assentou-se que o mandado de injunção "é ação que visa obter do Poder Judiciário a declaração de inconstitucionalidade desta omissão se estiver caracterizada a mora em regulamentar por parte do Poder, órgão, entidade ou autoridade de que ela dependa, com a finalidade de que se lhe dê ciência dessa declaração, para que adote as providências necessárias, à semelhança do que ocorre com a ação direta de inconstitucionalidade por omissão (art. 103, § 2º, da Carta Magna)"[269].

[269] STF, MI 107-3-DF, *DJU*, Seção I, 21-9-1990, p. 9782, rel. Min. Moreira Alves.

Como se vê, entendeu a princípio o Supremo Tribunal Federal que o mandado de injunção não autorizaria o Poder Judiciário a suprir a omissão legislativa mediante a edição de ato normativo geral e abstrato, e nem, tampouco, propiciaria a fruição imediata do direito vindicado pela parte impetrante. Ele cumpriria uma função mais modesta, qual seja: a de exortar o órgão legislativo a sair da inércia em que está envolto, expedindo as normas reclamadas para a efetiva promoção dos direitos fundamentais.

Mas cabe registrar que desde o começo alguns ministros do Supremo Tribunal Federal divergiram da orientação fixada inicialmente naquela corte e abraçaram a corrente doutrinária que entrevê no mandado de injunção uma garantia apta a viabilizar, no caso concreto, o exercício de direito, liberdade ou prerrogativa constitucional, cuja eficácia se encontre neutralizada por falta de norma regulamentadora.

Assim, no MI n. 107-DF, Marco Aurélio de Mello salientou que o provimento judicial "deve alcançar o desiderato previsto no mandado de injunção; deve viabilizar o exercício, em si, do direito, porque senão de mandado de injunção não se tratará, no caso, nem, tampouco, de uma sentença harmônica com esse instituto, mas de uma sentença pertinente à ação direta de inconstitucionalidade por omissão"[270].

Também o Ministro Carlos Velloso, no julgamento do Mandado de Injunção n. 95-RO, enfatizou que, enquanto na ação de inconstitucionalidade por omissão, que se inscreve no contencioso jurisdicional abstrato, compete ao Supremo Tribunal Federal declarar a omissão inconstitucional e cientificar o órgão competente para adotar as providências cabíveis (CF, art. 103, § 2º), no "mandado de injunção, reconhecendo o juiz ou tribunal que o direito que a Constituição concede é ineficaz ou inviável, em razão da ausência de norma infraconstitucional, fará ele, juiz ou tribunal, por força do próprio mandado de injunção, a integração do direito à ordem jurídica, assim tornando-o eficaz e exercitável (CF, art. 5º, LXXI)"[271].

---

[270] STF, MI 232-RJ, trecho colhido do voto proferido pelo Min. Marco Aurélio de Mello.

[271] STF, MI 95-6-RO, trecho colhido do voto do Ministro Carlos Mário da Silva Velloso, que restou vencido. Por seu turno, o ex-ministro Néri da Silveira defendia uma solução intermediária: "Adoto uma posição intermediária. Entendo que se deva, também em primeiro lugar, comunicar ao Congresso Nacional a omissão inconstitucional, para que ele, exercitando sua competência, faça a lei indispensável ao exercício do direito constitucionalmente assegurado aos cidadãos. Compreendo, entretanto, que, se o Congresso Nacional não fizer a lei, em certo prazo que se estabeleceria na decisão, o Supremo Tribunal Federal pode tomar conhecimento de reclamação da parte, quanto ao prosseguimento da omissão, e, a seguir, dispor a respei-

Na mesma ocasião, o ministro VELLOSO justificou oportunamente a diferença que separa os dois institutos: "(...) a ação direta de inconstitucionalidade tem por escopo a defesa da ordem jurídica; já o mandado de injunção tem por finalidade proteger direito subjetivo constitucional, liberdade individual ou prerrogativa inerente à nacionalidade, à soberania e à cidadania. A ordem jurídica, objeto da ação direta, tem caráter abstrato; e a defesa de direito individual, entretanto, faz-se em concreto. E se o constituinte simplesmente estabeleceu, no art. 103, § 2º, que, declarada a inconstitucionalidade por omissão, seria apenas dada ciência ao órgão competente, assim procedeu porque criou ele, na mesma Carta, o instituto do mandado de injunção, que, em concreto, preencheria o vazio que resulta da decisão despida de sanção, que é a decisão proferida na ação direta de inconstitucionalidade por omissão (CF, art. 103, § 2º). O que acontece é que o mandado de injunção complementa e completa a ação direta de inconstitucionalidade".

Parece-nos ser esta a posição que melhor se coaduna com os postulados de um Estado Democrático de Direito, constitucionalmente dirigido à proteção dos direitos inatos do homem. De fato, no mandado de injunção "o órgão jurisdicional não irá propriamente exercer função normativa genérica, mas, sim, possibilitar ao impetrante, caso mereça procedência sua pretensão, a fruição do direito não exercitado em face da falta de norma regulamentadora. A norma jurídica individual 'criada' pelo Judiciário não seria diferente das normas jurídicas concretas veiculadas por qualquer decisão judicial. O papel do Judiciário, então, não seria o de 'legislar', mas o de 'aplicar' o direito ao caso concreto, revelando a normatividade já inscrita no dispositivo constitucional, e removendo eventuais obstáculos à sua efetividade"[272].

Como diz FLÁVIA PIOVESAN: "No mandado de injunção, ao enfrentar as lacunas inconstitucionais, cabe ao Poder Judiciário criar normas jurídicas

---

to do direito *in concreto*. É, por isso mesmo, uma posição que me parece concilia a prerrogativa do Poder Legislativo de fazer a lei, como o órgão competente para a criação da norma, e a possibilidade de o Poder Judiciário garantir aos cidadãos, assim como quer a Constituição, o efetivo exercício de direito na Constituição assegurado, mesmo se não houver a elaboração da lei" (Pronunciamento do Ministro José Néri da Silveira. Ata da 7ª sessão extraordinária do Supremo Tribunal Federal, realizada em 16 de março de 1995, pub. no *Diário da Justiça* de 4-4-1995, Seção I, p. 8265).

272 CLÈVE, Clèmerson Merlin. *A fiscalização abstrata da constitucionalidade no direito brasileiro*, cit., p. 376.

individuais válidas para o caso concreto, efetuando o preenchimento de lacunas. Assim, a decisão judicial preenche, mas não elimina, a lacuna do sistema jurídico. A eliminação da lacuna, via de regra, é tarefa do Poder Legislativo, quando da elaboração da norma jurídica geral e abstrata faltante"[273].

Vislumbra-se assim o acerto da tese resolutiva que possibilita ao magistrado construir judicialmente a norma faltante para efetivar o exercício do direito sonegado. Claro está que os efeitos da sentença só alcançarão as partes litigantes, já que a edição de norma geral e abstrata é prerrogativa exclusiva do Poder Legislativo. É dizer, abre-se uma via para o exercício de uma jurisdição criativa e ampliada, no bojo da qual o juiz criará a norma concreta que deverá presidir a relação conflituosa travada entre as partes do processo, recorrendo à analogia, aos costumes e aos princípios gerais de direito para remover o obstáculo que impede a materialização do direito constitucional, qual seja: a ausência de regramento específico.

Daí se afirmar que a procedência do mandado de injunção produz duas consequências: "1) torna potencialmente eficazes e imediatamente aplicáveis normas constitucionais conferidoras de direitos, liberdades e prerrogativas inerentes à nacionalidade, à soberania popular e à cidadania, quando dependentes de regulamentação; 2) alarga a atividade jurisdicional, porque confere ao juiz competência para, no julgamento do mandado de injunção, decidir por equidade e assim aplicar a norma que estabeleceria como se fosse legislador"[274].

O mandado de injunção, por sua própria natureza, torna inescusável o dever judicial de transpor o vazio normativo para atender à pretensão vindicada pelo impetrante. Isto ocorre porque, além de se dirigir à concretização de direitos fundamentais que vinculam todos os Poderes Públicos e ser imediatamente aplicável nos termos do § 1º do art. 5º da CF, a mencionada garantia deflui do princípio do amplo acesso ao Poder Judiciário, cujo aspecto mais sensível se manifesta na proibição do *non liquet*, que impõe aos órgãos judiciais a obrigação de decidir todas as causas que cheguem ao seu conhecimento.

Finalmente, cumpre dizer que o princípio da separação dos poderes não obsta a adoção da solução proposta. Com efeito, procedendo desta

---

[273] PIOVESAN, Flávia. *Proteção judicial contra omissões legislativas*, cit., p. 159.

[274] SILVA, José Afonso da. *Mandado de injunção e "habeas data"*, cit., p. 52.

forma, o Judiciário não elabora normas gerais e abstratas, mas profere decisões singulares a fim de solver controvérsias concretas, assumindo, em dimensões mais alargadas, uma função que lhe é típica. Reitere-se, outrossim, que a Constituição de 1988 assimilou a doutrina do *check and balances*, onde cada órgão do poder fiscaliza a atuação do outro, sobretudo no que tange à observância das diretrizes constitucionais, tema já analisado no Capítulo 3.

Diante de tantas considerações, aderimos inteiramente à terceira corrente doutrinária (resolutiva ou concretista individual), pois acreditamos que o mandado de injunção está vocacionado a assegurar, por força de decisão judicial construtiva, o exercício imediato dos direitos, liberdades ou prerrogativas constitucionais ainda não regulamentados.

7.6 A evolução dos julgados do Supremo Tribunal Federal e as perspectivas sociais de uma jurisprudência em construção

Após inclinar-se inicialmente pela tese que equipara o mandado de injunção à ação direta de inconstitucionalidade por omissão, o Supremo Tribunal Federal evoluiu em seu entendimento, adotando uma postura mais sensata ao julgar dois casos paradigmáticos (MI n. 232 e n. 283), revigorando a esperança que outrora muitos depositaram nas potencialidades do novo remédio constitucional.

Nesse passo, cumpre dizer, com esteio na doutrina de Luiz Alberto David Araujo e Vidal Serrano Nunes Júnior[275], que apesar de suas decisões anteriores se limitarem a cientificar os órgãos competentes da mora em regulamentar as normas constitucionais definidoras de direitos, liberdades e prerrogativas, o Supremo Tribunal Federal, nestes dois processos específicos, concedeu a injunção pleiteada de modo a fixar prazo para que o Congresso Nacional ultimasse a elaboração da norma legislativa sob pena de, vencido o tempo demarcado, autorizar o ajuizamento de ação indenizatória ou possibilitar a fruição imediata do direito previsto no texto magno.

De fato, no Mandado de Injunção n. 232, relatado pelo Ministro Moreira Alves, impetrado por falta de regulamentação do art. 195, § 7º, da Constituição Federal, o Supremo Tribunal Federal deu ciência do estado de mora em que se encontrava o Congresso Nacional, com o fito de que,

---

275 ARAUJO, Luiz Alberto David; NUNES JÚNIOR, Vidal Serrano. *Curso de direito constitucional*, cit., p. 56-57.

no prazo de seis meses, fossem adotadas as providências legislativas necessárias para o cumprimento do dever constitucional de legislar, sob pena de, vencido o prazo sem que tal obrigação fosse adimplida, passar a entidade impetrante a gozar da imunidade tributária consignada no citado cânone constitucional.

Noutro caso (MI n. 283), o Pretório Excelso concedeu a injunção para atestar a mora legislativa em relação ao art. 8º, § 3º, do Ato das Disposições Constitucionais Transitórias, o qual estabeleceu que "aos cidadãos que foram impedidos de exercer, na vida civil, atividade profissional específica, em decorrência das Portarias Reservadas do Ministério da Aeronáutica n. S-50-GM5, de 19 de junho de 1964, e n. S-285-GM5 será concedida reparação de natureza econômica, na forma que dispuser lei de iniciativa do Congresso Nacional e a entrar em vigor no prazo de doze meses a contar da promulgação da Constituição".

Neste julgamento, o Supremo Tribunal Federal assinou o prazo de quarenta e cinco dias, acrescidos de mais quinze para a sanção presidencial, a fim de que se ultimasse o processo de elaboração da norma reclamada pelo art. 8 º, § 3º, do Ato das Disposições Constitucionais Transitórias. Nada obstante, o Supremo Tribunal Federal também reconheceu ao impetrante a faculdade de obter na via ordinária a correspondente indenização por perdas e danos em face da União, deixando assente que a superveniência de lei não prejudicaria a coisa julgada, nem impediria o impetrante de obter os benefícios da lei posterior nos pontos mais favoráveis.

Também no MI n. 721-DF, no qual se questionou a omissão normativa pertinente ao art. 40, § 4º, da Constituição Federal, que tolhia o exercício do direito à aposentadoria especial, o STF "asseverou que cabe ao Judiciário, por força do disposto no art. 5º, LXXI e seu § 1º, da CF, não apenas emitir certidão de omissão do Poder incumbido de regulamentar o direito a liberdades constitucionais, a prerrogativas inerentes à nacionalidade, à soberania e à cidadania, mas viabilizar, no caso concreto, o exercício desse direito, afastando as consequências da inércia do legislador".

Inobstante os avanços pontuais contabilizados aqui e acolá, o marco histórico que assinalou a definitiva transformação da jurisprudência do STF em sede de mandado de injunção prende-se à ausência de regulamentação do direito de greve dos servidores públicos previsto no art. 37, VII, da CF/88, cuja inaplicabilidade foi questionada nos MIs 670, 708 e 712, impetrados, respectivamente, pelo Sindicato dos Servidores Policiais Civis do Estado do Espírito Santo (SINDPOL), pelo Sindicato dos Trabalhadores em Educação do Município de João Pessoa (SINTEM) e pelo Sindicato dos Trabalhadores do Poder Judiciário do Estado do Pará (SINJEP).

No julgamento dessas ações, o STF reconheceu que, para além da mera exortação moral do órgão legislativo, remanesce um amplo leque de possibilidades não exauridas. Assim, por unanimidade, declarou a ocorrência de omissão legislativa e, por maioria, determinou a aplicação no que couber da lei de greve vigente no setor privado (Lei n. 7.783/89).

Curioso é que o STF não se limitou a aplicar a Lei n. 7.783/89 aos impetrantes, optando por estendê-la a todos os servidores públicos. É dizer, "o Tribunal adotou, portanto, uma moderada sentença de perfil aditivo, introduzindo modificação substancial na técnica de decisão da (...) inconstitucionalidade por omissão"[276].

Para alguns autores, pelo menos no julgamento dos MIs 670, 708 e 712, o STF haveria adotado a teoria concretista geral, mudando radicalmente sua posição inicialmente tímida, que se cingia a igualar os efeitos do mandado de injunção e da ação direta, para uma nova postura hermenêutica, mais ativa, vanguardista e potencializadora dos direitos e garantias fundamentais.

Nota-se, portanto, que no curso da história, o mandado de injunção foi alvo de diversas tentativas de sabotagem. De início, propalou-se a ineficácia da norma constitucional que incorporou a novel garantia, posto que dependente de regulamentação legal. Superado tal obstáculo, pugnou-se pela inaplicabilidade do remédio constitucional em face da ausência de um rito procedimental específico, problema solucionado com o advento da Lei n. 8.038/90 que lhe estendeu o rito processual do mandado de segurança. Agora, busca-se esvaziar o conteúdo deste instituto ao convertê-lo em mera ação declaratória incapaz de produzir efeitos práticos.

É preciso recordar, no entanto, que a "primeira condição para se interpretar proveitosamente uma lei é a simpatia. Com antipatia não se interpreta, ataca-se"[277]. Portanto, em vez de sabotar o mandado de injunção, cumpre ao operador do direito concretizá-lo com a máxima eficácia possível, valendo-se dos métodos mais afeitos à sua conformação jurídica.

---

276 MENDES, Gilmar, *Tratado de direito constitucional*. 2. ed. São Paulo: Saraiva, 2012, v. 1, p. 313.

277 MIRANDA, Pontes de. *Comentários à Constituição de 1946*, cit., prólogo.

Tércio Sampaio Ferraz Júnior esclarece que a intelecção das garantias voltadas à materialização dos valores do Estado Social não segue os mesmos parâmetros dos institutos próprios do Estado Liberal[278].

Na ótica liberal, como o Estado é o inimigo contra o qual incumbe proteger a autonomia privada das pessoas, surge a interpretação de bloqueio para frear a ação estatal. De notar que a interpretação de bloqueio visualiza o Estado em sua estrutura mínima, além de apregoar uma rígida separação de poderes e corresponder aos métodos mais tradicionais de interpretação, quais sejam: histórico, gramatical, lógico e sistemático. É este modelo interpretativo, baseado na lógica liberal, que o Supremo Tribunal Federal, em nome de uma anacrônica visão da separação de poderes contrária aos escopos instrumentais da ação injuncional, utilizou inicialmente, mas que, por sorte, parece ter abandonado em definitivo.

A nova garantia constitucional, indisputavelmente, não busca assegurar direitos liberais ligados à abstenção do aparelho estatal. Ao revés, ela objetiva promover a efetivação de direitos dependentes da ação normativa do Estado, insurgindo-se especialmente contra a desídia governamental relacionada às prestações socioeconômicas. Por isso, enquanto instrumento de realização da igualdade material e de outros valores encampados pelo Estado Social, o mandado de injunção exige um novo procedimento interpretativo baseado na legitimação das aspirações sociais à luz da Constituição Federal.

Cuida-se, à evidência, de um novo parâmetro interpretativo que leva em consideração elementos teleológicos e valorativos para realizar a pretensão de máxima concretização da norma constitucional, tornando-a operante e plenamente eficaz. Dito de outro modo, tal modelo de interpretação construtiva induz o magistrado a potencializar a repercussão prática dos direitos e das garantias fundamentais, interpretando-os com a máxima simpatia possível, em vez de sabotá-los.

E se é verdade que a "Constituição é o que os juízes dizem que é"[279], também é certo que a materialização dos direitos socioeconômicos e o sucesso do mandado de injunção, aqui encarado como uma garantia voltada à implantação daquelas prestações, dependem em grande parte da assimilação dessa nova postura hermenêutica.

---

278 FERRAZ JÚNIOR, Tércio Sampaio. *Interpretação e estudos da Constituição de 1988*. São Paulo: Atlas, 1990, p. 12-13.

279 Afirmação de Charles Evans Hugues apud PIOVESAN, Flávia. *Proteção judicial contra omissões legislativas*, cit., p. 173.

Felizmente, com o julgamento dos mandados de injunção relacionados ao direito de greve dos servidores públicos, o Supremo Tribunal Federal parece ter conferido a este *writ* o papel de destaque que o constituinte de 1988 lhe reservou.

7.7 Regulamentação da norma constitucional após o julgamento do mandado de injunção

A regulamentação póstuma da norma constitucional suscitará dúvidas quando diferir da sentença constitutiva prolatada no mandado de injunção. No afã de esclarecer os efeitos que a regulamentação tardia opera sobre a coisa julgada, exsurgem duas correntes jurisprudenciais.

A primeira delas, recorrendo analogicamente às disposições de direito penal (CF, art. 5º, XL), sustenta a primazia da norma mais benéfica. Portanto, para esta corrente, a lei regulamentadora só retroagirá quando se mostrar menos prejudicial ao cidadão do que a norma individual colhida na sentença que decidiu o *writ*.

Ao que parece, foi esta a tese adotada pelos ministros SEPÚLVEDA PERTENCE e NÉRI DA SILVEIRA no julgamento do Mandado de Injunção n. 283-5, em que se decidiu que a superveniência de lei não prejudicaria a coisa julgada, nem impediria o impetrante de obter os benefícios da lei posterior nos pontos mais favoráveis.

A outra corrente, por seu turno, acentua o caráter provisório da decisão proferida. Aliás, no julgamento daquele mesmo mandado de injunção (MI 283-5-DF), os Ministros SYDNEY SANCHES e ALDIR PASSARINHO, embora vencidos, votaram pela relativização dos efeitos emanados da coisa julgada. É dizer, na concepção de ambos, o mandado de injunção atenderia apenas provisoriamente o direito do impetrante até o advento de sua regulamentação definitiva.

É certo que a jurisdição atinge seu objetivo de pacificação social por meio da imutabilidade da sentença judicial. Como leciona LUIZ FUX, "o fato de para cada litígio corresponder uma só decisão, sem a possibilidade de reapreciação da controvérsia após o que se denomina trânsito em julgado da decisão, caracteriza essa função estatal e a difere das demais"[280].

[280] FUX, Luiz. *Curso de direito processual civil*. 2. ed. Rio de Janeiro: Forense, 2004, p. 821.

Mas nem tudo o que o juiz conhece e decide tem força de coisa julgada material. Embora o art. 5º, XXXVI, da Constituição da República estatua a irretroatividade da lei quando prejudicial à coisa julgada, é pacífico que a imutabilidade da decisão jurisdicional encontra limites na legislação infraconstitucional e, mais particularmente, no Código de Processo Civil, cujo art. 471 dispõe: "Nenhum juiz decidirá novamente as questões já decididas, relativas à mesma lide, salvo: (...) I — se, tratando-se de relação jurídica continuativa, sobreveio modificação no estado de fato ou de direito; caso em que poderá a parte pedir a revisão do que foi estatuído na sentença".

Surge, portanto, o problema das relações jurídicas continuativas. Se os efeitos da injunção se expiram de imediato por viabilizarem a fruição de um direito exercitável uma única vez, não se erige o conflito temporal entre a sentença judicial e a regulamentação superveniente. Entretanto, quando o *writ* se dirigir à efetivação de um direito constitucional baseado em prestações diferidas, o cenário dantes límpido se obscurece com o posterior advento da norma regulamentadora.

Nesse caso, projetando-se sobre o futuro para impor prestações de trato sucessivo, parece-nos que a decisão judicial deverá observar a cláusula *rebus sic stantibus*, mantendo-se em pé enquanto perdurar a causa que a determinou, i.e., a omissão normativa. Portanto, sobrevindo regulamentação legal posteriormente, a relação jurídica constituída entre impetrante e impetrado obedecerá aos novos parâmetros normativos, sem malferir a coisa julgada, nos termos já previstos no art. 471, I, do Código de Processo Civil.

A relativização da eficácia temporal da sentença proferida em sede de mandado de injunção justifica-se ainda em razão do princípio da isonomia, posto não ser admissível a coexistência de situações jurídicas idênticas regidas por duas normas diferentes, uma consubstanciada na regra individual criada pelo juiz da causa, outra decorrente da lei editada *a posteriori*.

Vocacionado a emprestar eficácia aos direitos, liberdades e prerrogativas constitucionais, o mandado de injunção municia o juiz de poderes para suprir as lacunas da ordem jurídica e construir, mediante a sentença, a norma individual que irá reger provisoriamente determinada situação até a sua posterior regulamentação legal. Por outras palavras, se a finalidade do mandado de injunção é a de compensar falta ou deficiência normativa, é imperioso reconhecer que a superveniência de norma regulamentadora esgota o objeto do *writ*.

7.8 Diferenças entre a ação direta de inconstitucionalidade por omissão e o mandado de injunção

O mandado de injunção não se confunde com a ação direta de inconstitucionalidade por omissão, motivo por que convém pontuar com precisão os destinatários, a finalidade e a área de incidência de cada um desses institutos, para banir qualquer tentativa de equiparação.

Preordenado a viabilizar concretamente a fruição de direitos, liberdades ou prerrogativas constitucionais, o mandado de injunção é um instrumento de defesa de direitos subjetivos. Distancia-se, portanto, da ação direta de inconstitucionalidade, que é um instrumento de tutela do direito objetivo.

É dizer, a sentença proferida em sede de mandado de injunção possui natureza constitutiva, com efeitos restritos às partes envoltas na relação jurídica processual, para proporcionar o exercício de um direito constitucional inviabilizado por ausência de norma regulamentadora. Já a sentença prolatada na ação direta tem natureza declaratória e eficácia *erga omnes*, servindo como mera notificação para que o órgão competente adote as providências necessárias para conferir plena efetividade às normas constitucionais e suprir, em definitivo, uma lacuna presente na ordem jurídica.

Clarificando os efeitos de um e de outro instituto, cabe dizer: a) a ação direta apenas atesta a mora do legislador e não torna operante o direito pendente de regulamentação; b) o mandado de injunção não apenas declara a mora legislativa, mas possibilita a fruição imediata dos direitos, liberdades e prerrogativas constitucionais, pelos respectivos destinatários.

Ademais, enquanto o rol de legitimados para propor a ação direta de inconstitucionalidade por omissão está previsto nos incisos do art. 103 da Constituição Federal, no mandado de injunção, qualquer pessoa prejudicada no exercício de direito, liberdade ou prerrogativa constitucional, em face da inexistência de norma regulamentadora, é parte legítima para impetrá-lo.

Doutro vértice, a Constituição da República centra no Supremo Tribunal Federal a competência para processar e julgar, originariamente, a ação direta de inconstitucionalidade por omissão. Ao contrário, a competência para conhecer da ação injuncional é difusa, concentrando-se no Supremo Tribunal Federal ou no Superior Tribunal de Justiça apenas quando a edição da norma regulamentadora competir às autoridades declinadas nos arts. 102, I, *q*, e 105, I, *h*, do texto magno.

Outra diferença reside no aspecto temporal. Enquanto a ação direta é útil para obter a declaração de inconstitucionalidade da omissão legislativa, o que implica o reconhecimento do transcurso de prazo intolerável sem a regulamentação constitucionalmente exigida, o mandado de injunção pode ser concedido sem a satisfação do referido pressuposto. Isto porque a ação injuncional, embora exprima mecanismo de fiscalização da omissão inconstitucional, caracteriza-se, simultaneamente, como um instrumento de proteção dos direitos fundamentais contra as chamadas "lacunas técnicas", as quais vão se deslocando com o passar dos anos para o eixo da omissão inconstitucional. Nas palavras de Clèmerson Merlin Clève: "Promulgada a Constituição de 1988, no dia seguinte inexistia 'omissão inconstitucional'. Afinal, não havia transcorrido prazo suficiente para a manifestação do Congresso Nacional. Todavia, no dia 6 de outubro de 1988 já seria possível aforar mandado de injunção para a proteção de direito constitucional dependente de norma regulamentadora"[281].

Finalmente, cabe destacar que a ação direta de inconstitucionalidade por omissão busca emprestar eficácia plena a toda e qualquer norma constitucional, seja qual for a matéria por ela versada, enquanto o mandado de injunção possui um horizonte de aplicação mais restrito, posto relacionar-se ao exercício de direitos, liberdades e prerrogativas atinentes à soberania, à cidadania e à nacionalidade.

---

[281] CLÈVE, Clèmerson Merlin. *A fiscalização abstrata da constitucionalidade no direito brasileiro*, cit., p. 364-365. No mesmo sentido: SUNDFELD, Carlos Ari. Mandado de injunção. *Revista de Direito Público*, n. 94, p. 151.

8 Iniciativa popular

Nos capítulos antecedentes, foram analisadas distintas modalidades de controle judicial da omissão legislativa. Mas o universo jurisdicional abarca apenas pequena parcela do perímetro do Direito, não o englobando em sua inteireza.

De fato, não obstante sejam aprimoradas as técnicas processuais e exauridas todas as potencialidades da ação direta de inconstitucionalidade e do mandado de injunção, mesmo assim "restarão, ainda sem proteção judicial, determinados direitos constitucionais não exercitáveis à míngua de regulamentação. Diante desse fato, apenas a luta política, observadas as regras do jogo democrático, poderá satisfazê-los"[282].

Por isso, é insuficiente aprisionar a solução de toda a problemática pertinente à efetividade das normas constitucionais na "judicialidade do Direito". É preciso, além disso, desenvolver novas técnicas de participação popular que permitam desencadear o processo de elaboração legislativa e abrir um amplo fórum de discussão política[283].

Certa vez PAULO sentenciou que à República interessa que muitos sejam convocados a defender a sua causa (*Republicae interest quam plurimus ad defendam suam causam admittire*)[284]. A correção da assertiva encontra uma explicação etimológica, uma vez que a palavra "república", proveniente

---

[282] CLÈVE, Clèmerson Merlin. *A fiscalização abstrata da constitucionalidade no direito brasileiro*, cit., p. 385.

[283] CLÈVE, Clèmerson Merlin. *A fiscalização abstrata da constitucionalidade no direito brasileiro*, cit., p. 384.

[284] MARINONI, Luiz Guilherme. *Novas linhas do processo civil*. São Paulo: Revista dos Tribunais, 1993, p. 111.

do latim *res* (coisa) e *publica* (do povo), designa originalmente a forma de governo onde o povo é a fonte de todo o poder político.

Nos termos do art. 1º da Constituição Federal, o Brasil é uma República Federativa assente no regime democrático, i.e., no regime político que inaugura um *locus* de convivência social em que o poder há de ser exercido, direta ou indiretamente, em nome e em proveito do povo brasileiro.

Mas a participação popular no processo de feitura das leis, de seleção das prioridades de governo, de regulamentação de certos interesses, enfim na tomada de decisões políticas fundamentais, pode ser mais ou menos efetiva a depender do regime político que se adota.

Basicamente o regime democrático comporta três variações: a) democracia direta, onde o povo exerce, por si e diretamente, os poderes estatais, julgando, legislando e administrando a máquina pública; b) democracia indireta ou representativa, na qual o povo, não podendo dirigir os negócios públicos diretamente, em razão da extensão territorial ou do enorme contingente populacional do país, resolve eleger periodicamente representantes que exercerão, em seu nome, o poder político; c) democracia semidireta, que mescla a técnica da representação eletiva com institutos tendentes a implantar um regime de democracia mais participativa, buscando aproximar o cidadão comum do debate político, facultando-lhe a tomada de decisões diretas em matérias relevantes, sem precisar recorrer a intermediários.

O Estado brasileiro adota o regime da democracia semidireta. De fato, segundo proclama o parágrafo único do art. 1º do texto magno, "todo poder emana do povo, que o exerce por meio de representantes eleitos ou diretamente, nos termos desta Constituição". É dizer, ao lado da representação eletiva, o constituinte adiciona as técnicas de participação direta elencadas no inciso LXXIII do art. 5º (ação popular), e nos incisos I a III do art. 14 (plebiscito, referendo e iniciativa popular), todos da Constituição de 1988.

Como refoge ao nosso escopo investigar as três primeiras formas de ingerência popular, concentraremos esforços na análise da iniciativa conferida ao povo para a criação de normas regulamentadoras necessárias para outorgar plena eficácia às disposições constitucionais.

O regime democrático "não teme, antes requer, a participação ampla do povo e de suas organizações de base no processo político e na ação governamental"[285]. Aliás, no que atina à omissão inconstitucional, a iniciativa popular é essencial para sindicar a inércia do legislador.

Em geral, a omissão liga-se à regulamentação de normas programáticas que abrigam prestações socioeconômicas de responsabilidade estatal. Assim, diante do insólito cenário político brasileiro, em que boas ideias sucumbem diante de lobistas e grupos financeiros particularmente influentes, e onde não raro o Executivo atua decisivamente para debelar a apresentação de projetos contrários aos interesses de governo, parece pouco provável que a regulamentação de normas constitucionais que consagram os direitos fundamentais do cidadão seja levada adiante sem a abertura de um canal para a participação direta do povo, mediante o depósito de projetos normativos e a consequente deflagração do processo de elaboração legislativa.

Mas, se na teoria a iniciativa popular trouxe bons ventos, na prática ela foi sabotada com a imposição de exigências absurdas, e hoje figura como simples peça decorativa na Constituição Federal. Porém, as restrições impostas pelo golpe certeiro não impedem, antes reclamam, a releitura das técnicas de democracia participativa e a indicação de reformulações institucionais. É o que faremos a seguir.

8.1 Peculiaridades da iniciativa legislativa popular à luz do direito comparado e da ordem constitucional brasileira

Em relação ao processo estabelecido para sua elaboração, a lei pode ser considerada um ato complexo. Isto porque sua formação pressupõe a conjunção da vontade de vários parlamentares e do chefe do Executivo, desdobrando-se numa fase introdutória, representada pela iniciativa, numa fase constitutiva, na qual se inscrevem a deliberação e a sanção, e numa fase complementar, compreensiva tanto da promulgação quanto da publicação.

Para Manoel Gonçalves Ferreira Filho, "a iniciativa não é propriamente uma fase do processo legislativo, mas sim o ato que o desencadeia"[286]. Em verdade, seria o ato por meio do qual se propõe a adoção de direito

---

[285] SILVA, José Afonso da. *Curso de direito constitucional positivo*, cit., p. 137.

[286] FERREIRA FILHO, Manoel Gonçalves. *Do processo legislativo*. 5. ed. São Paulo: Saraiva, 2002, p. 206.

novo, manifestando-se pelo depósito do projeto legislativo em mãos do órgão competente para aprová-lo.

A iniciativa pode ser geral, quando a apresentação do projeto de lei é facultada a uma variada gama de agentes que inclui os cidadãos e os integrantes dos Poderes Legislativo, Judiciário e Executivo, ou poderá cuidar-se de uma iniciativa reservada, verificável quando a Constituição centralizar em um ou em alguns entes a capacidade para deflagrar o processo legislativo em relação a certas matérias.

Atualmente, nota-se uma tendência difundida em vários Estados de estender o poder de iniciativa ao eleitorado nacional. Aliás, a Constituição da Suíça, de 18 de abril de 1999, prevê a iniciativa popular, inclusive em matéria constitucional, consoante se depreende de seus arts. 138 e 139, a saber:

> Art. 138. Cem mil pessoas com direito de votar podem, no prazo de 18 meses, contado a partir da publicação oficial de sua iniciativa, propor uma revisão total da Constituição Federal.
>
> Art. 139. Cem mil pessoas com direito de votar podem, no prazo de 18 meses, contado a partir da publicação oficial de sua iniciativa, solicitar uma revisão parcial da Constituição Federal, na forma de uma proposta elaborada.

Já em matéria de legislação ordinária, a iniciativa popular é hoje especialmente prevista no art. 71 da Constituição italiana, que faculta a cinquenta mil eleitores, dentre os aptos a votar nas eleições para a Câmara dos Deputados, a prerrogativa de submeter à apreciação do Parlamento um projeto de lei já estruturado em artigos[287].

A mesma Constituição também "admite que 500.000 eleitores, ou cinco Conselhos regionais, provoquem a realização de um *referendum*, do qual poderão participar todos os que forem habilitados a escolher deputados, 'sobre a ab-rogação total ou parcial, de uma lei, ou ato com o valor de lei'"[288].

---

287 FERREIRA FILHO, Manoel Gonçalves. *Do processo legislativo*, cit., p. 144.

288 FERREIRA FILHO, Manoel Gonçalves. *Do processo legislativo*, cit., p. 144. O autor adverte que na Itália, "por força do art. 58 de sua Constituição, somente os maiores de 25 anos é que podem votar nas eleições para o Senado, enquanto basta a maioridade para poder votar na eleição para a Câmara dos Deputados" (p. 144).

Mas, como adverte Manoel Gonçalves, o interesse que tais disposições suscitam é tão somente teórico, pois, em mais de vinte anos de vigência constitucional, somente uma única vez chegou ao Parlamento italiano um projeto de lei de iniciativa popular. A razão da escassa utilidade do preceito decorre naturalmente da dificuldade de colher as cinquenta mil assinaturas necessárias para formalizar o pedido.

Seguindo tendência já globalizada, o § 2º do art. 61 da Constituição brasileira de 1988 alojou, no seio da iniciativa geral, poderes expressos para que os cidadãos apresentem projetos versando matérias de seu interesse, senão vejamos: "A iniciativa popular pode ser exercida pela apresentação à Câmara dos Deputados de projeto de lei subscrito por, no mínimo, um por cento do eleitorado nacional, distribuído pelo menos por cinco Estados, com não menos de três décimos por cento dos eleitores de cada um deles".

Constata-se o mar de dificuldades que a iniciativa popular deverá singrar para desencadear o processo de elaboração normativa. Tantos são os percalços que não há exagero em dizer que, ao menos neste quesito, a cidadania política foi esvaziada. Para dimensionar os obstáculos existentes, basta lembrar que só o primeiro dos três requisitos constitucionais exigia a coleta de 1.152.534 (um milhão, cento e cinquenta e duas mil, quinhentas e trinta e quatro) assinaturas, o que equivalia a 1% (um por cento) do universo total de 115.253.447 (cento e quinze milhões, duzentas e cinquenta e três mil, quatrocentas e quarenta e sete) pessoas que compunham o eleitorado nacional no ano de 2002[289].

Perante requisitos tão severos, no Brasil, raramente um projeto de lei de iniciativa popular foi submetido ao crivo do Congresso Nacional. Pelo que sabemos, apenas em dois únicos casos projetos dessa natureza lograram converter-se em lei.

O primeiro deles contou com um grande apelo sentimental e o apoio explícito da maior emissora televisiva do país. Cuida-se da grande mobilização popular que sucedeu o assassinato de Daniela Perez, atriz em ascensão na Rede Globo de Televisão e filha da dramaturga Glória Perez.

As investigações policiais esclareceram que Daniela foi morta pelo ator com quem contracenava em novela transmitida no horário nobre, Guilherme de Pádua, auxiliado por sua esposa, Paula Thomaz. Aberto o proces-

289 Os dados foram obtidos no *site* oficial do Tribunal Superior Eleitoral (www.tse.gov.br).

so criminal, o casal foi condenado por homicídio qualificado que, àquela altura, ainda não era tipificado como crime hediondo. Assim, de acordo com a Lei de Execução Penal, cumprindo 1/6 da pena, eles poderiam progredir do regime fechado para o semiaberto (Lei n. 7.210/84, art. 112, parágrafo único).

Revoltada com a brandura da legislação penal, a mãe da vítima deflagrou ampla campanha nacional e, com a adesão da Rede Globo, conseguiu recolher o número de assinaturas necessárias para submeter ao Congresso Nacional o projeto de lei que, depois de aprovado, transformou o homicídio qualificado em crime hediondo, impedindo a progressão de regime dos criminosos de grande periculosidade. Mas esta, reitere-se, foi uma das raras leis brasileiras geradas a partir da iniciativa popular, que, assim mesmo, não pôde ser aplicada retroativamente a Guilherme de Pádua e Paula Thomaz, em virtude do princípio da irretroatividade da lei penal mais gravosa (CF, art. 5º, XL).

O outro caso diz respeito à Lei n. 9.840/99, também de iniciativa popular, que introduziu penas severas à captação ilícita de sufrágio eleitoral, alterando dispositivos da Lei n. 9.504/97 e do Código Eleitoral brasileiro.

O sucesso na edição em tempo recorde da mencionada Lei n. 9.840/99, fruto de uma grandiosíssima luta para a coleta de assinaturas de pelo menos 1% do eleitorado nacional, encabeçada por entidades como a Confederação Nacional dos Bispos do Brasil (CNBB), a Associação Brasileira de Imprensa (ABI) e a Associação dos Juízes para a Democracia, demonstrou o sentimento exteriorizado da sociedade, como um todo, sobre a necessidade de se alterar a legislação eleitoral de molde a impedir a captação ilícita de sufrágio mediante a chamada "compra de voto", prática lesiva que desrespeita o livre exercício da cidadania, na pior tradição da política brasileira.

Pela importância das leis geradas a partir da iniciativa popular se vê quão relevante se mostra a mencionada técnica para o aperfeiçoamento do sistema jurídico nacional. Apesar disso, em face dos obstáculos criados pelo constituinte originário, este mecanismo tão salutar à democracia brasileira jamais foi empregado em larga escala.

No plano político, a fase de preparação e depósito do projeto normativo possui relevante significado social. Via de regra, um trabalho penoso que enlaça redação, pesquisa e avaliação de sua oportunidade e conveniência, precede a apresentação da proposta legislativa. Este ciclo gestacional é permeado de perigos e tentações, pois é nele "que a pressão de interesses particulares se faz sentir preponderantemente"[290].

Daí a necessidade de estender aos cidadãos brasileiros, principais destinatários das normas constitucionais, iniciativa para a apresentação de projetos tendentes a regulamentá-las, a fim de suprir a omissão dos órgãos e agentes políticos que, pressionados, calaram-se.

Bem por isso, advoga-se a flexibilização das regras atuais para assimilar, definitivamente, o ideal da democracia participativa que transforma o cidadão comum em um legítimo intérprete do texto constitucional.

8.2 Uma proposta de reformulação

Como tudo o que provém do homem é marcado por falhas e limitações, a pesquisa científica sempre nos impele a sugerir mudanças e aprimoramentos. Periodicamente, somos levados a opor reparos às construções intelectuais que se desgastam com o passar do tempo. Aliás, o mérito de um trabalho que se pretende científico está justamente em denunciar as imperfeições do sistema e apontar soluções viáveis. Embora não seja possível engendrar uma "fórmula milagrosa", buscaremos acrescer novos elementos às propostas já presentes na doutrina nacional, respeitando nossas limitações.

De início, cremos ser aconselhável a redução do número de assinaturas necessárias para a apresentação dos projetos de iniciativa popular. É absolutamente impraticável coletar um milhão, cento e cinquenta e duas mil, quinhentas e trinta e quatro assinaturas. A cifra — absurda — é superior até mesmo ao número total de eleitores de algumas unidades federativas, como Roraima e Amapá.

Não é convincente o argumento de que os parlamentares são ungidos pelas urnas eleitorais para expressar, prioritariamente, a vontade legislativa da nação brasileira, pois, segundo o parágrafo único do art. 1º da Constituição da República, todo poder emana do povo, que o exercerá diretamente em certas situações.

É sabido que a disputa pelos cargos de deputado federal, deputado estadual ou vereador observa o princípio da proporcionalidade, o que permite a eleição de alguns candidatos com ínfima soma de votos, puxados

---

290 FERREIRA FILHO, Manoel Gonçalves. *Do processo legislativo*, cit., p. 73.

que são pela legenda partidária. Tanto assim que, no penúltimo pleito estadual, um candidato paulista elegeu-se deputado federal com apenas duzentos e setenta e cinco votos[291].

Ora, a perplexidade nos leva a indagar: Será que este parlamentar, eleito com pouco mais de duas centenas de votos, detém representatividade maior do que cinquenta mil brasileiros, contingente percentualmente inferior à adesão mínima de 1% do eleitorado nacional que a Constituição reclama para a apresentação de projetos de iniciativa popular? Que representatividade possui o referido parlamentar para expressar o desejo de mais de 180 milhões de brasileiros?

O mandato político representativo não se confunde com o mandato de direito privado ou com o mandato imperativo, nos quais o mandatário sempre fica vinculado ao mandante. Instituído nos idos do liberalismo burguês, o mandato representativo é livre, geral e irrevogável. É livre, como diz José Afonso da Silva, "porque o representante não está vinculado aos seus eleitores, dos quais não recebe instrução alguma, e se receber não tem obrigação jurídica de atender, e a quem, por tudo isso, não tem de prestar contas, juridicamente falando"[292].

Daí se extrai outro motivo para flexibilizar o número de assinaturas exigidas para dar vazão aos projetos de iniciativa popular, porquanto os representantes parlamentares, sobre estarem desobrigados, nem sempre se disporão a regulamentar as normas constitucionais que interessam mais diretamente aos cidadãos.

Mas não basta reduzir o percentual mínimo de adesões. É fundamental também assinalar prazos improrrogáveis para a apreciação do projeto de lei de iniciativa popular, sob pena de se trancar a pauta de deliberações da casa legislativa até que se ultime a votação, posto não ser admissível que projetos de suma importância aguardem a movimentação de estruturas burocráticas em espera indefinida.

---

291 Ao proceder a apuração do pleito estadual de 2002, o Tribunal Regional Eleitoral de São Paulo registrou a eleição de Vanderlei Assis de Souza, Ildeu Alves de Araújo e Irapuan Teixeira, que obtiveram, respectivamente, 275 (duzentos e setenta e cinco), 382 (trezentos e oitenta e dois) e 673 (seiscentos e setenta e três) votos, o que, porcentualmente, representa apenas 0,001%, 0,002% e 0,003% do eleitorado estadual. Por seu turno, o candidato Jorge Tadeu Mudalen, mesmo atingindo 127.977 (cento e vinte e sete mil, novecentos e setenta e sete) votos, o que equivale a 0,652% do eleitorado estadual, acabou amargando a suplência.

292 SILVA, José Afonso da. *Curso de direito constitucional positivo*, cit., p. 139.

De igual modo, em caso de omissão de lei de iniciativa reservada que impeça a fruição de direitos fundamentais, não seria descabido aprovar emenda constitucional tendente a demarcar prazo para a sua apresentação, findo o qual a competência para deflagrar o processo de elaboração legislativa, originalmente centrada em mãos únicas, reverter-se-ia em prol de outros órgãos estatais e dos cidadãos comuns, principais destinatários das normas constitucionais.

Referida emenda constitucional, além de alterar a redação do § 2º do art. 61 da Constituição Federal, poderia acrescentar-lhe um novo parágrafo, nos seguintes moldes:

> Art. 61. A iniciativa das leis complementares e ordinárias cabe a qualquer membro ou comissão da Câmara dos Deputados, do Senado Federal ou do Congresso Nacional, ao Presidente da República, ao Supremo Tribunal Federal, aos Tribunais Superiores, ao Procurador-Geral da República e aos cidadãos, na forma e nos casos previstos nesta Constituição.
>
> (...)
>
> § 2º Os projetos de lei de iniciativa popular, subscritos por, no mínimo, cinquenta mil eleitores, serão apreciados em regime de urgência, nos termos do § 2º, do art. 64, sobrestando-se as demais deliberações e o período de recesso parlamentar, depois de escoado o prazo máximo de cem dias, até ser ultimada a votação.
>
> § 3º Nos casos de iniciativa reservada, se os órgãos ou as autoridades competentes não submeterem o projeto de lei ao Congresso Nacional, dentro do prazo constitucionalmente previsto ou no decorrer da sessão legislativa anual, os órgãos e agentes indicados no *caput* deste artigo poderão apresentá-lo, correndo sua apreciação nos termos estabelecidos no parágrafo anterior[293].

---

[293] Aproxima-se muito da solução que aportamos a proposta encampada por Fábio Konder Comparato e que consta do Projeto de Lei Federal n. 4.718/2004, que regulamenta o art. 14 da Constituição Federal em matéria de plebiscito, referendo e iniciativa popular. O mencionado projeto dispõe em seu art. 14: "O projeto de lei de iniciativa popular tem prioridade, em sua tramitação, nas duas Casas do Congresso Nacional, sobre todos os demais projetos de lei não apresentados sob regime de urgência, previsto no art. 64, § 1º, da Constituição Federal". Entretanto, apesar do louvável objetivo deste projeto normativo, parece-nos que a emenda constitucional que ora se defende mostra-se mais afeita à superação dos problemas que embaraçam o pleno exercício da iniciativa legislativa popular.

Tal proposta de emenda constitucional solucionaria vários problemas com o menor dispêndio de energia possível. A redução do número de assinaturas necessárias para deflagrar a iniciativa popular foi inspirada na Constituição italiana. O contingente de cinquenta mil eleitores é suficiente para eleger deputados federais na maioria das unidades federativas. Todavia, à guisa de elidir qualquer ceticismo, o princípio da proporcionalidade poderá servir de parâmetro para apurar o menor coeficiente de representatividade compatível com a implantação da democracia participativa.

Por outro lado, o limite temporal de cem dias é fundamental para evitar que a votação do projeto de lei de iniciativa popular adormeça em berço esplêndido. Assim, escoado *in albis* o prazo fixado para sua apreciação, tranca-se a pauta do Congresso Nacional, proibindo-se os senadores e os deputados de entrarem em recesso até ultimarem a sobredita votação. E, caso faltem à sessão de votação, a ausência será descontada do subsídio auferido mensalmente. Estariam excluídos da aplicação dessas regras os projetos de códigos que, por força do § 3º do art. 64 da Constituição Federal, não estão sujeitos à tramitação em regime de urgência.

Anna Cândida da Cunha Ferraz defende uma ideia mais radical, a saber: "Por outro lado, poder-se-ia fixar, na Constituição, prazo razoável para expedição de leis complementares, integrativas, etc. (por exemplo, a duração de uma legislatura). Decorrido *in albis* esse prazo, atribuir-se-ia ao Executivo competência para expedir 'regulamento de execução da norma constitucional' que teria força de lei até que o Poder Legislativo disciplinasse, por lei formal, a matéria"[294]. Discordamos dessa posição por entender que a ordem constitucional brasileira proíbe a edição de regulamentos autônomos, entre os quais se incluem aqueles designados pela autora como "regulamentos de execução das normas constitucionais".

Admite-se, porém, ser necessário ampliar a "participação direta do povo, especialmente a nível local, com as cautelas necessárias, mediante os instrumentos da iniciativa popular, do plebiscito e do referendo"[295]. De fato, parece-nos infrutífero condicionar a apresentação de projetos de leis municipais à manifestação favorável de pelo menos cinco por cento do

---

[294] FERRAZ, Anna Cândida da Cunha. Inconstitucionalidade por omissão: uma proposta para a constituinte. *Revista de Informação Legislativa*, Brasília, n. 89, p. 60, jan./mar. 1986.

[295] FERRAZ, Anna Cândida da Cunha. Inconstitucionalidade por omissão, cit., p. 61.

eleitorado local (CF, art. 29, XIII). Por idênticas razões, a lei enunciada no § 4º do art. 27 do texto constitucional não poderá exigir a adesão de eleitores em número impraticável. Em qualquer caso, os abusos hão de ser coibidos à luz do princípio da proporcionalidade.

No trabalho já mencionado, escrito antes da promulgação do novo texto constitucional, Anna Cândida fazia menção à "participação dos poderes estaduais, mediante a iniciativa legislativa, no tocante às leis de aplicação constitucional especialmente voltadas para os interesses peculiares do Estado-membro". Todavia, com o advento da Constituição de 1988, este problema foi superado com a admissão da competência legislativa concorrente da União, dos Estados e do Distrito Federal.

Agora, por força do que dispõe a Constituição Federal no art. 24, e em seus respectivos parágrafos, enquanto à União compete expedir normas gerais sobre as matérias arroladas nos incisos do mencionado dispositivo, aos Estados e ao Distrito Federal reserva-se a competência suplementar. Porém, quando a omissão do ente federal em proceder à regulamentação das normas constitucionais afetar diretamente os interesses estaduais, poderão os Estados-membros exercer "a competência legislativa plena, para atender a suas peculiaridades" (CF, art. 24, § 3º).

São estas, em síntese, as sugestões que aportamos para revigorar as técnicas de democracia participativa conhecidas atualmente. Não sabemos se isto é um devaneio de nossa parte, mas, ainda que o seja, é um devaneio comprometido até a raiz com o princípio da máxima efetividade das normas constitucionais.

9 A responsabilidade do Estado legislador

A responsabilidade civil *lato sensu* é um dos mais complexos institutos abordados pelo Direito, sendo objeto de acirradas discussões, preeminentemente na seara pública.

Etimologicamente, o vocábulo responsabilidade é empregado para indicar a situação daquele que, em face da incidência de uma norma jurídica, deve suportar suas consequências.

Fruto de longa e paulatina conquista, a responsabilidade civil do Estado atravessou distintas fases e superou inúmeros entraves até ser plenamente acolhida. Ela pressupõe que a investidura no poder traz como correlato a responsabilidade pelo exercício da função pública. Desta feita, a obrigação de bem servir ao povo, integrante da gene constitutiva do poder-dever soberano, reclama a fiscalização do cumprimento do programa constitucional, sob pena de responsabilização do Estado e dos agentes públicos[296].

No entanto, se hoje é pacífico o entendimento de que na esfera administrativa o Estado responde objetivamente pelos danos que seus agentes causem a terceiros, o mesmo não se passa na seara legislativa.

Com efeito, reina grande controvérsia sobre o tema. E o motivo de tão aceso e acalorado debate é simples: sendo a lei uma norma abstrata e genérica, fonte formal do Direito e resultante da soberania do Poder Legis-

---

[296] DINIZ, Rivanildo Pereira. *A responsabilidade do Estado na inconstitucionalidade por omissão*. Tese de doutorado apresentada na Pontifícia Universidade Católica de São Paulo, 2004, p. 205. Cf. também: NOBRE JÚNIOR, Edilson Pereira. Responsabilidade civil do Estado por atos legislativos (revivescimento de uma antiga questão). *Revista de Direito Constitucional e Internacional*. São Paulo: Revista dos Tribunais, ano 11, n. 45, p. 196, out./dez. 2003.

lativo, cujos membros foram escolhidos pelo povo, seria impossível falar em indenização.

Todavia, cumpre realçar o aporte instrumental do constitucionalismo para desarmar o dogma da soberania parlamentar. Hoje, a nebulosa nuvem de dúvidas não paira mais sobre a responsabilização do Estado-legislador, porquanto do dogma da irresponsabilidade estatal, estilhaçado em fragmentos microscópicos, quase nada restou. Entretanto, e este é o ponto nevrálgico da celeuma, pendem questionamentos sobre os seus limites e respectivos fundamentos.

Daí por que, se quisermos demarcar cirurgicamente os lindes da responsabilidade estatal por ações e omissões legislativas, será essencial empreender uma breve incursão histórica sobre o tema, a fim de investigar os princípios que buscaram desbravar uma área que, até pouco tempo atrás, mostrava-se intangível e arredia a qualquer tipo de ingerência.

9.1 Evolução histórica da responsabilidade do Estado

O problema da responsabilidade estatal guarda íntima conexão com a formação do Estado de Direito, pois este, na lição de Canotilho, constitui um instrumento de legalidade, não apenas no sentido de submissão dos atos governamentais ao Direito, mas especialmente porque a indenização pelos sacrifícios impostos aos particulares cumpre outra função ineliminável no Estado Democrático de Direito: a realização da justiça material[297].

Ante a insuficiência dos mecanismos de controle dos atos estatais e o crescente intervencionismo do Estado na esfera patrimonial dos particulares, tornou-se imperioso ampliar o campo de abrangência da responsabilidade civil, transformando-a num poderoso instrumento de defesa do cidadão.

Todavia, não foi este o único móvel que impulsionou a responsabilização civil do Estado tal como ela é hoje concebida. Sua sistematização atravessou longa jornada, cuja análise, por questões didáticas, será dividida em fases específicas.

---

297 CANOTILHO, J. J. Gomes. *O problema da responsabilidade do Estado por actos lícitos*. Coimbra: Almedina, 1974, p. 14.

9.1.1 *Fase da irresponsabilidade do Poder Público*

A teoria da irresponsabilidade, traduzida na máxima *the king can do no wrong*, vigorou até o final do século XVIII, e também pode ser subdividida em três épocas cruciais: primitiva, teológica e estatista.

Na época primitiva, que floresceu desde os primórdios da humanidade até a derrocada do Império Romano, o Estado ainda não era concebido como uma unidade jurídico-política.

Na época teológica, que cronologicamente corresponde ao período medieval, considerava-se o monarca um depositário de poderes divinos e, como tal, infalível. Assim, qualquer dano causado aos particulares pela atuação estatal não era indenizável.

Finalmente, o último suspiro dessa teoria, de resto já suplantada, deu-se durante o Absolutismo e fundava-se na soberania do Estado sobre seus súditos, o qual, como centro dimanador de regras jurídicas, nenhuma lesão poderia causar, imputando-se os ilícitos administrativos diretamente à pessoa que os praticou. Nesse sentido, merece transcrição o magistério de DIOGENES GASPARINI:

> A fase da irresponsabilidade civil do Estado vigorou de início em todos os Estados, mas notabilizou-se nos absolutistas. Nestes, negava-se tivesse a Administração Pública a obrigação de indenizar os prejuízos que seus agentes, nessa qualidade, pudessem causar aos administrados. Seu fundamento encontrava-se em outro princípio vetor do Estado absoluto ou Estado de polícia, segundo o qual o Estado não podia causar males ou danos a quem quer que fosse. Era expressado pelas fórmulas: "Le roi ne peut mal faire" e "The king can do no wrong", ou em nossa língua: "O rei não pode fazer mal" e "O rei não erra"[298].

A tese da irresponsabilidade estatal foi definitivamente suplantada quando os dois últimos países que a sustentavam — Estados Unidos[299] e Inglaterra[300] — passaram a admitir que a reparação de danos causados por agentes públicos fosse suportada diretamente pelo Estado.

---

[298] GASPARINI, Diogenes. *Direito administrativo*. 8. ed. São Paulo: Saraiva, 2003, p. 840.

[299] Federal Tort Claim Act, de 1946.

[300] Crown Proceeding Act, de 1947.

9.1.2 *Fase da responsabilidade subjetiva do Estado*

No início do século XIX, a teoria da responsabilidade subjetiva do Estado propagou-se com grande intensidade em toda a Europa, especialmente na França.

Inicialmente, fez-se a distinção entre atos de império e atos de gestão, estes praticados sem o uso da coerção, aqueles mediante o exercício da supremacia estatal (soberania) e, por isso mesmo, inquestionáveis.

Assim, enquanto os danos resultantes de atos de mera gestão ensejariam a responsabilidade estatal, tal solução não cobriria os prejuízos advindos dos atos de império, os quais, além de unilaterais e precários, importariam pronto atendimento por parte do administrado, expressando a onipotência e o poder coercitivo do Estado.

Apesar da significativa evolução em relação à teoria anterior, a distinção entre atos de gestão e de império foi abandonada, passando-se a imputar a responsabilidade com fulcro na culpa do funcionário quando este, no exercício da função pública, agisse com imprudência, imperícia ou negligência, ocasionando injusto prejuízo à ordem patrimonial do administrado.

Tanto a ação culposa quanto a omissão de um dever legal, englobados que estavam no âmbito do ilícito, geravam a responsabilidade estatal, como elucida Rui Stoco[301].

A doutrina ainda menciona a teoria da culpa administrativa entre as correntes subjetivas. Também denominada *teoria da culpa anônima*, em função de não se conhecer o causador direto do dano, baseava-se na falta do serviço público conhecida pelos franceses por *faute du service*. A obrigação de indenizar centralizava-se assim na noção de culpa do serviço quando este não funcionava, funcionava mal ou funcionava de forma atrasada.

Referida teoria representou o primeiro passo na transição da doutrina subjetiva da culpa civil para a tese objetiva do risco administrativo.

9.1.3 *Fase da responsabilidade objetiva do Estado*

A partir da responsabilidade objetiva do Estado ou teoria da responsabilidade sem culpa, surge a obrigação de indenizar o dano em razão do

---

301 STOCO, Rui. *Responsabilidade civil e sua interpretação jurisprudencial*. 3. ed. São Paulo: Revista dos Tribunais, 1997, p. 373.

ato lesivo e injusto causado ao administrado pelo Poder Público, independentemente da presença de culpa ou dolo na conduta administrativa.

O Estado assume agora os riscos imanentes ao exercício das atividades de interesse coletivo, bastando provar a ocorrência da lesão e de ser a mesma consequência de um comportamento (comissivo ou omissivo) do agente público. Logo, para o sucesso do pleito indenizatório, cumpre identificar o ato estatal, o nexo causal e o dano, dispensando-se a demonstração de culpa.

Na verdade, o rigor da responsabilidade objetiva é suavizado quando o ente público consegue provar que o particular concorreu para a ocorrência do sinistro, bem assim quando demonstra não ter sido o seu comportamento a causa motivadora do evento danoso, o que redundaria na ruptura do nexo causal, não podendo em tal hipótese imputar-se responsabilidade ao Estado.

No âmbito desta teoria, surpreendem-se duas correntes distintas: a do risco administrativo e a do risco integral.

Na primeira delas, o Estado pode alforriar-se do dever de indenizar, provando não ter sido responsável pelo evento danoso. Já na corrente do risco integral, não se admite a prova de que a vítima ou outro particular tenha dado causa ao acontecimento lesivo, bastando a mera participação do Estado (ainda que indireta) para sua responsabilização.

Em tempos hodiernos, pode-se afirmar que os extremos foram completamente abandonados. De um lado, a vetusta e ultrapassada máxima *the king can do no wrong* descansa em mausoléu longínquo. Igualmente, raras foram as nações que, algum dia, perfilharam a teoria do risco integral, hoje erradicada do ordenamento global.

Tal entendimento é corroborado por EDUARDO ANDRADE RIBEIRO DE OLIVEIRA, membro do Tribunal Regional Federal da 3ª Região, que aduz ser "inaceitável a chamada doutrina do risco integral, incompatível com os princípios gerais que regem a matéria e que enseja soluções injustas e contrárias ao bom senso, sobre gerar perplexidades"[302].

Portanto, para configurar-se a responsabilidade objetiva do Estado, basta que o cidadão sofra danos decorrentes das atividades a cargo do Poder Público, independentemente da licitude do comportamento de seus

---

302 OLIVEIRA, apud VELLOSO, Carlos Mário da Silva. Responsabilidade civil do Estado. *Revista de Informação Legislativa*, Brasília, ano 24, n. 96, p. 242, out./dez. 1987.

agentes. Com efeito, se o ato, tanto o lícito como o ilícito, produzir dano na esfera jurídica de outrem, surge o dever de indenizar. O que importa nesta sede, em suma, é a relação de causalidade entre o dano e o comportamento estatal.

9.1.4 *Última fase — extensão ao âmbito legislativo*

Embora esteada em sólidos fundamentos, a responsabilidade do Estado abarcava apenas as lesões perpetradas no exercício da função administrativa. Ainda não se cogitava, no entanto, do ressarcimento dos prejuízos advindos de atos jurisdicionais ou legislativos.

Distancia-se do propósito desta abordagem a análise temática do erro judiciário. Assim, passa-se imediatamente à investigação das causas determinantes da responsabilidade do Estado-legislador.

Conquanto já manifestada em outras áreas, tardou a vingar a preocupação com os danos advindos aos particulares em razão do exercício do múnus legislativo. Nesta área, o dogma da soberania parlamentar imperou de forma absoluta durante todo o século XIX, determinando a irresponsabilidade do Estado.

Também na França, cuja doutrina vanguardista deflagrou o processo de institucionalização da responsabilidade estatal nos mais diversos campos, a desmistificação da lei, como norma abstrata, genérica e insuscetível de acarretar danos particulares, só prosperou serodiamente.

Maurício Jorge Pereira da Mota traz à tona o *arrêt Duchatellier*, i.e., o primeiro acórdão proferido pelo Conselho de Estado francês, no qual foram gizados os preconceitos que, na época, obstavam a aceitação da responsabilidade estatal[303].

Na afamada decisão, uma lei de 12 de fevereiro de 1835 proibira, sem indenização, a fabricação de sucedâneos do tabaco, assegurando o monopólio estatal nesta área. Duchatellier, fabricante de cigarros, pleiteou indenização pelos danos oriundos do encerramento de suas atividades, que foi indeferida sob o fundamento de que o Estado não se responsabilizava pelas consequências das leis que, em nome da coletividade, vedassem ou inviabilizassem o exercício da indústria, salvo expressa disposição em contrário.

---

303 MOTA, Maurício Jorge Pereira da. *Responsabilidade do Estado legislador*. Rio de Janeiro: Lumen Juris, 1999, p. 37.

Nesse período, travaram-se acirradas discussões entre os doutrinadores franceses. De um lado, os juristas mais conservadores apregoavam incansavelmente o dogma da soberania absoluta da lei. No extremo oposto, uma geração de vanguarda propugnava pela indenização dos danos legislativos, evocando um farto cipoal de teorias no afã de legitimar a responsabilização estatal (igualdade, justa distribuição das cargas públicas, vedação do enriquecimento ilícito, teoria da expropriação etc.).

Em meio à efervescência doutrinária, despontaram os estudos de LÉON DUGUIT e de MAURICE HAURIOU. O primeiro subdividiu as leis em normativas e construtivas, classificando as últimas como passíveis de indenização. O segundo sustentou a possibilidade de responsabilização estatal quando a lei ocultasse uma operação destinada a enriquecer o patrimônio público.

Apesar do brilhantismo intelectual de seus mentores, referidas teorias não tiveram força para romper o sistema da irresponsabilidade enraizado no dogma da soberania do parlamento, até então defendido pela corrente majoritária.

Este terreno íngreme só foi vencido no início do século XX, mediante a apreciação dos dissabores advindos da crescente legislação francesa que impunha a intervenção estatal no domínio econômico.

A reviravolta na orientação do Conselho de Estado se deu precisamente no *arrêt La Fleurette*, de 14 de janeiro de 1938. Segundo consta, a empresa *La Fleurette* iniciou a fabricação de um creme similar à nata extraída do leite, batizado com o nome de *gradine*, construindo para tanto uma grande usina no interior da França. Porém, em 1934 foi aprovada uma lei proibindo a comercialização de insumos alternativos à nata, como medida de fomento à indústria leiteira.

Ao julgar o caso, o Conselho de Estado concluiu que, embora imprescindível à manutenção da indústria leiteira, a carga imposta ao fabricante de *gradine* onerava-o excessivamente. Destarte, não sendo o produto nocivo à saúde e inexistindo vedação legal à concessão de indenização, tal ônus deveria ser suportado por toda a coletividade. Estavam assim estabelecidos os pressupostos da responsabilidade estatal por danos decorrentes de atos legislativos na jurisprudência francesa.

GASTON JÈZE observa que, conquanto tenha abandonado o dogma sagrado da soberania parlamentar, o Conselho de Estado não proclamou o princípio da responsabilidade pecuniária de maneira absoluta. Ao revés, elaborou uma teoria matizada da responsabilidade estatal, cingindo-se a, uma vez constatado o silêncio do legislador, aplicar um princípio fundamental do direito público francês, qual seja, a igualdade dos indivíduos perante os encargos públicos[304].

Segundo o festejado publicista francês, a responsabilidade estatal só poderia ser fixada na presença dos seguintes requisitos: a) inexistência de vedação legal para a concessão da indenização; b) violação ao princípio da igualdade de todos os cidadãos perante os encargos públicos; c) nexo causal direto entre o dano averiguado e a disposição normativa; d) dano certo, especial, atual e não eventual.

Em geral, tais requisitos foram absorvidos e continuamente lapidados pela jurisprudência francesa. Hoje, a responsabilidade por danos oriundos de atos legislativos é plenamente admitida e tem por fulcro o célebre princípio da igualdade.

No Uruguai, igualmente, a discussão acerca da responsabilidade estatal por atos legislativos amadureceu precocemente. Lá o dever de indenizar esteia-se nos princípios da igualdade, da proibição do enriquecimento sem causa e da justa distribuição das cargas públicas, bem assim na proteção constitucional dos direitos inerentes à personalidade e à liberdade de indústria, comércio e profissão.

O debate também se fez presente na vizinha Argentina, onde encontrou a sólida oposição de Rafael Bielsa, para quem o direito a obter indenização do Estado só vingaria excepcionalmente quando a própria lei fixasse tal obrigação[305].

Todavia, não obstante a respeitável posição contrária de Bielsa, a doutrina e a jurisprudência daquele país passaram a admitir a responsabilidade por atos legislativos. A garantia estatal, porém, atrelou-se à proteção constitucional da propriedade privada. Sendo indenizável toda e qualquer expropriação por utilidade pública, a coletividade não poderia exigir, sem justo e prévio ressarcimento, sacrifícios particularizados.

Os requisitos apurados para o êxito do pleito indenizatório na Argentina são: a) ocorrência de um dano moral ou patrimonial englobado na

---

[304] JÈZE, Gaston. Notes de jurisprudence. Réparation du préjudice spécial cause par une loi générale impersonelle. Arrêt Caucheteaux et Desmont. *Revue du Droit Publique et de la Science Politique en France et à l'étranger*. Paris: 1945, p. 366-367. Apud MOTA, Maurício Jorge Pereira da. *Responsabilidade do Estado legislador*, cit., p. 38.

[305] BIELSA, Rafael. *Derecho administrativo*. 6. ed. Buenos Aires: La Ley, 1966, p. 5-6.

garantia constitucional da propriedade privada; b) dano certo, particularizado, especial e não geral; c) nexo causal adequado entre o dano amargado e o ato legislativo; d) não ter sido a restrição normativa imposta por exigências públicas de saúde, higiene ou moralidade.

Em Portugal, o reconhecimento da responsabilidade estatal por atos legislativos é predominante, apesar de estar "rodeado, tal como nos outros países, de numerosas limitações". Com fulcro no princípio da igualdade perante os encargos públicos, a jurisprudência vem enfatizando que, se o exercício da função legislativa acarretar "prejuízos especiais e anormais para algum ou alguns cidadãos, e o ressarcimento não for ou não puder constitucionalmente ser excluído, nada obsta a que, existindo fundamento jurídico, esses prejuízos sejam indenizados"[306].

Mas, se a maioria dos países vem afirmando a responsabilidade do Estado pelos danos advindos de atos legislativos, o mesmo não sucede quando o que se põe em xeque não é a ação, mas precisamente a omissão do órgão legislativo. Com efeito, aqui a doutrina e a jurisprudência estrangeiras ainda são muito arredias.

Só em Portugal, ao contrário do que se passa em outros países europeus, uma significativa parcela da doutrina defende que a inércia legislativa faz o Estado incorrer em responsabilidade civil, mormente quando inviabilizadora de direitos fundamentais.

A solução é facilitada em grande parte pelo art. 22 da Constituição portuguesa de 1976, que estabelece: "O Estado e as demais entidades públicas são civilmente responsáveis, em forma solidária com os titulares dos seus órgãos, funcionários ou agentes, por acções ou omissões praticadas no exercício das suas funções e por causa desse exercício, de que resulte violação dos direitos, liberdades e garantias ou prejuízos para outrem".

Baseando-se no mencionado dispositivo, Manuel Afonso Vaz entende que "a falta de medidas que torne absolutamente inexequível o conteúdo essencial de um direito, liberdade ou garantia preceituados na Constituição fará incorrer o Estado em responsabilidade"[307].

---

[306] RIBEIRO, Maria Chantal da Cunha Machado. *Da responsabilidade do Estado pela violação do direito comunitário*. Coimbra: Almedina, 1995, p. 110.

[307] VAZ, Manuel Afonso. *A responsabilidade civil do Estado*: considerações breves sobre o seu estatuto constitucional. Porto: Universitas Catholica Lusitana, 1995, p. 12.

9.1.5 *A responsabilidade estatal no Brasil*

DIOGENES GASPARINI faz uma divisão muito didática para tratar da evolução da responsabilidade estatal no Brasil, situando a análise em três fases: colonial, imperial e republicana[308].

Na fase colonial foram aceitos os ditames da teoria da irresponsabilidade estatal. Afinal, tratando-se de uma colônia historicamente descoberta por navegadores a serviço da coroa portuguesa, nada mais natural do que se submeter às normas lusitanas que trilharam este caminho[309].

Embora inexistisse no período imperial um específico dispositivo legal que perfilhasse abertamente a teoria da responsabilidade estatal, começaram a emergir, já nesta época, instrumentos rudimentares que marcaram a transição do regime então vigente para aquele outro que, em futuro não muito distante, apregoaria a responsabilidade estatal.

São exemplos os Decretos de 8 de janeiro de 1835, de 1º de dezembro de 1845 e de 22 de janeiro de 1847, que imputavam responsabilidade ao tesouro público pelo extravio, por culpa ou fraude do respectivo funcionário, de objetos recolhidos às suas caixas e cofres. Igualmente, o Decreto n. 1.930, de 26 de abril de 1857, obrigou a Fazenda Pública a ressarcir os danos causados por servidores de estrada de ferro.

Mas as hipóteses estabelecidas de responsabilização do ente público eram raras e estreitas. Longe de constituírem regra, tais casos representavam uma exceção ao regime da irresponsabilidade.

Referida concepção, na qual se denota resquícios absolutistas, sofreu radical metamorfose no alvorecer da República. Com o advento da Carta Magna de 1891, a teor do art. 82, passou-se a admitir a responsabilidade solidária do Estado pelos danos causados por funcionários que atuassem culposamente no exercício de atribuições públicas.

Nesse período, proliferaram diplomas normativos ampliando a responsabilidade do Estado por atos danosos praticados por seus agentes. Assim, em meio ao novo norte jurídico, foi editado o Código Civil de 1916, cujo art. 15 robusteceu a já mencionada tese da responsabilidade subjetiva do Estado.

---

308 GASPARINI, Diogenes. *Direito administrativo*, cit., p. 851.

309 Contra: "No Brasil jamais foi aceita a tese da irresponsabilidade do Estado". MELLO, Celso Antônio Bandeira de. *Curso de direito administrativo*, cit., p. 831.

Todavia, a redação falha daquele dispositivo e o espírito desbravador de alguns juristas, influenciados em grande parte pela doutrina estrangeira, suscitaram árduos debates acadêmicos acerca do caráter subjetivo ou objetivo da responsabilidade estatal, em cujas bases se assentam, respectivamente, a investigação da culpa administrativa e a admissão da teoria do ônus social.

A orientação subjetiva até então dominante foi abalada com o advento da Constituição de 1946, que passou a admitir constitucionalmente a responsabilidade objetiva do Estado, nos termos estabelecidos no seu art. 194, a saber: "As pessoas jurídicas de direito público interno são civilmente responsáveis pelos danos que seus funcionários, nessa qualidade, causarem a terceiros".

O dispositivo constitucional, como se percebe, alargou substancialmente as hipóteses de responsabilização patrimonial do Estado, pela adoção da teoria objetiva, exigindo apenas a demonstração do nexo causal entre o dano e a atuação pública para o êxito do pleito indenizatório, dispensando-se a demonstração da culpa do servidor.

Tais regras foram mantidas nas Constituições de 1967 (art. 105) e de 1988 (art. 37, § 6º), que seguiram a linha traçada na Carta de 1946, abandonando a privatística teoria subjetiva da culpa, para sufragar a tese da responsabilidade objetiva do Estado, sob a modalidade de risco administrativo, sem incorrer nos extremos de risco integral.

9.1.6 *O reconhecimento da responsabilidade do Estado legislador no direito brasileiro*

Entre nós, quem primeiro abordou o tema foi Amaro Cavalcanti em obra publicada em 1904, na qual sustentou que, após a proclamação da República, com a introdução de técnicas de controle de constitucionalidade dos atos normativos, ter-se-ia tornado possível, para alguns juristas, imputar ao Estado a responsabilidade pelos danos advindos da elaboração de lei inconstitucional[310].

[310] Porém, partidário da doutrina que defende a irresponsabilidade estatal, o autor enfatiza que "quando o Estado desempenha a sua função de fazer as leis, não pode incorrer em culpa civil, porque a culpa pressupõe a violação de uma obrigação (...) mas se o poder legislativo estabelece uma regra de direito, que esteja em contradição com uma anterior, ele não viola essa última; a ab-roga ou a modifica, haja ou não assim declarado expressamente" (CAVALCANTI, Amaro. *Responsabilidade civil do Estado*. Rio de Janeiro: Borsoi, 1956, p. 623).

Versando igual temário, em estudo realizado em 1915, Pedro Lessa defende a responsabilidade estatal pelo desempenho da função legislativa, esclarecendo que o motivo "de ser o Estado obrigado a indemnisar as offensas feitas aos direitos individuaes está no princípio da igualdade dos ônus e encargos, princípio consagrado em várias leis dos povos cultos"[311]. Adverte também o mencionado autor que "desde que as leis inconstitucionaes não são applicadas pelo Poder Judiciário, e podem causar prejuízos aos particulares, os damnos causados por taes actos legislativos são resarciveis"[312].

A partir da década de 1940, com os fenômenos da inflação normativa e da crescente intervenção do Estado no domínio econômico, a responsabilidade legislativa do ente público ganha nova propulsão.

Assim, para além da indenização pautada na inconstitucionalidade da lei, Themístocles Brandão Cavalcanti, Octávio de Barros e Francisco de Campos admitem a responsabilização do Estado respaldados, os dois primeiros, no desrespeito ao princípio constitucional da propriedade privada, e o último, na igualdade de todos os cidadãos perante os encargos públicos[313].

Hely Lopes Meirelles é refratário à admissão da responsabilidade do ente público por entender que a lei "dificilmente poderá causar prejuízo indenizável ao particular, porque, como norma abstrata e geral, atua sobre toda a coletividade, em nome da soberania do Estado, que, internamente, se expressa no domínio eminente sobre todas as pessoas e bens existentes no território nacional"[314].

Diogenes Gasparini comunga da mesma opinião, considerando que a "lei age de forma geral, abstrata e impessoal e suas determinações constituem ônus generalizados impostos a toda a coletividade"[315]. Ambos os autores acreditam que só excepcionalmente, em raríssimos casos, seria possível postular indenizações.

---

311 LESSA, Pedro. *Do Poder Judiciário*. Rio de Janeiro: Francisco Alves, 1915, p. 165.

312 LESSA, Pedro. *Do Poder Judiciário*, cit., p. 164.

313 Cf. DINIZ, Rivanildo Pereira. *A responsabilidade do Estado na inconstitucionalidade por omissão*, cit., p. 227-228.

314 MEIRELLES, Hely Lopes. *Direito administrativo brasileiro*. 26. ed. São Paulo: Malheiros, 2000, p. 617-618.

315 GASPARINI, Diogenes. *Direito administrativo*. 9. ed. São Paulo: Saraiva, 2005, p. 878.

Parece-nos, porém, que a responsabilidade do Estado é unitária e abrange as funções administrativa, judicial e legislativa. Isto porque ressalvar os atos praticados no exercício de qualquer delas equivaleria a golpear de morte o princípio da responsabilidade dos poderes públicos, viga sobre a qual se esteia o Estado Democrático de Direito.

Aliás, neste particular, é flagrante a evolução que o art. 37, § 6º, do vigente texto constitucional proporcionou em face das Cartas anteriores. Para dirimir qualquer dúvida, a atual Constituição inseriu o termo "agente" no dispositivo em causa, dando azo à ampliação da responsabilidade estatal, pois a partir daí o dever de indenizar deixou de se circunscrever aos danos causados por "funcionários públicos", termo utilizado pelas Cartas anteriores, dilatando-se para abarcar todas as situações em que, por uma razão ou outra, a atuação pública se mostre prejudicial aos interesses constitucionalmente tutelados.

A nova expressão — agentes públicos — "é a mais ampla que se pode conceber para designar genérica e indistintamente os sujeitos que servem ao Poder Público como instrumentos expressivos de sua vontade ou ação, ainda quando o façam apenas ocasional ou episodicamente"[316]. Quem desempenha uma função estatal, seja ela qual for, será um agente público enquanto a exercer. A noção abarca tanto o chefe do Poder Executivo como os magistrados, senadores, deputados e vereadores. "Não há que se indagar a que título essa função é exercida pelo agente público; o que importa é fixar a natureza do ato lesivo; se for decorrente de atividade estatal impõe-se o dever de indenizar"[317].

Em julgado pioneiro, porém isolado, o Supremo Tribunal Federal já havia assentado que o "Estado responde civilmente pelo dano causado em virtude de ato praticado com fundamento em lei declarada inconstitucional"[318]. Agora, depois de promulgada a nova Constituição, os tribu-

---

[316] MELLO, Celso Antônio Bandeira de. *Curso de direito administrativo*, cit., p. 226.

[317] ALCÂNTARA, Maria Emília Mendes. *Responsabilidade do Estado por atos legislativos e jurisdicionais*. São Paulo: Revista dos Tribunais, 1988, p. 25.

[318] STF, RE 8.889, SP, rel. Min. Castro Nunes, j. 19-7-1948, Fazenda Pública do Estado de São Paulo x João Luíz Guerra e outros. A hipótese versava sobre exação tributária inconstitucional cobrada de empresa de ônibus que realizava transporte intermunicipal de passageiros. Discordando da cobrança, a empresa impetrou mandado de segurança repressivo após ser impedida de prosseguir com suas atividades sem o recolhimento tributário. Declarada judicialmente a inconstitucionalidade da lei que previa tal exigência, a empresa reclamou e obteve perdas e danos pela suspensão de suas atividades.

nais começaram a admitir mais abertamente a responsabilidade patrimonial do Estado "por danos causados aos particulares pelo desempenho inconstitucional da função de legislar" (*RDA*, 189/305, 191/175).

De igual modo, baseado na crescente ingerência estatal no domínio econômico e na justa distribuição das cargas públicas, o Tribunal de Alçada de São Paulo decidiu ser devida indenização à empresa que, por meio de lei, fora proibida de explorar a extração de madeira (*RDA*, 109/172).

No que tange à omissão de medidas legislativas, a recepção na doutrina e na jurisprudência da teoria da responsabilidade estatal cerca-se de cautelas ainda maiores. Mesmo assim, é possível colacionar uma série de artigos doutrinários e de julgados que se inclinam por sua admissão.

Portanto, ao que tudo indica, prevalece no ordenamento jurídico brasileiro a responsabilidade do Estado por danos causados por seus agentes, sejam estes servidores públicos, particulares em colaboração com o Poder Público ou, ainda, agentes políticos no desempenho de atribuições judiciais ou legislativas.

9.2 Fundamentos da responsabilidade por ações e omissões legislativas

A doutrina diverge quanto aos fundamentos sobre os quais assenta-se a responsabilização civil do Estado na seara legislativa.

Autores há que esteiam o dever de indenizar na proibição do enriquecimento ilícito. Outros lançam mão dos institutos da expropriação, da inconstitucionalidade e do especial sacrifício experimentado pelo particular. Há quem admita exclusivamente o princípio da igualdade. Finalmente, tem-se a separação dos atos legislativos em normativos e construtivos, para permitir apenas a recomposição dos danos emanados desta última espécie legislativa.

Diante de tantas e tão complexas teorias, abrir-se-ão parágrafos específicos a fim de abordar os argumentos vertidos para legitimar a responsabilização do ente público, buscando-se respeitar ao máximo a originalidade das ideias expostas pelos mestres que primeiro desbravaram a matéria.

9.2.1 *Proibição do enriquecimento sem causa*

Este fundamento foi originalmente esposado por Hauriou, que sustentava que o ato legislativo do qual resulte enriquecimento sem causa do

Estado, em detrimento do bolso do particular, ensejaria a recomposição patrimonial.

O maior crítico desta teoria foi Paul Duez, que a julgava insuficiente por não delimitar o campo da responsabilidade legislativa, bem como por suscitar controvérsias intermináveis na análise da causa ensejadora do locupletamento estatal[319].

Agrega-se aqui outro fator impeditivo: nem toda parcela de riqueza particular subtraída pela via legislativa é acrescida ao patrimônio público. Daí ser lícito concluir que referida tese não constitui uma panaceia para todos os males. Tanto é que o limitado espectro de cobertura e os horizontes restritos deste fundamento culminaram por deslegitimá-lo como suporte para a responsabilização do Estado.

9.2.2 *Indenização por atos legislativos construtivos*

O francês Léon Duguit foi o autor intelectual da teoria que subdividiu os atos legislativos em normativos e construtivos.

Para ele, a regra de conduta deriva do próprio fato social. Não é imposta por uma transcendental vontade divina, tampouco advém de uma metafísica vontade geral manifestada pelo parlamento. O homem subordina-se à regra de direito não porque acredita num dever superior ou unicamente no dogma da soberania parlamentar, mas tão somente porque tal norma é ínsita à sociedade e imprescindível ao convívio humano. Não fosse ela, o caos seria implantado. As leis assim concebidas denominam-se normativas e estabelecem regras essenciais para a coexistência harmônica e pacífica. Na visão de Duguit, enlaçando apenas uma sanção específica ao fato social já obrigatório, as leis normativas não se dirigiriam especificamente aos indivíduos e não poderiam gerar danos particulares, sendo inconcebível discorrer sobre compensações indenizatórias.

Já as leis construtivas não decorreriam diretamente do fato social, mas constituiriam formas particulares de explicitação das leis normativas e de organização dos serviços públicos. Sendo uma criação do engenho humano, ensejariam a responsabilidade estatal sempre que algum dano especial sobreviesse ao particular.

---

319 DUEZ, Paul. *La responsabilité de la puissance publique*. Paris: Dalloz, 1927. Apud ALCÂNTARA, Maria Emília Mendes. *Responsabilidade do Estado por atos legislativos e jurisdicionais*, cit., p. 59.

Esta teoria alçou particular aceitação entre os teóricos franceses no início do século XX. Ao adotá-la em sua tese de doutorado, ROGER BRULLE advertiu que, amiúde, os elementos normativo e construtivo se mesclam no âmbito de uma única lei, sendo extremamente difícil saber qual é o dominante. Para resolver a celeuma, fixou um critério interessante, qual seja: a correlação entre meios e fins.

Logo, se a finalidade legal não pudesse ser atingida por outros meios que não os empregados pelo legislador, estar-se-ia diante de uma lei normativa insuscetível de gerar indenização. Do contrário, caracterizar-se-ia o elemento construtivo, ensejando a responsabilidade estatal.

Concluiu BRULLE que a responsabilidade do Estado nasceria do risco gerado por sua legislação construtiva que, criada, para expressar uma norma de direito em proveito de todos, lesaria especialmente alguns indivíduos e, portanto, colocar-se-ia em contradição com sua finalidade precípua de assegurar a igualdade de todos na fruição das benesses e na distribuição dos encargos sociais.

PAUL DUEZ investe contra esta teoria sob o argumento de que, além de não responder às exigências da consciência jurídica moderna, o critério distintivo entre lei normativa e construtiva é de difícil estabelecimento, havendo seguramente certas leis construtivas para as quais não se reclamaria indenização, tal qual sucede no aumento da duração do serviço militar[320].

É de observar, outrossim, que a teoria, conquanto sofisticada, estriba-se em dois preceitos sobejamente conhecidos no universo do Direito Público: igualdade e proporcionalidade. Isto porque a investigação proposta por BRULLE sobre a correlação entre meios e fins, que permitirá a identificação dos elementos construtivo e normativo, constitui a ideia matriz sobre a qual repousa sobranceiramente o princípio da proporcionalidade. Ademais, como visto, reconhece este jurista que a responsabilidade estatal adviria apenas quando a lei construtiva contrariasse seu escopo precípuo de garantir a justa distribuição das benesses e dos encargos públicos, ou seja, quando violasse o princípio da igualdade.

---

[320] DUEZ, Paul. *La responsabilité de la puissance publique*. Paris: Dalloz, 1927. Apud ALCÂNTARA, Maria Emília Mendes. *Responsabilidade do Estado por atos legislativos e jurisdicionais*, cit., p. 60.

9.2.3 *Teoria do sacrifício especial*

Os defensores desta teoria sustentam que quando a lei, a pretexto de prover necessidades públicas, impuser dano especial a um indivíduo ou a um grupo social qualquer, todos devem-se cotizar para reparar o prejuízo sofrido. O fundamento equipara-se à igualdade na distribuição dos encargos sociais e, ante sua complexidade, será pormenorizado nos parágrafos subsequentes.

9.2.4 *Teoria da expropriação*

Alguns teóricos traçaram uma analogia entre o processo expropriatório e as leis que interditavam atividades econômicas para transformá-las em serviços públicos monopolizados. Ao titular do direito de propriedade, aqui considerado em sentido amplo, quando atingido por restrições legais, restaria o sucedâneo das perdas e danos.

Duez apontou o equívoco de equiparar conceitos substancialmente distintos para justificar a recomposição patrimonial dos prejudicados. A desapropriação, que envolve a translação forçada de um bem do patrimônio particular para o patrimônio público, não se enquadraria com perfeição na analogia traçada pela mencionada corrente doutrinária. Isto porque o poder legal de exercer uma atividade econômica não constitui, em si, uma propriedade. Vale dizer: enquanto o monopólio implica uma restrição à liberdade pessoal, a expropriação consiste numa transmissão da propriedade privada ao patrimônio do ente público. São, portanto, institutos inconfundíveis. Logo, para Duez, só o abuso de linguagem daria margem à invocação do instituto da desapropriação.

Rafael Bielsa insurge-se também contra a pretensão de fundamentar a responsabilidade legislativa do Estado na analogia desenhada pela doutrina com o instituto da expropriação. Manifesta-se o mestre argentino nos seguintes dizeres:

> Es evidente que el monopolio del Estado puede causar la ruina de aquellos que, en concurrencia, o aun en monopolio, ejercían hasta ese momento esas actividades sin la nueva limitación o prohibición impuesta por el Estado; pero el daño causado por el monopolio legal del Estado no sería jurídico.
>
> Se ha pretendido que la criación de un monopolio de derecho que determina exclusión de actividades normales de libertad

de industria y comercio, implica, por sí sola, una verdadera expropriación, pero ello no es exacto, porque la prohibición de análoga industria o venta que el monopolio impone es una restricción a la libertad personal; la expropriación consiste necesariamente en una transmisión de la propiedad privada al patrimonio público.

El monopolio puede, naturalmente, motivar una expropriación, lo cual ocurre cuando el Estado declara de utilidad pública los bienes que estando en el dominio privado (cosas o derechos en su caso) pasan al del Estado, para afectarlo a la industria o venta objeto de monopolio. Pero una cosa es el monopolio de jure (prohibición de concurrencia) y otra es la expropriación (transmisión de bienes). Son causas distintas.

El monopolio por sí solo, sin expropriación, no autoriza indemnización, si bien el Estado, por razones de equidad, pueda indemnizar a los directamente damnificados por ese acto[321].

9.2.5 *Igualdade e inconstitucionalidade — fundamentos admitidos no Estado Democrático de Direito para a responsabilização por ações e omissões legislativas*

É indiscutível a responsabilidade do Estado na seara legislativa perante o atual ordenamento jurídico. No entanto, como toda imposição legal baseia-se em princípios gerais de direito, faz-se mister identificá-los.

Para se chegar ao estágio atual, atravessou-se um longo processo de transformação das estruturas sociais e políticas até a consolidação do Estado de Direito, pressuposto basilar para a responsabilização do ente público, por exigir que a postura e o comportamento dos agentes públicos mantenham-se no campo da legalidade.

Nesse sentido, num primeiro momento, mais precisamente quando preponderava a doutrina subjetiva, o fundamento era a culpa do Estado e de seus prepostos. Assim, qualquer ato deles emanado, desde que eivado de ilegalidade, ou seja, em desconformidade com o Direito, era e continua a ser passível de responsabilização.

---

321 BIELSA, Rafael. *Derecho administrativo*, cit., p. 27.

Compreende-se que tal assertiva possa causar certa hesitação, pois alguns buscarão censurá-la com a seguinte indagação: como reconhecer que a lei, fonte formal do Direito, possa, ela mesma, ser considerada ilegítima e, consequentemente, render ensejo à indenização?

É preciso reiterar, no entanto, que o presente trabalho contempla um horizonte restrito. Investiga-se a responsabilidade do Estado no âmbito dos países que adotam um sistema normativo piramidal, cujo ápice é ocupado pela Constituição.

Neste universo delimitado, a obra do constituinte originário fornece uma moldura no interior da qual irá florescer toda a atividade jurídica. As leis são válidas e pertencentes a um dado sistema jurídico se estiverem em conformidade com as normas constitucionais que regulam o processo legislativo. Do contrário, serão inconstitucionais e passíveis de invalidação. Não obstante, caso acarretem prejuízos aos seus destinatários, renderão direito à indenização como todo ato lesivo e contrário ao Direito.

Subjaz também aqui o fundamento da responsabilidade do Estado diante da omissão legislativa. Como se aduziu linhas atrás, os direitos constitucionais que não são autoaplicáveis postulam a edição de normas regulamentadoras para surtirem efeitos jurídicos. Enquanto não editada a norma legislativa, tais prerrogativas mergulham num estado de inércia latente, frustrando as expectativas de seus destinatários.

No âmbito da teoria geral da Constituição, o problema é contornado pela tendência generalizada de se adotar um sistema de controle capaz de sindicar a constitucionalidade tanto dos atos comissivos quanto dos comportamentos omissivos. Portanto, inconstitucional não é apenas a lei produzida em descompasso com a ordem vigente. Inconstitucional é também a relutância do legislador em implementar direitos constitucionais dentro de razoável lapso temporal. Esclarecedoras são as palavras de MARIA EMÍLIA MENDES ALCÂNTARA:

> Evidentemente tal afirmação só prevalece em não havendo prazo fixado para a emanação de normas complementares à Constituição, pois que se prazo houver afigura-se-nos como indeclinável o direito de exigir indenização pelos danos ocasionados por essas omissões.
>
> A questão apresenta maiores dificuldades, entretanto, quando ao Legislativo não for cominado prazo, sendo pois conferida

competência discricionária quanto ao momento da emanação de tal ato.

> Embora seja tese dificilmente sustentável, não nos parece que o legislador possa furtar-se a editar legislação que vise a tornar exequíveis direitos garantidos constitucionalmente, de molde a fraudar essas garantias. De que vale um direito assegurado constitucionalmente, mas que não tem condições de jamais ser exercitado?
>
> Portanto, acreditamos que a omissão do legislador por lapso razoável de tempo permitirá a propositura de ação de indenização por quem sofrer danos em virtude de ser titular de um direito garantido pela Constituição, mas impedido de o exercer por inércia legislativa[322].

Logo, se a pretexto de coibir a lavagem de dinheiro ilícito, algum Estado brasileiro editar uma lei que proíba a exploração das casas de bingo, é assegurado ao comerciante prejudicado postular indenização pelos danos sofridos durante o tempo de paralisação de suas atividades.

Isto porque a norma em questão afigura-se inconstitucional por violar o princípio da proporcionalidade e os valores inerentes à ordem econômica. Com efeito, ao obstar o exercício de atividades habituais, a medida lesará, a um só tempo, a liberdade de comércio, indústria ou profissão (CF, art. 5º, XIII), a proteção constitucional da propriedade privada, a livre-iniciativa e a liberdade de concorrência (CF, art. 170, II e IV). É dizer, a medida poderá carrear mais prejuízos do que benefícios (proporcionalidade em sentido estrito), até porque nem todos os estabelecimentos de bingo são desonestos. Ademais, a correlação entre meios e fins permite avistar a inadequação e a desnecessidade da tática adotada no combate ao crime organizado, pois há medidas mais eficazes e menos onerosas para evitar a lavagem de dinheiro sujo, tais como a intensificação da fiscalização,

---

322 ALCÂNTARA, Maria Emília Mendes. *Responsabilidade do Estado por atos legislativos e jurisdicionais*, cit., p. 69. A melindrosa questão também foi sintetizada por Canotilho, que não reconhece a invocação de direito subjetivo em juízo como suporte ao pleito indenizatório em virtude de prejuízos oriundos de omissão legislativa inconstitucional. Para nós, a asserção não prevalece quando há prazo constitucional fixado para a edição de leis regulamentadoras, bem assim quando houver escoado razoável espaço de tempo desde a promulgação da norma constitucional. Em hipóteses tais, configurado o prejuízo, poderá o particular pleitear perdas e danos, pois é inconcebível que fique refém da inoperância do legislador.

o aparelhamento da polícia federal, o investimento em serviços de inteligência, a incorporação de novas tecnologias, o cruzamento de informações bancárias para detectar a sonegação fiscal etc.

Denota-se a importância do princípio da proporcionalidade para a fixação da responsabilidade do Estado, especialmente perante as leis restritivas de direitos fundamentais. De fato, como todo comportamento contrário ao Direito, também as ações e as omissões legislativas, sendo desproporcionais e, por conseguinte, inconstitucionais, irão gerar a responsabilidade civil do Estado.

No campo da inação legislativa, cujo potencial lesivo não é menos intenso do que o efeito danoso que se faz sentir na ação normativa inconstitucional, o princípio da proporcionalidade é particularmente usado para fixar o momento em que, transcorrido o prazo razoável para a adoção da norma regulamentadora, se dá por consumada a omissão do órgão legislativo.

Quando há fixação expressa de prazo para a regulamentação das normas constitucionais, torna-se mais fácil a responsabilização do Estado diante das omissões legislativas. Um exemplo ajudará a esclarecer a particularidade apontada.

A Constituição brasileira, em seu art. 37, X, determina a revisão anual da remuneração dos servidores públicos por meio de lei específica. Suponha-se, portanto, que o prefeito de uma cidade deixe de enviar à Câmara Municipal o projeto de lei a que se refere este dispositivo constitucional. Por óbvio, em homenagem ao princípio da separação dos Poderes, é vedado ao Judiciário substituir a vontade dos órgãos Legislativo e Executivo, de molde a fixar o índice de reajuste devido aos servidores públicos, pois em tal hipótese estaria usurpando a função legislativa.

Nem por isso o servidor ficará ao desamparo. Imposta ao legislador uma obrigação com prazo constitucional demarcado, não se justifica sua omissão. Assim, os prejudicados farão jus a uma indenização destinada a recompor os danos resultantes da perda do poder aquisitivo ante a variação inflacionária registrada no período.

Aliás, convém aqui trazer à colação ação ordinária proposta por servidores públicos federais em Pelotas/RS, onde se postulou a reparação de danos materiais e morais provocados pela ausência de lei revisora de suas respectivas remunerações, conforme previsão constante do art. 37, X, da Constituição Federal, com a redação alterada pela Emenda Constitucional n. 19/98.

Devidamente processado o feito, em primeira instância a União foi condenada a pagar: a) a título de dano material, a diferença entre a remuneração ou os proventos recebidos pelos autores e o que lhes seria devido, mês a mês, com a aplicação do INPC de forma anual, a partir do mês de junho de 1999; b) a título de danos morais, R$ 4.000,00 (quatro mil reais) por autor. Tudo acrescido de correção monetária, juros moratórios de 6% ao ano e honorários advocatícios no importe de R$ 1.500,00 (um mil e quinhentos reais).

Inconformada, a União interpôs recurso de apelação alegando, em preliminar, a impossibilidade jurídica do pedido e, no mérito, a improcedência da ação. Porém, o Tribunal Regional Federal da 4ª Região manteve a sentença monocrática, esclarecendo apenas que: I — o termo inicial para o pagamento indenizatório vincula-se ao momento em que se consumou a mora legislativa, i.e., em junho de 1999, um ano após o decurso da Emenda Constitucional que estabeleceu a revisão anual; II — o termo final da indenização coincidiria com a entrada em vigor da Lei n. 10.331/2001, que conferiu reajuste anual aos servidores públicos federais referente ao ano de 2002.

Aliás, do mencionado acórdão cumpre transcrever um pequeno excerto que sintetiza todos os fundamentos invocados para a responsabilização do Estado perante as omissões legislativas:

> Atualmente a Constituição determina que o Presidente da República, nos termos do art. 61, § 1º, II, *a*, da CF, encaminhe, anualmente, um projeto de lei que disponha sobre aumento da remuneração dos servidores públicos federais, de modo que reste garantida a recomposição do valor de seus subsídios. Em não exercendo essa competência privativa que lhe é atribuída, o Chefe do Poder Executivo incorre em mora legislativa. A matéria já foi objeto da Ação Direta de Inconstitucionalidade por Omissão n. 2.061/DF, que foi assim decidida (...) Em que pese não tenha o Supremo Tribunal Federal estabelecido o aumento devido aos servidores, o certo é que reconheceu em ação própria a mora no encaminhamento do projeto de lei visando a revisão da remuneração destes servidores. Contudo não impôs a prática do ato legislativo faltante, nem poderia fazê-lo, sob pena de violação ao princípio da separação dos poderes. A procedência da ação direta de inconstitucionalidade por omissão importa no reconhecimento da mora e na ciência daquele a quem compete

> a elaboração da norma. Entretanto, declarada pelo STF a omissão do dever de legislar — e frise-se, sobre direito fundamental que é a remuneração de servidor público — é imperioso concluir que o Estado causou dano. Portanto, da mesma forma que seria responsabilizado por um dano causado por agente seu (art. 37, § 6º, CF), o Estado é obrigado a indenizar os prejuízos decorrentes da mora legislativa, pois a ré deu causa à perda do poder aquisitivo da remuneração e proventos percebidos pelos servidores, estabelecendo-se aí o nexo de causalidade entre a omissão e o dano. (...) Diante destas constatações, cabe definir que o pedido não envolve aumento de vencimento, mas reparação de dano sofrido em razão da mora. Assim, o pedido procede com a condenação da ré à reparação do dano[323].

O reconhecimento da omissão inconstitucional implica a constatação de que o legislador violou uma norma cogente, imperativa e de observância compulsória, que reclamava sua atuação célere e expedita para surtir todos os efeitos esperados. Importa, outrossim, a verificação de que sua inércia inviabilizou o exercício de direitos constitucionais pelos respectivos destinatários, causando-lhes um dano certo e passível de reparação econômica. Enfim, tal comportamento contrário ao direito configura o descumprimento do dever de ação previsto em norma constitucional certa, determinada e obrigatória.

Numa típica e perversa relação de causa e efeito, o comportamento negativo do legislador, ao negligenciar a regulamentação das disposições do texto magno, acaba inviabilizando o exercício de direitos, liberdades e prerrogativas assegurados na Lei Maior. Sobre evidenciar completo desprezo pelos direitos fundamentais, a inércia dos poderes constituídos acarreta a erosão da consciência constitucional, uma das mais graves formas de patologia jurídica. Daí por que a censura jurisdicional há de ser enérgica, condenando-se a pessoa jurídica de direito público responsável pela omissão à reparação de perdas e danos, outorgando retroatividade à

---

[323] TRF da 4ª Região, Apelação Cível n. 2002.71.10.000651-7, RS, rel. Des. Silvia Goraieb, Apelante: União Federal, Apelado: Eduardo Ferreira Medina e outros, *DJU*, 17-12-2003. A mesma orientação foi seguida em vários outros julgados proferidos pelo TRF da 4ª Região, dos quais cumpre citar: 1) Apelação Cível n. 2001.71.02.005137, rel. Des. Maria de Fátima F. Labarrère, *DJU*, 6-5-2003; 2) Apelação Cível n. 2003.72.08.004397-1, rel. Juiz Federal José Paulo Baltazar Júnior (convocado), *DJU*, 2-6-2004.

sentença proferida (efeitos *ex tunc*) para alcançar todo o período a partir do momento em que se consumou a mora legislativa.

Sob o prisma da ilicitude, cumpre assentar a premissa — que só não é mais óbvia por haver sido historicamente negligenciada — de que a inconstitucionalidade por omissão é um pressuposto a acrescer a outros, como o nexo causal e o evento danoso, necessários para delimitar a responsabilidade legislativa do Estado. Aliás, sob este aspecto, Luiz Alberto David Araujo pondera:

> A declaração judicial da omissão implica no reconhecimento de dano a pessoa ou grupo de pessoas prejudicadas. Estamos diante de uma obrigação descumprida por uma pessoa de direito público, no caso, o Poder Legislativo da União Federal e, por outro lado, de titulares de direitos feridos, que sofreram prejuízos pela omissão legislativa, reconhecida através da coisa julgada. (...) Quer entendendo o problema sob o prisma individual, quer sob o metaindividual, duas regras ficam claras: há um reconhecimento de falta de cumprimento de dever (obrigação) do Poder Legislativo; há um princípio de responsabilização das pessoas de direito público. As duas regras devem ser entendidas dentro da ótica da inafastabilidade do Poder Judiciário, para apreciar lesão ou ameaça de lesão a direito (inc. XXXV do art. 5º)[324].

Já vimos que a noção de norma imperativa envolve a ideia de comando, ordem, obrigação e dever, a cujo descumprimento se liga uma sanção específica (Capítulo 2, item 2.4). Pois bem, o descumprimento de um dever constitucional de ação provoca, como um de seus mecanismos sancionatórios, a recomposição das perdas e danos por parte da pessoa jurídica de direito público responsável pela omissão legislativa[325]. Cuida-se, em veras, da aplicação de um princípio geral de direito que diz que todo aquele que, por ação ou omissão, causar dano a outrem, fica obrigado a reparar o prejuízo.

---

[324] ARAUJO, Luiz Alberto David. *A proteção constitucional das pessoas portadoras de deficiência*. Tese de doutorado publicada pela Coordenadoria Nacional para Integração da Pessoa Portadora de Deficiência (Corde), Brasília, 1994, p. 187-190.

[325] Cf. nesse sentido: PIOVESAN, Flávia. *Proteção judicial contra omissões legislativas*, cit., p. 123. MIRANDA, Jorge. *Manual de direito constitucional*, cit., t. 2, p. 395. MEDEIROS, Rui. *Ensaio sobre a responsabilidade civil do Estado por actos legislativos*. Coimbra: Almedina, 1992, p. 24.

Mas além da inconstitucionalidade por ação ou por omissão, em certos casos, o princípio da igualdade também se apresentará como critério preponderante para a reparação dos malefícios causados por atos legislativos.

No afã de prover as necessidades sempre crescentes dos cidadãos, o Estado culminou por assumir atribuições as mais diversas, muitas das quais incluídas no campo das atividades econômicas pertencentes à iniciativa privada. Com raras exceções, assistiu-se no mundo globalizado à substituição do Estado liberal pelo Estado interventor.

Assim, a pretexto de implementar necessidades sociais, o Estado acabou imiscuindo-se na esfera econômica e, com isso, sacrificando interesses particulares em prol do bem comum. Por palavras outras, grupos restritos acabaram suportando todos os encargos necessários para a satisfação dos interesses coletivos.

Neste caso, sendo legítima a atividade pública, não seria possível invocar o princípio da constitucionalidade dos atos normativos para justificar a responsabilidade estatal diante dos sacrifícios unilaterais impostos aos particulares, visto que, efetivamente, nenhuma inconstitucionalidade foi praticada[326].

Não se pode, entretanto, olvidar a iniquidade desta situação, pois não é justo que um particular suporte sobre seus ombros todo o peso do progresso social de determinada comuna. Por esta razão, o fundamento da responsabilidade estatal por danos decorrentes de atos lícitos somente pode ser o princípio da igualdade.

Não se perquire acerca da culpa dos agentes públicos, pois o ato é lícito e objetiva é a responsabilidade. Também não se invoca o princípio da constitucionalidade, pois, como visto, não se está diante de um ato inconstitucional. A responsabilidade estatal exsurge como instrumento de partilha igualitária dos encargos públicos entre os diversos membros da so-

---

[326] Alguns autores preferem se referir ao que denominam "princípio da legalidade em sentido lato", para abranger não apenas a violação frontal da lei em sentido técnico, mas também a vulneração direta ou indireta das normas constitucionais. Sustentam que, na presença de uma lei inconstitucional, o fundamento direto da responsabilidade do Estado não seria o princípio da igualdade (embora se admita a invocação indireta deste fundamento), mas sim a lesão ao princípio da legalidade compreendido, insta frisar, em sentido lato (inconstitucionalidade direta e indireta da norma jurídica). De nossa parte, por considerarmos inconfundíveis as noções de ilegalidade e de inconstitucionalidade, preferimos empregar a expressão "princípio da constitucionalidade dos atos normativos".

ciedade. Tal proceder, longe de repugnar a estrutura teórico-normativa da responsabilidade estatal edificada ao longo da história, está na verdade a confirmá-la, bem assim a atender os anseios da justiça igualitária, postulado básico do Estado Democrático de Direito.

Vislumbra-se facilmente a aplicação deste fundamento nuclear em todas as searas públicas. Ilustrativamente, pode-se pinçar e isolar o prejuízo acarretado pela aprovação de uma lei municipal que, a pretexto de cumprir as exigências fundamentais à ordenação de uma cidade qualquer, comina a proibição de edificar prédios com mais de um pavimento em áreas adjacentes ao aeroporto.

Supondo terem sido obedecidos todos os trâmites formais do processo legislativo, ninguém, em sã consciência, apontará a inconstitucionalidade desta lei, pois, inegavelmente, detém o município competência para legislar sobre assuntos de interesse local, implementar a política de desenvolvimento urbano e traçar o respectivo plano de ordenação espaço-territorial (CF, arts. 30, I, e 182, *caput* e § 1º).

Ademais, referida lei tem o salutar condão de facilitar o pouso e a decolagem de aeronaves de grande porte, evitando colisões com prédios residenciais, poupando vidas humanas e contribuindo para o bem-estar de todos. É, portanto, constitucional a norma em comento.

Todavia, apesar de ser legítima a atuação parlamentar, o fato é que a indigitada lei cerceou o exercício do direito de construir por parte do proprietário do solo particular. Privou-o assim de uma prerrogativa que possui repercussão patrimonial. A proibição legislativa, indubitavelmente, acarretará neste caso a desvalorização imobiliária dos terrenos sitos nas adjacências da zona aeroportuária. Cuida-se, efetivamente, de um prejuízo material decorrente da atuação legislativa.

É impossível ignorar, simplesmente, a proibição normativa, pois a medida tem em mira um interesse coletivo maior que impõe a limitação da propriedade particular, qual seja: a segurança da navegação aérea e a preservação de vidas humanas. Quem desrespeitar a lei estará sujeito a embargo e demolição de obra particular.

Entretanto, o princípio da igualdade impede que o progresso social seja subsidiado por uma única pessoa. Os frutos, os bônus e as vantagens sociais devem ser igualmente repartidos. O mesmo se passa com os sacrifícios, os ônus e os encargos públicos. Se, para atender o interesse coletivo, o Estado impõe um sacrifício especial e extraordinário a um indivíduo, toda a sociedade deve concorrer para indenizá-lo na proporção do proveito experimentado.

Isto porque, repita-se, os encargos públicos hão de ser equitativamente distribuídos. Benefícios e encargos iguais. Este é o núcleo do princípio da igualdade e da teoria do ônus social, que constituem o fundamento basilar da responsabilidade estatal por atos lícitos.

Assim, no caso em apreço, se a coletividade aufere vantagens em razão do sacrifício particular imposto ao proprietário, nada mais justo que esta mesma coletividade, ora representada pelo Estado, se cotize para recompor a desvalorização imobiliária resultante da aprovação da norma que o investiu na proibição de construir.

As razões que supeditam as distintas hipóteses de responsabilização estatal estão claramente aportadas no magistério de Celso Antônio Bandeira de Mello, a saber:

> A nosso ver, o fundamento se biparte.
>
> a) No caso de comportamentos ilícitos comissivos ou omissivos, jurídicos ou materiais, o dever de reparar o dano é a contrapartida do princípio da legalidade. Porém, no caso de comportamentos ilícitos comissivos, o dever de reparar já é, além disso, imposto também pelo princípio da igualdade.
>
> b) No caso de comportamentos lícitos, assim como na hipótese de danos ligados à situação criada pelo Poder Público — mesmo que não seja o Estado o próprio autor do ato danoso —, entendemos que o fundamento da responsabilidade estatal é garantir uma equânime repartição dos ônus provenientes de atos ou efeitos lesivos, evitando que alguns suportem prejuízos ocorridos por ocasião ou por causa de atividades desempenhadas no interesse de todos. De conseguinte, seu fundamento básico é o princípio da igualdade, noção básica do Estado de Direito[327].

Oportuno recordar o pensamento de Benoit, para quem o princípio da igualdade sempre estará implícito nas demandas travadas entre o Estado e os particulares, pois é basilar para a constituição de todo e qualquer instituto jurídico, devendo ser acatado em sua plenitude[328].

---

327 MELLO, Celso Antônio Bandeira de. *Curso de direito administrativo*, cit., p. 812-813.

328 BENOIT, apud ROCHA, Cármen Lúcia Antunes. Observações sobre a responsabilidade patrimonial do Estado. *Revista de Informação Legislativa*, Brasília, v. 28, n. 111, p. 87, jul./set. 1991.

Merece transcrição ainda o escólio da professora Carmen Lúcia Antunes Rocha:

> Temos, pois, como fundamentos do princípio da responsabilidade do Estado o princípio democrático, que cinge a pessoa estatal à obrigação jurídica de não permitir que lesões aos particulares provenientes de sua conduta na gestão da coisa pública restem ao desamparo e, de outra parte, o princípio republicano, do qual nascem os direitos dos indivíduos a que a coisa pública seja administrada e destinada às atividades havidas por essenciais de forma aberta e comprometida com a sociedade, sem quebra da igualdade de todos os que compõem o público, titular desta mesma coisa. Do primeiro princípio supra apontado surge, eminente, de imediato, o princípio da legalidade e da responsabilidade e do segundo, nasce, diretamente o da igualdade de todos no suportamento das incumbências públicas e, correspectivamente, como a materialização deste princípio, o da responsabilidade[329].

Portanto, em que se pesem as divergentes acepções ideológicas acima retratadas, a responsabilidade estatal esteia-se em duas razões distintas: a) o princípio da legalidade no tocante aos atos ilícitos, cristalizado aqui neste trabalho como o princípio da constitucionalidade da ação ou da omissão legislativa; b) a igualdade como justificativa para tornar indene a vítima de atos que, embora lícitos, lhe são prejudiciais.

Remarque-se, por fim, que a omissão de medidas legislativas reclamadas para tornar exequíveis as normas constitucionais de eficácia limitada, configurando o descumprimento de um dever constitucional de ação, subsume-se sempre no conceito de ilicitude presumida.

9.3 A lei enquanto norma abstrata, ato de império e fonte criadora do direito

A resistência em aceitar a responsabilidade do Estado decorre, em princípio, da natureza abstrata, geral e impessoal do ato legislativo. Todavia, convém ponderar um pouco sobre a profunda mutação que tal ideia sofreu ao longo dos anos.

---

[329] ROCHA, Cármen Lúcia Antunes. Observações sobre a responsabilidade patrimonial do Estado, cit., p. 87.

Não raro, a pretexto de impor limitações à generalidade dos indivíduos, uma lei comina encargos especiais a uma parcela da coletividade. O bem comum é alcançado mediante o sacrifício de interesses individuais, os quais devem ser ressarcidos.

Se é certo que o ato legislativo caracteriza-se, tradicionalmente, como geral, abstrato e impessoal, não menos o é o fato de que sua aplicação pode alcançar uma única pessoa ou um grupo determinado de pessoas, causando-lhes nefastos prejuízos.

Por outro lado, concebe-se hoje a edição de leis com efeitos concretos e, portanto, com destinatários específicos, o que reforça a potencialidade lesiva dos atos legislativos e afasta qualquer ranço quanto à possibilidade de se extrair danos concretos de um ato teoricamente abstrato e geral.

Ademais, a atribuição de generalidade e impessoalidade às leis é fruto de um conceito de ato legislativo moldado pela ideologia liberal, mas que já não se coaduna com as atuais estruturas político-constitucionais dos Estados intervencionistas, como bem adverte CANOTILHO: "Muitas das modernas leis não são já normas gerais e abstratas, mas sim reações estaduais tendentes a resolver problemas concretos e singulares, situações de necessidade carecidas de remédio urgente, dotadas de executividade imediata e aderentes a um facto determinado"[330].

HELY LOPES MEIRELLES classifica as denominadas "leis de efeitos concretos" como autênticos atos administrativos que apenas impropriamente revestem roupagem legislativa, e que, por incidirem direta e especificamente sobre o objeto pretendido, podem causar lesões particulares, expondo-se à impetração de mandado de segurança ou ao ajuizamento de ação reparatória[331].

Igualmente, a separação dos misteres públicos entre atos de gestão e de império encontra-se de todo superada. Quem busca reviver a tese preconizada por LAFERRIÈRE esquece que a soberania não é um apanágio de qualquer dos poderes encarregados de exercer as funções públicas (Legislativo, Judiciário e Executivo), mas tão somente um atributo do Estado em sua unidade.

A rigor, não se pode sequer falar em "poderes". Sendo uno, incindível, soberano e inalienável, o poder político não se divide. Para racionalizar e

---

[330] CANOTILHO, J. J. Gomes. *O problema da responsabilidade do Estado por actos lícitos*, cit., p. 149.

[331] MEIRELLES, Hely Lopes. *Mandado de segurança*. 22. ed. São Paulo: Malheiros, 2000, p. 39.

otimizar o desempenho de tarefas tão complexas admite-se apenas que ele seja exercido por órgãos distintos, mas nunca repartido.

Por isso se diz que a soberania é característica inerente ao Estado brasileiro, mas não a um órgão dotado de incumbências específicas, como o Poder Legislativo, que, ademais, tem sua atuação pautada por normas constitucionais. De tudo, conclui-se ser impossível falar em soberania da lei, máxime quando ela se encontra subordinada à Constituição Federal.

O argumento de que a lei, enquanto fonte formal do Direito, pode livremente criar, suprimir e alterar direitos preexistentes, só possui aplicação em sistemas normativos não hierarquizados. Não, porém, no ordenamento pátrio e da maioria dos Estados modernos, nos quais as normas jurídicas convergem a um nódulo central, haurindo na Constituição, direta ou indiretamente, o seu fundamento de validade.

É já um truísmo falar sobre a força cambiante da lei. Tal fenômeno, de resto institucionalizado na vida social, está adstrito a limites insuperáveis. Ninguém discorda de que a lei possa ser modificada *ad nutum*. Objeta-se, isto sim, a supressão legislativa de direitos adquiridos sem a correspondente indenização. Tal proceder, se admitido, representaria verdadeiro confisco e uma regressão aos primórdios da civilização onde imperava a lei do mais forte.

O progresso social impõe significativas alterações legislativas. A discussão sobre flexibilização das leis trabalhistas, reformas tributária e previdenciária, ganhou os noticiários nacionais. Respeitadas as diretrizes constitucionais, a mudança da legislação vigente será válida e até mesmo bem-vinda.

Do que se nota, a responsabilidade estatal por atos legislativos, longe de obstar o exercício da atividade parlamentar e de gerar estagnação social, ratifica a supremacia da Constituição e harmoniza os interesses em conflito mediante indenização dos sacrifícios individuais.

9.4 Pressupostos necessários

Acreditamos que os requisitos ensejadores da responsabilidade civil do Estado na seara legislativa desdobram-se em elementos gerais e específicos.

São três os requisitos gerais, a saber: a) evento danoso; b) configuração do vício de inconstitucionalidade ou da imposição de cargas públicas especiais em prol da coletividade; c) nexo causal entre o dano amargado e a ação ou omissão legislativa.

Já os pressupostos específicos são os seguintes: a) em caso de atuação positiva do legislador, não ter sido a restrição normativa imposta por exigências públicas de saúde, higiene ou moralidade; b) em caso de omissão, estar caracterizado o descumprimento de um comando normativo que impõe um dever concreto de ação, e não uma simples faculdade constitucional.

É descabido falar em responsabilidade ante a inexistência de dano material ou moral. Em sua acepção etimológica, o verbo "indenizar" significa tornar a vítima "indene" de prejuízos. Ora, na ausência de lesões, a pessoa permanece incólume, i.e., indene, e não há o que indenizar.

Todavia, é forçoso reconhecer que a responsabilidade civil não cobre aborrecimentos normais, efêmeros e inerentes ao próprio convívio social. Apenas as lesões a direitos morais ou materiais juridicamente protegidos ensejam indenização. Por isso, o magistrado deve atentar para tais particularidades, sobretudo na seara do Direito Público, tão avesso a inovações.

Como restou demonstrado, o princípio da constitucionalidade dos atos normativos e o princípio da justa distribuição de cargas públicas formam o canal arterial por onde flui o sistema da responsabilidade do Estado Legislador.

Discordamos daqueles que enxergam apenas um destes fundamentos como a razão legitimadora do pleito indenizatório.

Com efeito, o vício de inconstitucionalidade não explica todas as hipóteses passíveis de responsabilização. O exemplo da lei municipal que impõe restrições às propriedades limítrofes ao aeroporto ilustra a insuficiência da adoção de um critério único[332]. Embora constitucional, a disposição normativa irradia efeitos com variado grau de intensidade entre os munícipes. É o princípio da igualdade que determinará a indenização dos proprietários atingidos pela intervenção legislativa.

Da mesma forma, o princípio da igualdade, sozinho, não responde satisfatoriamente às exigências de justiça social. Figura-se aqui o exemplo de uma lei que atinge indistintamente todos os compatriotas de uma dada nação, irrogando-lhes obrigações inconstitucionais. Nesta hipótese, não é possível invocar o princípio da igualdade para compensar sacrifícios espe-

---

[332] Remetemos o leitor ao item 9.2.5, onde o assunto foi abordado minuciosamente.

ciais suportados por certos indivíduos em prol do bem comum. Isto porque os encargos públicos foram estendidos a todo o corpo social.

De fato, é possível tachar a lei de inconstitucional, mas não de desigual, pois ela impõe tratamento idêntico aos mais diversos cidadãos. Pode ser uma lei prejudicial e até retrógrada, mas tal faceta nociva se impõe a todos sem qualquer distinção. Nesta situação, só a inconstitucionalidade pode fulminar de nulidade a norma jurídica, invalidando-a e determinando a reparação dos danos causados, como todo ato lesivo e contrário ao Direito enseja.

Apartados, os dois critérios, igualdade e inconstitucionalidade, respondem apenas parcialmente ao problema de que nos ocupamos. Unidos, dissipam as dúvidas renitentes e se completam para fornecer uma solução eficaz. Tal entendimento está longe de ser pacífico. Cuida-se antes de uma inclinação pessoal obtida a partir de sistemas hierarquizados, mas que, a nosso ver, pode resolver a contento a emblemática questão da responsabilidade civil por ações e omissões legislativas.

Divergindo um pouco, o Tribunal de Justiça de São Paulo já considerou a declaração de inconstitucionalidade da norma legislativa como um *prius* necessário para a fixação da responsabilidade do Estado (*RDA*, 81/133). Referida decisão, entretanto, destoa da teoria objetiva implantada nos países modernos, que responsabiliza o ente público tanto em virtude de atos lícitos e constitucionais quanto em decorrência de atos ilícitos e inconstitucionais.

No extremo oposto, Maria Emília Mendes Alcântara entende que "para fins de indenização ao atingido por ato legislativo não cabe indagar da constitucionalidade ou não desse ato, mas apenas provar o dano e sua conexão direta e imediata com a atuação do Poder Legislativo"[333]. À doutrina da ilustre professora levantamos o problema de uma lei inconstitucional que impõe sacrifícios gerais e não específicos, hipótese em que nenhum outro fundamento além do vício supremo fornece solução consentânea.

Sendo inconstitucional ou importando sacrifícios individuais em nome do benefício coletivo, a ação ou omissão legislativa poderá gerar direito à indenização, desde que atendidos os demais requisitos.

---

[333] ALCÂNTARA, Maria Emília Mendes. *Responsabilidade do Estado por atos legislativos e jurisdicionais*, cit., p. 66.

É importante repisar, no entanto, que a omissão legislativa sempre estará compreendida no conceito de ilicitude presumida, pois o seu reconhecimento implica a constatação de que o legislador violou uma norma constitucional imperativa que exigia pronta regulamentação para gerar todos os seus efeitos jurídicos.

Uma vez caracterizada a inconstitucionalidade comissiva ou omissiva do órgão legislativo, o interessado não precisa aguardar seu prévio pronunciamento, em sede de ação direta de inconstitucionalidade, pelo Supremo Tribunal Federal.

Em homenagem ao princípio da universalidade da jurisdição, o Poder Judiciário não pode abster-se de apreciar lesão ou ameaça de lesão a direito (CF, art. 5º, XXXV). Por isso, é facultado à vítima de ação ou omissão legislativa inconstitucional ajuizar, imediata e diretamente, ação indenizatória para se ressarcir dos prejuízos morais ou materiais que houver experimentado.

Todavia, por força do art. 97 da Constituição Federal, os tribunais só podem declarar a inconstitucionalidade de lei ou ato normativo do Poder Público pelo voto da maioria absoluta de seus membros ou dos membros do órgão especial. Assim, embora o cidadão particular esteja desobrigado de aguardar o julgamento de ação direta pelo Supremo Tribunal Federal, certo é que a ação indenizatória movida na via difusa estará sujeita à reserva plenária prevista neste dispositivo quando a inconstitucionalidade for a *causa petendi*, ou seja, o fundamento da responsabilidade estatal pelo desempenho irregular da função legislativa.

Porém, versando a controvérsia sobre norma já declarada inconstitucional pelo Supremo Tribunal Federal ou pelo Tribunal em que tramita a ação indenizatória, descabe o deslocamento previsto no art. 97 da Constituição Federal. Neste caso, nos termos do art. 481, parágrafo único, do Código de Processo Civil, o órgão fracionário poderá julgar de plano a demanda movida pelo particular lesado, sem precisar submeter previamente ao plenário ou ao órgão especial a arguição de inconstitucionalidade.

Para o êxito do pleito indenizatório é mister que o dano experimentado pelo particular seja consequência direta da intervenção do legislador ou de sua omissão. Vale dizer: a lei e o *vacum* normativo devem funcionar como condição *sine qua non* para a ocorrência do evento danoso. Se o prejuízo advindo ao particular basear-se em causas alheias ou estranhas à atividade parlamentar, restará excluída a responsabilidade do ente público. Dito de outro modo, entre o prejuízo experimentado, de um lado, e a ação ou omissão legislativa, de outro, deve mediar um nexo de causalidade, sem o qual não será possível responsabilizar o Estado.

Também não se cogita de responsabilidade quando a lei visa conter o uso abusivo de direitos e liberdades pessoais. Ninguém pode almejar indenização por restrições legislativas impostas ao exercício imoral ou contrário à saúde pública das prerrogativas constitucionais.

O proprietário pode usar, gozar e dispor de seus bens como melhor lhe aprouver. Isto não avaliza em absoluto atitudes contrárias ao Direito. A título de ilustração, o pecuarista relapso que descura dos cuidados preventivos básicos, permitindo a contaminação de todo o seu rebanho por febre aftosa, não pode pleitear indenização perante a lei que determinou o abate das reses infectadas. Igualmente, o dono do cachorro hidrófobo não pode pretender indenizar-se ou furtar-se à aplicação da lei que impõe o sacrifício canino, pois tal medida legislativa decorre de uma exigência de saúde pública.

Em Mato Grosso do Sul, por exemplo, foi aprovada a Lei Estadual n. 1.953, de 9 de abril de 1999, que estabeleceu regras de defesa sanitária animal e, em seu art. 4º, IV, concedeu poderes ao Departamento de Inspeção e Defesa Agropecuária para "promover, nos termos da legislação em vigor, a identificação ou sacrifício de animais que representem risco de introdução ou disseminação de doenças dos animais". A mesma lei pune o pecuarista relapso que deixar de proceder à vacinação de suas reses, estabelecendo, no § 1º do art. 17, "a perda do rebanho contaminado, sem direito a indenização".

O veto ao pleito reparatório prende-se à ideia de culpa do particular. Assim como ninguém pode haurir vantagens da própria torpeza, igualmente não é dado ao proprietário postular indenização nos casos analisados, uma vez que negligenciou os cuidados básicos aos animais.

Ressalte-se que o art. 11, II, da citada Lei Estadual obrigou os proprietários, possuidores ou detentores de animais a submetê-los "às medidas de combate às doenças, nos prazos e condições estipulados nos programas de defesa sanitária animal". Ora, quando o pecuarista deixa de vacinar o rebanho e propaga doenças infecciosas, na verdade ele está descumprindo suas obrigações legais e não faz jus a indenização alguma. Aliás, seu desleixo poderá prejudicar o desempenho do agronegócio e afetar a balança comercial brasileira. Isto porque os países importadores opõem barreiras sanitárias à aquisição de carne bovina nos locais com focos de febre aftosa e doenças similares. Vale dizer: em vez de pleitear indenização pelo abate das reses infectadas, o proprietário relapso deveria recompor os prejuízos causados à nação brasileira e aos demais produtores rurais. Portanto, não se pode censurar o ato legislativo que determina o abate animal sem compensação financeira. Na verdade, o legislador teria agido erroneamente se tivesse concedido reparação econômica. Por aí já é possível vislumbrar a inconstitucionalidade de várias leis estaduais que, a pretexto de promover a defesa sanitária animal, autorizam o pagamento de indenizações.

E os exemplos neste aspecto multiplicam-se numa infinidade incontável. Para não incorrer em tautologia, analisa-se apenas mais um caso.

Até a proclamação da Lei Áurea, a escravidão foi durante longo tempo considerada um direito subjetivo do senhorio. Todavia, por ocasião da abolição, não se discutiu a possibilidade de indenizar os antigos proprietários de escravos pelas perdas econômicas sofridas, o que, diga-se de passagem, seria mesmo um absurdo. Isto não se deve apenas ao dogma da supremacia parlamentar que na época granjeava inúmeros adeptos, mas ao banimento de uma prática perniciosa e contrária à moral pública.

Finalizando, cumpre relembrar que a inconstitucionalidade por omissão só irá se configurar quando estiver presente o dever constitucional de atuação. Se a norma constitucional não impuser uma obrigação concreta de legislar, mas outorgar mera faculdade normativa, não há falar em inércia do legislador e tampouco em responsabilidade do Estado.

Todavia, configurada a ação ou omissão inconstitucional, bem assim a imposição particularizada de cargas públicas, os danos morais ou materiais decorrentes do comportamento do órgão legislativo demandarão recomposição financeira, desde que as restrições adotadas não sejam impostas por exigências públicas de saúde, higiene ou moralidade, ou desde que a providência omitida esteja relacionada a uma norma constitucional de observância compulsória.

9.5 Legitimidade ativa e passiva na ação indenizatória

A ação de reparação de danos poderá ser ajuizada por qualquer pessoa natural ou jurídica, pública ou privada, que tenha sido prejudicada pela ação ou omissão legislativa do Poder Público. Se o universo de pessoas lesadas for considerável, os sindicatos, as associações representativas ou o Ministério Público deterão legitimidade para pleitear a reparação de prejuízos causados à coletividade.

Questão passível de controvérsia prende-se à definição de quem deverá figurar no polo passivo da ação de reparação de danos. A nosso ver, o sujeito passivo será sempre o ente público responsável pela ação ou omissão normativa.

Compreende-se que em alguns casos especialmente relacionados à inércia legislativa tal afirmação possa suscitar dúvidas. Assim, por exemplo, diante do antigo § 3º do art. 192 da Constituição Federal[334], que fixava o teto de juros bancários em 12% ao ano, o correntista devedor poderia hesitar entre postular a indenização contra a União Federal, pela inércia do Congresso Nacional em regulamentar a sobredita norma, ou dirigir o pleito contra o banco que praticou taxas superiores ao limite constitucional.

Como retratado, a indenização do dano causado pela omissão legislativa funda-se na inconstitucionalidade da abstenção de ato normativo exigido pela Lei Fundamental. Daí a aplicação da regra de que toda a pessoa que, mediante ação ou omissão ilícita, cause dano a outrem, obriga-se a repará-lo.

Ora, o ilícito, *in casu*, só pode ser imputado à pessoa jurídica de direito público constitucionalmente obrigada a expedir a norma regulamentadora. Compreende-se, portanto, que a responsabilidade será sempre do Estado, e não de terceiros que viriam a suportar os encargos quando da criação da norma jurídica.

Note-se que esta argumentação não é conflitante com o que se disse no Capítulo 7 a respeito da legitimidade passiva no mandado de injunção. Ali semeamos a ideia de que a pessoa pública ou privada que suportaria o ônus da injunção é quem deveria figurar no polo passivo da demanda, e não o órgão responsável pela edição da norma faltante.

Não há incoerência, pois a diversidade de sujeitos reflete a diferente natureza do provimento jurisdicional buscado numa e noutra ação.

A sentença prolatada em sede de mandado de injunção tem caráter constitutivo, posto voltar-se ao futuro para a criação de uma norma individual que presidirá em novas bases a relação recém-formada entre impetrante e impetrado, i.e., credor e devedor de um direito constitucional regulamentado judicialmente. É dizer, a sentença, via de regra, não retro-

---

[334] Todos os parágrafos do art. 192 da Constituição Federal foram revogados pela Emenda Constitucional n. 40.

age no passado para punir o órgão remisso, mas se projeta sobre o futuro para constituir uma nova relação jurídica que enlaçará, numa de suas pontas, a pessoa constitucionalmente encarregada do fornecimento de uma prestação material.

Por seu turno, a decisão proferida na ação indenizatória é marcadamente condenatória, porquanto objetiva punir a pessoa jurídica de direito público responsável pela omissão, até mesmo para exortar-lhe a cumprir as disposições constitucionais e prevenir lesões futuras. Tanto assim que possui eficácia *ex tunc*, pois retroage até o momento em que se consumou a mora legislativa para determinar a recomposição integral das perdas e danos registrados desde então. Ora, tratando-se de uma punição, a sentença condenatória só poderá alcançar o agente faltoso ou o órgão remisso, jamais terceiros que não concorreram para a prática do ilícito, ainda que após a regulamentação legal venham a suportar os encargos criados.

9.6 Exemplos de omissões indenizáveis

Poder-se-ia cogitar da propositura de uma ação indenizatória em face da previsão constante do inciso XI do art. 7º da Constituição Federal, que estabelece o direito à participação dos empregados nos lucros da empresa em que laboram.

Esta norma de eficácia limitada só foi regulamentada com o advento da Lei n. 10.101, em 19 de dezembro de 2000. Antes disso, os trabalhadores urbanos e rurais não podiam exercer o mencionado direito trabalhista.

Assim, exemplificativamente, passados dez anos de vigência constitucional sem a regulamentação do sobredito direito, não seria absurdo supor que um empregado da EMBRAER resolvesse ajuizar, em 5 de outubro de 1998, ação indenizatória a fim de reivindicar as bonificações não auferidas nos anos em que o balanço contábil da empresa foi lucrativo, diante da inércia do Congresso Nacional.

Nessa hipótese, mesmo na ausência de expressa demarcação constitucional de prazo, parece-nos haver extrapolado o limite da razoabilidade pelos seguintes motivos: I — uma década equivale a duas legislaturas e meia, prazo mais que suficiente para a apresentação do projeto de lei, o amadurecimento das discussões plenárias e a consumação das votações; II — a EMBRAER foi criada sob a forma de empresa de capital misto, mediante o Decreto-Lei n. 770, pela União Federal, pessoa política de direito público interno à qual compete legislar sobre direito do trabalho (CF, art. 22, I); III — na data do ajuizamento da demanda, o país já havia alcançado a estabilidade econômica e atravessava um período de franco desenvolvimento, o que reforça a ideia de ser mais do que razoável a partilha dos lucros empresariais com os empregados, até porque a razoabilidade está conformada pela realidade histórico-concreta do mundo no qual opera o Direito.

Assim, nada impediria o magistrado de se valer de um perito para entregar a prestação jurisdicional. Utilizando-se de regras da experiência, de convenções adotadas em empresas análogas e, sobretudo, baseado em laudo pericial conclusivo quanto ao percentual do lucro passível de partilha, sem prejuízo das necessidades de reinvestimento, custeio e manutenção, além das expectativas financeiras alimentadas pelos acionistas, o juiz da causa poderia atribuir ao empregado-autor sua cota-parte nos lucros da empresa.

Outro exemplo poderia ser imaginado à luz do art. 203, V, da Constituição, que assegura "um salário mínimo de benefício mensal à pessoa portadora de deficiência e ao idoso que comprovem não possuir meios de prover à própria manutenção ou de tê-la provida por sua família, conforme dispuser a lei".

É consensual a ideia de que o "inciso V do art. 203 da Constituição de 1988 não é autaplicável, constituindo-se objetivo assistencial da Seguridade Social, dependente de lei que lhe dê eficácia plena" (TRF da 4ª Região, AC 90.04.22141-7/RS — Rel. Juiz Teori Albino Zavascki, *DJ*, Seção II, 29-5-1991).

Apesar de sua relevância, tal garantia só foi regulamentada em definitivo no final de 2003 com o advento do Estatuto do Idoso (Lei n. 10.741, de 1º-10-2003). Antes disso, vigorou provisoriamente a regulamentação do art. 139 da Lei n. 8.213/91, posteriormente revogado pela Lei n. 9.528, de 10 de dezembro de 1997.

O dispositivo constitucional em causa está incluso no universo de medidas contempladas pela assistência social, cuja finalidade primordial prende-se à redução da pobreza e da marginalização social. É dizer, a assistência social busca promover a integração dos miseráveis e inválidos, devendo ser prestada obrigatoriamente a quem dela necessitar, independentemente de contribuição, já que não possui natureza de seguro social.

Assim, à recusa do legislador em regulamentar a sobredita norma constitucional há de se atribuir um sentido juridicamente negativo, qual seja: a ilicitude da conduta omissiva. Adicionando-lhe o nexo causal entre a inércia legislativa e a inaplicabilidade de um direito constitucional, bem assim o prejuízo consubstanciado na sonegação de uma receita legítima, exsurgem todos os pressupostos para o aforamento de uma ação de perdas e danos.

Observe-se, porém, que a indenização acaso concedida deverá limitar-se ao *quantum* mensal de um salário mínimo e abranger tão somente os períodos de lapso normativo, fixando-se como termo inicial para o pagamento da indenização o dia 5 de outubro de 1989, ou seja, um ano após a promulgação do texto constitucional, data em que se consumou a omissão do legislador nos precisos termos do art. 59 do Ato das Disposições Constitucionais Transitórias: "Os projetos de lei relativos à organização da seguridade social e aos planos de custeio e de benefício serão apresentados no prazo máximo de seis meses da promulgação da Constituição ao Congresso Nacional, que terá seis meses para apreciá-los".

9.7 Ação regressiva em face do legislador

A Constituição Federal, em seu art. 37, § 6º, permite ao Estado ajuizar ação regressiva contra o agente faltoso, nos casos de dolo ou culpa, para reaver o que despendeu na reparação dos danos causados a terceiros.

Na esteira de Celso Antônio Bandeira de Mello, entendemos que o particular lesado pode optar entre acionar o Estado, o funcionário ou ambos, lembrando que o ente público responde objetivamente, enquanto a responsabilidade do agente está restrita aos casos de dolo ou de culpa.

Condenado a indenizar prejuízos particulares em virtude do comportamento culposo de seus prepostos, o Estado está investido na obrigação de aforar ação regressiva contra os agentes responsáveis. Não se trata de mera faculdade processual, mas de um dever irrenunciável imposto pelo princípio da indisponibilidade dos bens públicos.

Aliás, no Brasil, o procurador da Fazenda Pública que descurar desta obrigação legal incide na infração administrativa capitulada no art. 11, II, e nas penas do art. 12, III, ambos da Lei n. 8.429/92[335].

---

[335] Lei n. 8.429, de 2 de junho de 1992 (Lei de Improbidade Administrativa): "Art. 11. Constitui ato de improbidade administrativa que atenta contra os princípios da administração pública qualquer ação ou omissão que viole os deveres de honestidade, imparcialidade, lega-

Se o direito de regresso contra agentes administrativos não comporta maiores dúvidas, na seara legislativa o problema não se equaciona de forma tão límpida, pois as proposições normativas provêm de órgãos colegiados e integram a categoria dos atos complexos.

A lei exterioriza-se como um todo uno e incindível, mas resulta da conjunção de vontade de órgãos distintos, ou seja, do Poder Legislativo, que discute e delibera sobre distintas matérias, e do Poder Executivo, que sanciona ou veta os projetos que lhe são encaminhados.

Ante a impossibilidade de cindir a participação individual de cada parlamentar no processo de elaboração legislativa, não há como responsabilizar os membros da Comissão de Constituição e Justiça ou os que votaram favoravelmente à aprovação de uma lei inconstitucional. Postamo-nos diante de um ato jurídico único, insuscetível de ser desmembrado em partes distintas para o fim de atribuí-las a cada órgão isoladamente.

Oswaldo Aranha Bandeira de Mello sintetiza as adversidades com as quais lida o jurista ao tentar delimitar a participação individual dos membros de órgãos colegiados e assim fixar a responsabilidade de cada um deles. Escreve o mestre:

> O órgão colegiado é constituído por várias pessoas naturais, por ter vários titulares, que atuam em conjunto e decidem em colégio.
>
> (...)
>
> A vontade dos indivíduos que compõem o ato colegial é irrelevante em si para o direito, visto que a vontade do órgão é a resultante da vontade deles. Pouco importa, ainda, sejam as deliberações unânimes ou majoritárias, pois o *quorum* encerra

lidade, e lealdade às instituições, e notadamente: (...); II — retardar ou deixar de praticar, indevidamente, ato de ofício"; "Art. 12. Independentemente das sanções penais, civis e administrativas, previstas na legislação específica, está o responsável pelo ato de improbidade administrativa sujeito às seguintes cominações: (...); III — na hipótese do art. 11, ressarcimento integral do dano, se houver, perda da função pública, suspensão dos direitos políticos de 3 (três) a 5 (cinco) anos, pagamento de multa civil de até 100 (cem) vezes o valor da remuneração percebida pelo agente e proibição de contratar com o Poder Público ou receber benefícios ou incentivos fiscais ou creditícios, direta ou indiretamente, ainda que por intermédio de pessoa jurídica da qual seja sócio majoritário, pelo prazo de 3 (três) anos".

acidente na formação da vontade. Ele é perfeito desde que seja aprovado pelo *quorum* legalmente admitido[336].

A dificuldade junge-se, pois, à delimitação dos réus de eventual ação regressiva. De fato, cumpre indagar: Quem figuraria no polo passivo desta ação? Seria o autor do projeto de lei ou a comissão parlamentar encarregada de analisá-lo? Possivelmente os seus relatores e revisores? Quiçá os parlamentares que votaram por sua aprovação? Quem sabe ainda o chefe do Poder Executivo que sancionou a medida?

Certamente, as questões propostas não apresentam solução adequada. Aliás, a dificuldade só aumenta a cada nova indagação. A doutrina estrangeira tem pouca valia, não apenas porque margeou o tema sem penetrá-lo no âmago, mas porque ao envolver a separação das funções estatais em órgãos distintos (Executivo, Legislativo e Judiciário), assunto relacionado à soberania do poder político, a decisão deve ser tomada exclusivamente pelo constituinte originário de cada nação.

Explica-se: o poder político é uno, soberano e incontrastável. Enquanto exerce esta faculdade suprema, o constituinte originário tudo pode. Assim, ao criar um Estado a partir de uma nova Constituição, pode instituir o regime unitário ou federativo, republicano ou monárquico, mono ou pluripartidário. Pode ainda regular o exercício do poder político, separando as funções estatais e atribuindo-as a órgãos distintos, independentes e harmônicos entre si.

Obviamente, as limitações inerentes ao exercício do poder político estão vertidas na Lei Maior, uma vez que integram o núcleo material das ideias defendidas pelo constitucionalismo desde sua fase embrionária. Nesse particular, a experiência estrangeira não fornece luz alguma. O sistema constitucional brasileiro, assim como o de cada Estado moderno, é recheado de peculiaridades próprias, o que impede a importação de soluções alheias.

Sobre proclamar a independência e a harmonia dos Poderes Legislativo, Executivo e Judiciário, no Brasil, o constituinte originário estabeleceu a inviolabilidade parlamentar pelas opiniões, palavras e votos proferidos no exercício do mandato[337].

---

[336] MELLO, Oswaldo Aranha Bandeira de. *Princípios gerais de direito administrativo*. Rio de Janeiro: Forense, 1974, p. 474-477.

[337] Constituição Federal de 1988: "Art. 29. O Município reger-se-á por lei orgânica, votada em dois turnos, com o interstício mínimo de dez dias, e aprovada por dois terços dos membros

Portanto, ao menos em nosso país, a ação regressiva perante os desmandos legislativos enfrenta obstáculos irremovíveis. Mesmo que aprovem um projeto de lei inconstitucional ou soneguem providências normativas obrigatórias, os parlamentares não respondem regressivamente, embora o fato possa ensejar ação de reparação movida contra a pessoa jurídica de direito público a que estejam vinculados.

Acreditamos que a modificação das regras atuais não pode operar-se nem mesmo por meio de Emenda Constitucional. Isto porque a inviolabilidade é condição *sine qua non* para o exercício imparcial do múnus parlamentar. A garantia em questão mune o legislador da certeza de que não será apenado pelo simples fato de obedecer a sua consciência em deliberações plenárias. Por isso, são inatacáveis suas opiniões, palavras e seus votos.

Não fosse assim, ninguém se disporia a exercer a função legislativa ante a constante ameaça de responsabilização penal e civil. Além de ser crucial para a harmonização dos Poderes, o manto sagrado da inviolabilidade outorga a independência necessária ao bom desempenho do mandato parlamentar, incluindo-se no rol das cláusulas pétreas protegidas contra a ação do poder constituinte derivado, *ex vi* do que dispõe o art. 60, III, da Carta Política de 1988. Pensamos assim que somente a edição de nova Constituição pode reformular as bases do sistema vigente.

Tal como o exercício da função legislativa típica é insuscetível de gerar a responsabilidade pessoal dos legisladores, também na inconstitucionalidade por omissão não há que ventilar a propositura de ação de regresso contra os responsáveis pela inércia normativa. Isto porque a ação e a omissão do legislador são apenas polos diferentes da mesma atividade jurídica. Portanto, o regime que se lhes aplica é idêntico.

Todavia, esta regra poderá ser excetuada quando o agente político, no desempenho do múnus legislativo, incorrer na prática de improbidade administrativa.

Como é sabido, o dever de probidade está constitucionalmente integrado na conduta dos agentes políticos, como elemento necessário à legitimidade de seus atos. Tanto é que a prática de improbidade administrati-

da Câmara Municipal, que a promulgará, atendidos os princípios estabelecidos nesta Constituição, na Constituição do respectivo Estado e os seguintes preceitos: (...); VIII — inviolabilidade dos Vereadores por suas opiniões, palavras e votos no exercício do mandato e na circunscrição do Município"; "Art. 53. Os Deputados e Senadores são invioláveis por suas opiniões, palavras e votos".

va é severamente punida no Brasil, consoante se depreende do Decreto-Lei n. 201/67, da Lei n. 8.429/92 e, ainda, dos arts. 37, § 4º, e 85, V, da Constituição Federal, os quais cominam as penas de multa, suspensão dos direitos políticos, perda do cargo público, indisponibilidade dos bens, ressarcimento ao erário, proibição de contratar com o Poder Público e de receber incentivos fiscais.

Há casos em que o comportamento do legislador não atinge interesses de terceiros, mas lesa diretamente os cofres federais, estaduais ou municipais. Quando tal sucede, cumpre investigar os motivos que influenciaram a edição ou a abstenção do ato normativo. Se a causa motivadora estiver associada à improbidade administrativa, exsurgirá a responsabilização do agente político. É dizer, nesses casos, a punição baseia-se na conduta ímproba do legislador, e não em eventual condenação judicial previamente suportada pela Fazenda Pública.

Assim, na hipótese de o Presidente da República aplicar recursos do erário na pavimentação de rodovia federal que margeia sua fazenda e, deliberadamente, não remeter ao Congresso Nacional projeto de lei que institui a contribuição de melhoria dos imóveis contíguos que sofreram valorização patrimonial, certo é que ele irá locupletar-se ilicitamente, devendo responder civil e penalmente pela infração cometida.

Isto porque, ao utilizar rendas públicas em proveito próprio, incorreu na infração consignada no art. 9º, XII, da Lei n. 8.429, de 2 de junho de 1992, sujeitando-se às sanções correspondentes, previstas no art. 12, I, do mesmo diploma[338]. Igualmente, com fulcro no art. 84, V, da Constituição Federal, será acionado por crime de responsabilidade.

Outro exemplo tornará mais lúcida a tormentosa questão. Imagine-se que o prefeito de um município resolva construir, com recursos públicos, duas pontes de madeira. Uma ligando unicamente imóveis de parentes sanguíneos, amigos próximos e financiadores de campanha; outra situada em estrada vicinal que, além de facilitar o escoamento da safra agrícola, atende a inúmeros trabalhadores rurais.

---

[338] Lei n. 8.429, de 2 de junho de 1992 (Lei de Improbidade Administrativa): "Art. 9º. Constitui ato de improbidade administrativa importando enriquecimento ilícito auferir qualquer tipo de vantagem patrimonial indevida em razão do exercício de cargo, mandato, função, emprego ou atividade nas entidades mencionadas no art. 1º desta Lei, e notadamente: (...) XII — usar, em proveito próprio, bens, rendas, verbas ou valores integrantes do acervo patrimonial das entidades mencionadas no art. 1º desta Lei".

Ciente de que em nenhum dos casos foi remetido à Câmara Municipal projeto de lei para instituição da correspondente contribuição de melhoria, cumpre indagar: qual a responsabilidade do alcaide nas situações ventiladas?

É simples. Na primeira, demonstrada a prática de improbidade administrativa, será a mais ampla possível. Na segunda, descaracterizada esta espécie de infração, o agente político livre estará de qualquer responsabilidade.

Como é sabido, a Constituição Federal reserva ao chefe do Poder Executivo a iniciativa dos projetos de lei que criam, majoram ou suprimem tributos. Logo, na ausência do projeto instituidor da mencionada exação tributária, se restar caracterizada a improbidade administrativa, o gestor público será sancionado nos termos já explicitados. Todavia, se a obra não atendeu a caprichos individuais, mas supriu necessidades coletivas, não há que falar em improbidade baseada na omissão legislativa.

Vejamos outro exemplo derradeiro.

Se, contrariando o que dispõem os arts. 54, I, *a*, e 213 do texto constitucional, um deputado federal lograr obter a aprovação de lei que destina recursos públicos a estabelecimento de ensino com fins lucrativos e de sua propriedade, ele incorrerá na prática de improbidade administrativa, respondendo pela devolução do numerário disponibilizado pelo tesouro nacional.

O ato legislativo, além de manifestamente inconstitucional, gerou danos pecuniários à Fazenda Nacional. Acobertados pela imunidade material, os demais parlamentares que participaram da aprovação dessa lei não serão responsabilizados, a menos que hajam atuado de forma ímproba. Já o deputado que logrou benefícios indevidos não poderá invocar em seu favor a inviolabilidade prevista no art. 53 da Constituição Federal, porquanto o que se põe em xeque não é o desempenho do múnus legislativo, seara na qual é imune, mas a sua conduta ímproba, punida pelo constituinte com a reparação dos danos causados ao erário, a perda da função pública, a suspensão dos direitos políticos e a indisponibilidade dos bens particulares, além de outras sanções previstas na Lei n. 8.429/92.

Para Rivanildo Pereira Diniz, também seria possível cogitar de eventual ação regressiva sempre que o chefe do Poder Executivo, no exercício atípico da função legislativa, causasse danos a terceiros[339].

---

[339] DINIZ, Rivanildo Pereira. *A responsabilidade do Estado na inconstitucionalidade por omissão*, cit., p. 236-237.

Como acentua o autor, a elaboração de normas genéricas, abstratas e dotadas de força cogente foi cometida primordialmente ao Poder Legislativo. Sabe-se, porém, que o Presidente da República detém competência para baixar medidas provisórias (CF, art. 62) e regulamentos administrativos (CF, art. 84, IV), que também se revestem de abstração, cogência e generalidade.

Embora resolúveis, as medidas provisórias dimanam efeitos imediatos, com repercussão sobre a esfera patrimonial dos indivíduos, gerando, por conseguinte, a responsabilidade civil do Estado por eventuais prejuízos causados aos particulares.

Entretanto, para lograr êxito em eventual processo indenizatório, a pessoa lesada deverá dimensionar o dano sofrido, bem assim apontar o nexo de causalidade entre o desempenho atípico da função legislativa pelo chefe do Poder Executivo e a ocorrência do evento danoso.

Feito isso, se a União for condenada a pagar a indenização pleiteada, seria cabível a ação de regresso desde que individualizado o agente infrator (Presidente da República) e demonstrada cabalmente a sua culpa (ilicitude da conduta baseada na inconstitucionalidade da medida).

A via regressiva, segundo Rivanildo Pereira Diniz, assentar-se-ia em duas razões específicas, quais sejam: I — a medida provisória não seria um ato complexo que se aperfeiçoa pela conjunção de vontades diferentes, mas, sim, ato precário e unilateral; II — o Presidente da República, ao contrário dos parlamentares, não gozaria de imunidade material (STF, *RTJ*, 146/476).

Divergimos de tal orientação por entender que a edição de medidas provisórias compreende o puro e simples exercício da função legislativa, ainda que de forma atípica e excepcional. É dizer: na hipótese em tela o Presidente da República não atua como administrador, mas como um autêntico legislador e, por extensão analógica, é guarnecido por todas as prerrogativas parlamentares, inclusive a imunidade material.

De tal arte, a menos que haja incorrido na prática de improbidade administrativa, não pode o Presidente da República ser acionado regressivamente pelo exercício ilegítimo da função legislativa.

Conclusão

A Constituição não é um amontoado de normas abstratas nem uma simples folha de papel apática aos fatores reais de poder. No âmbito de uma concepção culturalista, a Constituição é o diploma situado no mais alto degrau da pirâmide normativa, necessariamente aberto, condicionante e condicionado pela ordem social, que aponta para uma unidade de sentido presidida por valores fundamentais, assim reconhecidos no seio comunitário.

Com a eclosão das ideias de planificação social, assistimos a passagem do Estado Liberal ao Estado Social, transitando do abstencionismo para uma política assistencialista. Nesse período, exsurgiram as Constituições dirigentes que passaram a conformar a atuação dos Poderes Públicos, vinculando-os à prossecução de amplos programas de integração socioeconômica, a fim de converter a igualdade formal num valor material, concreto e efetivamente fruído.

Particularmente no Brasil, embora os ventos do neoliberalismo tenham contribuído para alterar o programa normativo-constitucional, suprimindo conquistas de relevante dimensão social mediante a aprovação de sucessivas emendas, ainda assim é possível verificar a intensificação cada vez maior da força normativa e vinculante da Constituição dirigente.

Aliás, nesse particular, cumpre dizer que o advento das Constituições dirigentes aguçou a problemática da aplicação das normas constitucionais, sobretudo com relação à eficácia de certos direitos sociais, econômicos e culturais, em princípio dependentes de ação regulamentadora do Estado.

Surge, portanto, a necessidade de delimitar os conceitos de existência, validade, eficácia, efetividade e imperatividade das normas jurídicas, pois a variada tipologia de vícios normativos pode ser reconduzida a distintos planos de enfoque da norma jurídica.

Assim, enquanto a inconstitucionalidade por ação se resolve numa questão de invalidade, a omissão inconstitucional opera no campo da eficácia e da efetividade. Por outro lado, imperfeições aparentemente condutíveis ao plano da validade culminam por decretar a própria inexistência da norma jurídica.

Inexistente é o ato normativo que não chegou a existir por falta de elementos essenciais; inválido é aquele que viola norma situada em escalão hierárquico superior. No primeiro caso, admite-se o mandado de injunção para viabilizar o exercício de direito paralisado em face da ausência de regulamentação; no segundo, sustenta-se a inadmissibilidade da ação injuncional.

Uma norma é juridicamente eficaz quando está apta a produzir os efeitos que lhe são inerentes, atributo que pressupõe sua vigência, ou seja, a exigibilidade da conduta prescrita em lei. Ela é efetiva quando é realmente aplicada e observada pela sociedade.

As normas constitucionais, enquanto espécie do gênero normas jurídicas, conservam o atributo da imperatividade, uma vez que a insubmissão aos seus comandos deflagra mecanismos sancionatórios. Mas nem sempre foi assim. Por muito tempo, campeou o entendimento de que certa parcela das normas constitucionais representava mero ideário político, desprovido de sanção e de força normativa para conformar a legislação ordinária.

No Brasil, José Afonso da Silva[340] contribuiu ativamente para a fixação da imperatividade ao empreender uma classificação tricotômica das normas constitucionais, divisando no texto magno as seguintes espécies: a) normas constitucionais de eficácia plena; b) normas constitucionais de eficácia contida; c) normas constitucionais de eficácia limitada.

Na classificação enunciada, o mencionado autor ratifica que todos os preceitos constitucionais são imperativos e dotados de um mínimo de eficácia, uma vez que ao seu descumprimento costuma-se ligar uma sanção, qual seja: a declaração de inconstitucionalidade por ação ou por omissão.

Mas, para desbravar o temário inerente à efetividade constitucional, é fundamental descortinar a nova paisagem jurídica do Estado brasileiro. Ao fazê-lo, surpreendemos um sistema em que, ao lado de regras dispositivas, existem princípios que incorporam vetores axiológicos recolhidos diretamente do substrato social, os quais proporcionam harmonia e coerência interna, desempenhando importante papel informativo, orientador e supletivo sobre as demais normas jurídicas.

---

340 SILVA, José Afonso da. *Aplicabilidade das normas constitucionais*, cit., p. 82.

Nesse contexto, ganha preeminência o princípio da efetividade, segundo o qual devemos atribuir a uma norma constitucional o sentido que maior eficácia lhe dê. Estreitamente ligado ao fenômeno da juridicização da Constituição e ao incremento de sua força normativa, o princípio possui como desdobramentos a proibição do retrocesso social, a aplicabilidade imediata dos direitos e garantias fundamentais, a superação da reserva do possível e a vinculação dos Poderes Públicos aos fins constitucionais.

Após curto período de hesitações, a proibição do retrocesso social foi assimilada pelos tribunais brasileiros para imunizar o núcleo essencial dos direitos econômicos, sociais e culturais, vedando modificações normativas que suprimam as conquistas já alcançadas, sem a criação de medidas alternativas ou compensatórias.

Doutro vértice, em virtude da aplicabilidade imediata dos direitos e garantias fundamentais, consignada no art. 5º, § 1º, da Constituição Federal, os Poderes Públicos, em geral, e o Legislativo, em particular, foram investidos no dever de fomentar a conversão de expectativas abstratas em direitos materialmente fruídos. Fácil notar, portanto, que o princípio em questão funciona como autêntico estímulo à efetivação da vontade constitucional.

À concretização dos novos direitos sociais, econômicos e culturais, costuma-se opor reservas de conveniência e oportunidade, escassez de recursos e inexistência de previsão orçamentária.

Porém, nenhum ato legislativo é totalmente discricionário, pois o exercício de qualquer competência pública está condicionado à persecução de finalidades que o constituinte houve por bem prestigiar. O legislador e o gestor público são livres para empregar meios convenientes e oportunos à vista de objetivos predeterminados, não para deixar de provê-los ou para escolher entre uma e outra finalidade. Ademais, como já decidiu o Supremo Tribunal Federal, os direitos constitucionais não são reféns de interesses financeiros e secundários do Estado.

O problema da lei formalmente correta, mas intrinsecamente injusta, levou o Poder Judiciário a criar novos limites ao exercício do poder legiferante, especialmente na tarefa de conformação dos direitos e garantias fundamentais. A solução encontrada foi a de condicionar a validade da restrição legal à obediência do princípio da proporcionalidade, estruturalmente partido em três elementos: adequação, necessidade e proporcionalidade em sentido estrito.

A noção de proporcionalidade foi também preponderante para a definição do conceito de omissão inconstitucional, uma vez que sua caracterização postula o decurso de prazo adequado e necessário para regulamentação de normas constitucionais de eficácia limitada. Sua importância se faz sentir ainda no estudo da responsabilidade civil do Estado, pois tanto a ação quanto a inação legislativas, se desproporcionais, cedem lugar ao dever constitucional de indenizar.

A moldura jurídica do princípio da separação de poderes é determinante para a maior ou menor efetividade constitucional. Neste particular, é imperioso destacar que a ampliação do campo de atuação do Estado impôs novas formas de relacionamento entre os órgãos Legislativo, Executivo e Judiciário, nas quais cada órgão do poder fiscaliza a atuação do outro, sobretudo no que tange à observância das diretrizes constitucionais.

A rigidez do texto constitucional, o papel construtivo da jurisprudência, a defesa dos direitos fundamentais e a contemporização dos interesses de maiorias e minorias legislativas introduziram um novo arranjo no modelo tradicional de divisão dos poderes. Reservou-se ao Poder Judiciário o primordial papel de implementar as metas traçadas pelo constituinte originário, ainda que para isso tenha de assumir, em casos específicos, poderes normativos.

A fiscalização do cumprimento dos desígnios constituintes é corolário do princípio da supremacia constitucional, que postula a satisfação dos seguintes requisitos: a) existência de uma Constituição formal e rígida; b) previsão de ao menos um órgão dotado de competência para o exercício dessa atividade; c) compreensão da Constituição como Lei Fundamental e vontade de realizá-la.

Hoje a Constituição é o grande *locus* onde se opera a luta jurídico-política. Por isso, o esforço empreendido pelo poder constituinte não se exaure com a sua promulgação, mas se transfere para o campo da *praxis* constitucional, que enlaça tarefas críticas e operativas.

É dizer, a rigidez e a supremacia do texto magno reclamam a difusão do sentimento constitucional no seio comunitário. Como o Direito não é estático, mas consiste na marcha nem sempre uniforme de lutas e conquistas, impende conferir especial destaque à chamada "vontade de Constituição", ou seja, àquela disposição livre e consciente de orientar a própria conduta segundo a ordem nela estabelecida. Só assim a Constituição conseguirá desempenhar o papel prospectivo e conformador da realidade social, em ordem a tornar efetivos todos os seus preceitos.

Vulnera-se a Constituição quer quando se faz o que ela proíbe, quer quando se deixa de fazer o que ela determina. Característica do Estado Social, a omissão inconstitucional é cúmplice da incompletude do ordenamento jurídico e da abertura constitucional.

As lacunas sempre existirão em qualquer estrutura normativa, exatamente porque a lei, por mais abstrata e extensa que seja em suas generalizações, por mais que se desdobre em artigos, parágrafos, incisos e alíneas, não pode nem deve abarcar toda a complexa dinâmica da vida real. Sendo incompleto, sempre existirão lacunas no sistema jurídico.

Releva notar, contudo, que as lacunas se dividem em três espécies: a) lacunas não ofensivas ao plano de ordenação constitucional, desejadas pelo constituinte e que, sendo colmatáveis em geral pelo legislador, implicam um dever de legislar (lacunas técnicas oriundas da não regulamentação das normas constitucionais de eficácia limitada); b) lacunas não ofensivas ao plano de ordenação constitucional que, embora desejadas pelo constituinte, não podem sofrer processo de integração legislativa (é o que a doutrina denomina silêncio eloquente); c) lacunas ofensivas ao plano de ordenação constitucional que, não desejadas, são colmatadas por meio dos mecanismos convencionais de integração (art. 4º da LINDB).

A omissão legislativa inconstitucional configura hipótese de lacuna técnica, consistente numa abstenção indevida que se afere em face de uma norma constitucional específica, cuja exequibilidade é dependente de integração normativa.

Sua caracterização exige a aglutinação dos seguintes elementos: a) não cumprimento da Constituição causado pela violação de norma certa e determinada; b) que se trate de uma norma constitucional não exequível por si mesma; c) que não tenham sido adotadas as medidas tendentes a regulamentá-la após o decurso do prazo razoável ou do lapso temporal demarcado pelo constituinte.

O dever constitucional de legislar tanto pode não ser satisfeito como o pode ser de modo integral ou parcial. O cumprimento parcial e o não cumprimento do dever constitucional de legislar caracterizam, respectivamente, a inconstitucionalidade por omissão parcial e total.

O fenômeno da omissão parcial é dos mais complexos, pois não raro sinaliza o ingresso no território da exclusão de benefício incompatível com a isonomia, que se confunde facilmente com a inconstitucionalidade por ação. Tal ocorre quando uma norma concede privilégios ou impõe ônus a certas categorias de pessoas, mas não a todas aquelas que, estando em situação idêntica, deveriam ser igualmente contempladas.

A doutrina e a jurisprudência encontram dificuldades para lidar com os inconvenientes gerados pela omissão parcial, pois as técnicas usuais de interpretação não oferecem soluções congruentes. De fato, no mais das vezes, a declaração de nulidade (inconstitucionalidade) não solve os problemas da omissão parcial, pois acaba suprimindo o benefício licitamente concedido a certos setores, sem permitir a extensão da vantagem aos segmentos discriminados, justamente o que se pretende buscar.

Todavia, no tocante à omissão parcial, não vemos empeço para ampliar o campo de incidência da norma a fim de contemplar os grupos esquecidos, recorrendo à interpretação conforme a Constituição para revelar um conteúdo implícito já contido na lei parcialmente omissa ou para lhe acrescer um conteúdo constitucionalmente exigido pelo princípio da igualdade.

Preocupando-se com a efetividade de suas normas, a Constituição de 1988 introduziu duas ações voltadas ao controle da omissão inconstitucional, a saber: ação direta de inconstitucionalidade por omissão e o mandado de injunção.

A ação direta se destina a obter a declaração judicial de inconstitucionalidade por omissão de medida para tornar efetiva norma constitucional, com a ciência ao poder competente para a adoção das providências necessárias e, em se tratando de órgão administrativo, para fazê-lo em trinta dias.

Referida ação configura nítido instrumento de controle abstrato da omissão inconstitucional, mediante o qual se instaura um processo objetivo com o fito de exortar o órgão competente a suprir as lacunas presentes na ordem jurídica. Por meio dela, não se tutela direito subjetivo. Busca-se, ao revés, conferir exequibilidade aos preceitos que, por falta de integração normativa, não surtiram todos os efeitos esperados.

Estão legitimados a propor ação direta de inconstitucionalidade por omissão: I — o Presidente da República; II — a Mesa do Senado Federal; III — a Mesa da Câmara dos Deputados; IV — a Mesa de Assembleia Legislativa ou da Câmara Legislativa do Distrito Federal; V — o Governador de Estado ou do Distrito Federal; VI — o Procurador-Geral da República; VII — o Conselho Federal da OAB; VIII — o Partido Político com representação no Congresso Nacional; IX — a Confederação Sindical ou Entidade de Classe de âmbito nacional.

Apesar do avanço empreendido em relação à Carta de 1967, sob cuja égide se erigiu o monopólio do Procurador-Geral da República, é de se reconhecer que o universo de legitimados poderia ser ampliado com a inclusão da iniciativa popular. Sobre democratizar os debates constitucionais, a legitimação do cidadão abriria um fórum coletivo capaz de despertar o juízo da censura e de recobrar a força normativa da Constituição, conformando a liberdade de atuação dos Poderes Públicos, para fulminar com especial rigor as omissões legislativas que, de qualquer modo, viessem a tolher a plena efetividade das normas constitucionais.

A grande potencialidade da ação direta de inconstitucionalidade por omissão reside justamente na habilitação de importantes entidades da sociedade civil. Apesar disso, o Supremo Tribunal Federal, disposto a refrear a legitimação de tais entes, tem condicionado sua participação nos debates constitucionais à demonstração do requisito da pertinência temática, i.e., à existência de um elo de ligação entre os seus interesses institucionais e a omissão inconstitucional que deu azo ao ajuizamento da ação direta.

Entende-se, porém, que a Mesa da Assembleia ou da Câmara Legislativa do Distrito Federal, os Governadores de Estado ou do Distrito Federal, além das Confederações Sindicais e Entidades de Classe de âmbito nacional, não precisam demonstrar o vínculo de pertinência temática. Do contrário, estar-se-ia a converter um instrumento de defesa de direito objetivo, como é a ação direta de inconstitucionalidade por omissão, num instrumento de defesa de interesses e direitos subjetivos.

Mas a verificação do vínculo de pertinência temática não é o único anteparo oposto contra a ampliação do leque de legitimados.

Para o Supremo Tribunal Federal, só a Confederação integrada pelo menos por três Federações Sindicais deteria legitimidade ativa *ad causam*. Ademais, a caracterização de Entidade de Classe nacional exigiria homogeneidade de membros e representatividade em pelo menos nove Estados da Federação, por analogia à lei dos partidos políticos.

Acredita-se, porém, que tais restrições estão a desafiar nova leitura inspirada no princípio da máxima efetividade possível. Ao que parece, a renovada composição do Supremo Tribunal Federal deverá impulsionar esta releitura, como já o fez em relação à perda da representação congressual pelo partido político, que deixou de configurar hipótese de carência superveniente.

A procedência da ação direta de inconstitucionalidade por omissão produz consequências díspares. Assim, quando a efetividade da norma constitucional depender da atuação de órgão legislativo, a procedência da ação funcionará como mera exortação moral, cientificando-o de que está omisso, sem demarcar prazo para a adoção das medidas tendentes a conferir plena eficácia aos preceitos constitucionais.

Porém, se a medida a ser adotada for de cunho administrativo, a procedência do pedido, mais do que impor mera advertência, funcionará como verdadeira ordem concreta para a adoção dos regulamentos pertinentes dentro do prazo de trinta dias. Decorrido *in albis* o prazo assinalado, os responsáveis poderão ser presos por crime de desobediência ou prevaricação caso esteja presente interesse pessoal.

No tocante à omissão legislativa, abstraindo o constrangimento de ordem moral, verifica-se que nenhuma eficácia remanesce na decisão proferida pelo Supremo Tribunal Federal, visto inexistir prazo para o adimplemento do dever constitucional de legislar.

Por isso, defende-se a aprovação de emenda constitucional que dê nova redação ao § 2º do art. 103 da Constituição Federal, outorgando competência ao Supremo Tribunal Federal para, após declarar a omissão inconstitucional, fixar prazo para a adoção das medidas legislativas pertinentes e, transcorrido este lapso sem o adimplemento do dever constitucional de legislar, expedir normas provisórias vigentes até a promulgação de lei que suprirá, em definitivo, a lacuna normativa.

Emenda desta natureza não vulnera o princípio da separação dos poderes, petrificado pelo art. 60, § 4º, III, da Constituição Federal, pelas seguintes razões: I — hoje não se apregoa um isolamento radical, mas uma nova forma de relacionamento entre os Poderes Legislativo, Executivo e Judiciário, em que cada órgão estatal fiscaliza a atuação do outro; II — a proposta harmoniza os princípios da separação dos poderes e da supremacia constitucional, pois de início defere prazo ao legislador para adotar as providências cabíveis e só autoriza o Supremo Tribunal Federal a expedir normas provisórias se a omissão persistir findo este lapso temporal; III — agindo de tal maneira, o Supremo não se arroga poderes legislativos, mas busca eliminar as lacunas da ordem jurídica, atuando como legítimo guardião da Constituição Federal; IV — se após a Emenda Constitucional n. 45, de 8 de dezembro de 2004, atribuiu-se competência ao Supremo para aprovar súmulas vinculantes em relação aos demais órgãos jurisdicionais e à Administração Pública em geral (CF, art. 103-A), com mais razão se lhe justifica a extensão de poderes para garantir o efetivo cumprimento do programa constitucional paralisado em face da omissão legislativa.

Com fulcro no permissivo implícito no § 2º do art. 125 da Constituição Federal, é lícito ao Estado-membro introduzir técnicas de controle da omissão legislativa em sede abstrata, desde que tome como parâmetro a Constituição Estadual.

De notar, porém, que tal prerrogativa não foi estendida ao Município pelos seguintes motivos: I — compete privativamente à União legislar sobre direito processual civil; II — a regulamentação de questões referentes à sobredita matéria poderia, quando muito, ser delegada aos Estados-membros por meio de lei complementar, mas jamais aos Municípios (CF, art. 22, I e respectivo parágrafo único); III — a instituição do controle jurisdicional concentrado sobre ações e omissões normativas não foi inclusa no rol de competências do art. 30 da Lei Fundamental. Todavia, apesar de ser vetado à Lei Orgânica Municipal entronizar mecanismos voltados a sindicar a omissão legislativa *in abstracto*, nada obsta que, incidentalmente, se proceda à invalidação da norma municipal contrária à Lei Orgânica ou se questione a omissão de medida reclamada para torná-la exequível como pressuposto da responsabilidade do ente público.

Paralelamente à ação direta de inconstitucionalidade, a Constituição Federal de 1988 criou o mandado de injunção nos termos do art. 5º, LXXI: "Conceder-se-á mandado de injunção sempre que a falta de norma regulamentadora torne inviável o exercício de direitos e liberdades constitucionais e das prerrogativas inerentes à nacionalidade, à soberania e à cidadania".

O mandado de injunção opera no espaço demarcado por uma relação de causa e efeito. É dizer, a uma causa — a falta de norma regulamentadora — liga-se uma consequência indesejável — a inviabilidade do exercício de direitos e liberdades constitucionais e das prerrogativas inerentes à nacionalidade, à soberania e à cidadania.

O mandado de injunção pode ser impetrado por qualquer pessoa física ou jurídica, pública ou privada, nacional ou estrangeira, desde que titular de direitos, liberdades ou prerrogativas constitucionais tolhidos por ausência de regulamentação.

Admite-se a impetração por parte de associações, entidades de classe e sindicatos em defesa dos interesses de seus membros e filiados. Entretanto, a nova garantia não se dirige à tutela de direito difuso, pois, se isto fosse possível, o mandado de injunção converter-se-ia de simples ação de defesa de direito subjetivo em verdadeiro instrumento de tutela de direito objetivo.

Acredita-se que a legitimidade passiva do mandado de injunção recai sobre o ente público ou privado que suportará o ônus da injunção, em que pese o entendimento contrário do Supremo Tribunal Federal que inclui no polo passivo da ação o órgão encarregado da elaboração da norma faltante.

Ressalvados os casos previstos nos arts. 102, I, *q*, II, *a*, e 105, I, *h*, da Constituição da República, sustenta-se que o constituinte de 1988 atribuiu competência originária aos órgãos jurisdicionais de primeiro grau e competência recursal aos tribunais.

Controvertidos são os efeitos atribuídos à decisão proferida em sede de mandado de injunção, destacando-se três correntes doutrinárias que sustentam competir ao Poder Judiciário: a) elaborar a norma faltante para suprir, com eficácia *erga omnes*, a omissão do legislador; b) declarar a inconstitucionalidade da omissão normativa e dar ciência ao órgão competente para a adoção das medidas pertinentes; c) viabilizar, no caso concreto, o exercício de liberdades, prerrogativas ou direitos tolhidos por ausência de regulamentação.

A primeira corrente há de ser rejeitada porque atribui ao Poder Judiciário competência legislativa para elaborar norma geral e abstrata, em nítida violação ao princípio da separação dos poderes.

De igual modo, não é razoável supor que o constituinte tenha equiparado o mandado de injunção à ação direta de inconstitucionalidade por omissão, criando dois remédios para dar ciência ao órgão remisso e nenhum para viabilizar, de pronto e efetivamente, o exercício do direito constitucional ainda não regulamentado.

No mandado de injunção, ao se deparar com uma lacuna jurídica, deve o magistrado criar a norma jurídica individual válida tão somente no âmbito do caso concreto, para dar guarida ao direito constitucional vindicado pelo impetrante. A decisão judicial supre a lacuna normativa naquele caso específico, mas não a elimina por completo do sistema jurídico. A eliminação definitiva da lacuna é tarefa reservada ao Poder Legislativo, quando da elaboração da norma faltante.

Portanto, no mandado de injunção, os efeitos da sentença só alcançarão as partes litigantes, já que a edição de norma geral e abstrata é prerrogativa exclusiva do Poder Legislativo. É dizer: abre-se uma via para o exercício de uma jurisdição criativa e ampliada, no bojo da qual o juiz criará a norma concreta que deverá presidir a relação conflituosa travada entre as partes do processo, recorrendo à analogia, aos costumes e aos princípios gerais de direito para remover o obstáculo que impede a materialização de um direito constitucional, qual seja: a ausência de regramento específico.

A regulamentação póstuma da norma constitucional suscitará dúvidas quando diferir da sentença prolatada no mandado de injunção. No afã de esclarecer os efeitos que a regulamentação tardia opera sobre a coisa julgada, exsurgem duas correntes jurisprudenciais. A primeira delas, advogando a primazia da norma mais benéfica, sustenta que a regulamentação legal só retroagirá quando for menos onerosa do que a norma individual fixada judicialmente. A outra corrente sustenta que o mandado de injunção satisfaz apenas provisoriamente o direito constitucional até sua regulamentação definitiva, o que nos parece correto.

O mandado de injunção não se confunde com a ação direta de inconstitucionalidade, muito embora ambos possibilitem o controle da inércia dos Poderes Públicos. Preordenado a viabilizar concretamente a fruição de direitos, liberdades ou prerrogativas constitucionais, o mandado de injunção é instrumento de defesa de direitos subjetivos. Distancia-se, portanto, da ação direta de inconstitucionalidade que é um instrumento de tutela do direito objetivo.

É dizer, a sentença proferida no mandado de injunção possui natureza constitutiva, com efeitos restritos às partes envoltas na relação jurídica processual, para proporcionar o exercício de um direito constitucional inviabilizado por ausência de norma regulamentadora. Já a sentença prolatada na ação direta tem natureza declaratória e eficácia *erga omnes*, servindo como mera notificação para que o órgão competente adote as providências necessárias para conferir plena efetividade às normas constitucionais e suprir, em definitivo, uma lacuna presente na ordem jurídica.

Ademais, enquanto o rol de legitimados para propor a ação direta de inconstitucionalidade por omissão está previsto nos incisos do art. 103 da Constituição Federal, no mandado de injunção qualquer pessoa prejudicada no exercício de direito, liberdade ou prerrogativa constitucional, em face da inexistência de norma regulamentadora, é parte legítima para impetrá-lo.

Doutro vértice, a Constituição da República centra no Supremo Tribunal Federal a competência para processar e julgar, originariamente, a ação direta de inconstitucionalidade por omissão. Ao contrário, a competência para conhecer da ação injuncional é difusa, concentrando-se no Supremo Tribunal Federal ou no Superior Tribunal de Justiça apenas quando a edição da norma regulamentadora competir às autoridades declinadas nos arts. 102, I, *q*, e 105, I, *h*, do texto magno.

Outra diferença reside no aspecto temporal. Enquanto a ação direta é útil para obter a declaração de inconstitucionalidade da omissão legislativa, o que implica o reconhecimento do transcurso de prazo intolerável sem a regulamentação constitucionalmente exigida, o mandado de injunção pode ser concedido sem a satisfação do referido pressuposto, pois também configura instrumento de proteção dos direitos fundamentais contra as chamadas lacunas técnicas, as quais vão se deslocando com o passar dos anos para o eixo da omissão inconstitucional.

Finalmente, cabe destacar que a ação direta de inconstitucionalidade por omissão busca emprestar eficácia plena a toda e qualquer norma constitucional, seja qual for a matéria versada, enquanto o mandado de injunção possui um horizonte de aplicação mais restrito, posto relacionar-se ao exercício de direitos e de liberdades constitucionais e de prerrogativas atinentes à soberania, à cidadania e à nacionalidade.

O Estado brasileiro é uma democracia semidireta, pois, conforme proclama o parágrafo único do art. 1º do texto magno, "todo poder emana do povo, que o exerce por meio de representantes eleitos ou diretamente, nos termos desta Constituição". Logo, ao lado da representação eletiva, o constituinte adiciona as técnicas de participação direta elencadas no inciso LXXIII do art. 5º (ação popular) e nos incisos I a III do art. 14 (plebiscito, referendo e iniciativa popular), todos da Constituição de 1988.

Em geral, a omissão inconstitucional prende-se à regulamentação de normas que abrigam prestações socioeconômicas devidas pelo Estado, tornando-se fundamental abrir um canal de participação popular direta no processo de elaboração de leis contrárias aos interesses de governo.

Seguindo uma tendência globalizada, o § 2º do art. 61 da Constituição Federal conferiu poderes expressos para os cidadãos apresentarem projetos legislativos sobre matérias de seu interesse. Todavia, em face das rigorosas exigências estabelecidas pelo constituinte originário, no Brasil a iniciativa legislativa popular nunca teve larga aplicação.

Por isso, advoga-se a aprovação de emenda constitucional tendente a flexibilizar o número de assinaturas exigidas para dar vazão a um projeto de lei de iniciativa popular, bem como para assinalar prazo improrrogável para sua apreciação, sob pena de se trancar a pauta de deliberações da casa legislativa até que se ultime a votação, posto não ser admissível que projetos de suma importância aguardem a movimentação de estruturas burocráticas em espera indefinida.

De igual modo, em caso de omissão de lei de iniciativa reservada que impeça a fruição de direitos fundamentais, conviria demarcar prazo para o seu exercício, findo o qual a competência para deflagrar o processo de elaboração normativa, originalmente centrada em mãos únicas, reverter-se-ia em prol de outros órgãos estatais e dos cidadãos comuns, principais destinatários das normas constitucionais.

Mas as medidas pleiteadas não têm o condão de evitar a ocorrência de danos materiais e morais causados pela inércia dos órgãos legislativos, em virtude dos quais o Estado deve ser responsabilizado.

Sabe-se, todavia, que a responsabilidade estatal na seara legislativa ainda hoje encontra resistências, baseadas especialmente no dogma da soberania parlamentar. Além disso, pendem dúvidas quanto aos fundamentos que ensejam a responsabilidade estatal, aos requisitos necessários à sua configuração e à possibilidade ou não de o Estado exercer o direito de regresso perante os parlamentares.

Ao que parece, a igualdade atua como fator preponderante para ressarcir a vítima dos danos advindos da atuação parlamentar lícita, enquanto a inconstitucionalidade da ação ou da omissão legislativa traduz o fundamento para a responsabilização estatal diante de comportamentos ilícitos.

Caracterizada a inconstitucionalidade comissiva ou omissiva e a imposição particularizada de cargas públicas, os danos morais ou materiais decorrentes de ações e omissões legislativas reclamarão indenização, contanto que as medidas legais não colimem obstar o exercício abusivo de prerrogativas individuais ou proteger a saúde, a segurança e a moral públicas e, no tocante à omissão legislativa, desde que a inércia não esteja associada ao exercício de uma competência constitucional facultativa.

O caráter geral, abstrato e impessoal da lei não constitui óbice à responsabilização do ente público, visto que sua aplicação pode operar-se de forma particularizada, causando danos individuais. Ademais, hoje em dia, atos com nítidos efeitos concretos estão rotulados como "lei", donde ser plenamente aceitável a admissão do pleito indenizatório na seara legislativa.

Uma vez demonstrada a inconstitucionalidade positiva ou negativa, o interessado não precisa aguardar seu prévio pronunciamento pelo Supremo Tribunal Federal, sendo-lhe permitido ajuizar, imediata e diretamente, ação indenizatória para se ressarcir dos prejuízos experimentados.

O direito de regresso do Estado contra os parlamentares enfrenta severos obstáculos. Sendo constitucionalmente invioláveis por seus votos e opiniões, estes agentes políticos não respondem regressivamente. Acresça-se ainda o fato de que a lei é um ato complexo e provém de um órgão colegiado, o que dificulta sobremaneira a delimitação da cota de participação individual e de responsabilidade de cada membro das casas legislativas.

Entretanto, tal regra é excetuada quando o agente político, no desempenho do múnus legislativo, incorrer em improbidade administrativa.

De todo o exposto, conclui-se que no Brasil de hoje a Constituição dirigente continua a ser o único instrumento capaz de limitar o exercício abusivo da discricionariedade governamental e de resgatar as promessas encampadas pelo Estado Social. Sua sorte, porém, está atrelada à maior democratização hermenêutica e à abertura da jurisdição constitucional aos valores que informam o sistema jurídico e, em especial, ao princípio da efetividade.

Causas multifatoriais continuam a impedir que a mera pretensão de eficácia do texto constitucional se converta em verdadeira eficácia operativa. Talvez a principal delas resida na tendência arraigada na cultura jurídica nacional de negar o caráter imperativo das normas constitucionais programáticas e dos novos direitos sociais, econômicos e culturais.

Daí por que a resposta mais eficaz a tal sorte de preconceito só pode emanar de um novo enfoque hermenêutico-concretizante. É dizer, os operadores do direito, e em especial os juízes, devem reconstruir as bases do pensamento jurídico nacional sob o norte da legitimação das aspirações sociais, em ordem a incentivar o exercício de uma jurisdição emancipatória e criativa, mas sobretudo responsável, comprometendo-se até a raiz com a dignidade do ser humano.

Referências

ALÁRCON, Pietro de Jesús Lora. *Patrimônio genético humano e sua proteção na Constituição Federal de 1988*. São Paulo: Método, 2004.

ALCÂNTARA, Maria Emília Mendes. *Responsabilidade do Estado por atos legislativos e jurisdicionais*. São Paulo: Revista dos Tribunais, 1988.

ALEXY, Robert. *Teoría de los derechos fundamentales*. Trad. Ernesto Gárzon Valdez. Madrid: Centro de Estudios Constitucionales, 1997.

ANDRADE, José Carlos Vieira de. *Os direitos fundamentais na Constituição portuguesa de 1976*. 2. ed. Coimbra: Almedina, 2001.

ARAUJO, Luiz Alberto David. *A proteção constitucional das pessoas portadoras de deficiência*. Tese de doutorado publicada pela Coordenadoria Nacional para Integração da Pessoa Portadora de Deficiência (Corde), Brasília, 1994.

ARAUJO, Luiz Alberto David; NUNES JÚNIOR, Vidal Serrano. *Curso de direito constitucional*. 7. ed. São Paulo: Saraiva, 2003.

ARISTÓTELES. *Ética a Nicômaco*. Trad. Mário da Gama Kury. 2. ed. Brasília: UnB, 1985.

BARACHO, José Alfredo de Oliveira. *Processo constitucional*. Rio de Janeiro: Forense Universitária, 1985.

BARBI. Celso Agrícola. Mandado de Injunção. *RT*, 637/9.

BARBOSA, Rui. *Comentários à Constituição Federal brasileira*. 11. ed. São Paulo: Saraiva, 1933.

BARROS, Suzana de Toledo. *O princípio da proporcionalidade e o controle de constitucionalidade das leis restritivas de direitos fundamentais*. 2. ed. Brasília: Brasília Jurídica, 2000.

BARROSO, Luís Roberto. *Interpretação e aplicação da Constituição*. 5. ed. São Paulo: Saraiva, 2003.

———. *O direito constitucional e a efetividade de suas normas*. 7. ed. Rio de Janeiro: Renovar, 2003.

BASTOS, Celso Ribeiro. *Curso de direito constitucional*. São Paulo: Celso Bastos Editor, 2002.

———. *Hermenêutica e interpretação constitucional*. 3. ed. São Paulo: Celso Bastos Editor, 2002.

BASTOS, Celso Ribeiro; BRITO, Carlos Ayres. *Interpretação e aplicabilidade das normas constitucionais*. São Paulo: Saraiva 1982.

BASTOS, Celso Ribeiro; MARTINS, Ives Gandra. *Comentários à Constituição do Brasil*. São Paulo: Saraiva, 1997. v. 4, t. 3.

BERMUDES, Sérgio. O mandado de injunção. *RT*, n. 642.

BIELSA, Rafael. *Derecho administrativo*. 6. ed. Buenos Aires: La Ley, 1966.

BINENBOJM, Gustavo. *A nova jurisdição constitucional brasileira:* legitimidade democrática e instrumentos de realização. 2. ed. Rio de Janeiro: Renovar, 2004.

BITTENCOURT, Carlos Alberto Lúcio. *Controle jurisdicional da constitucionalidade das leis*. Rio de Janeiro: Forense, 1968.

BOBBIO, Norberto. *A era dos direitos*. Trad. Carlos Nelson Coutinho. 19. tir. Rio de Janeiro: Campus, 2004.

———. *Teoria do ordenamento jurídico*. Trad. Cláudio de Cicco e Maria Celeste C. J. Santos. São Paulo: Polis e UnB, 1989.

———. *Teoria da norma jurídica*. 2. ed. São Paulo: Edipro, 2003.

BONAVIDES, Paulo. *Curso de direito constitucional*. 14. ed. São Paulo: Malheiros, 2004.

———. *Do Estado liberal ao Estado social*. 7. ed. São Paulo: Malheiros, 2004.

———. A salvaguarda da democracia constitucional. In: *Constituição e democracia*. Antônio G. Moreira Maués (org.). São Paulo: Max Limonad, 2001.

BRASIL. Constituição da República Federativa do Brasil. Brasília, DF: Senado Federal/Centro Gráfico, 1988.

BRASIL. Lei n. 8.429, de 2 de junho de 1992. Dispõe sobre as sanções aplicáveis aos agentes públicos nos casos de enriquecimento ilícito no exercício de mandato, cargo, emprego ou função na administração direta, indireta ou fundacional e dá outras providências. *Diário Oficial* [da República Federativa do Brasil], Brasília, 3 de junho de 1992.

BRASIL. Lei n. 9.868, de 10 de novembro de 1999. Dispõe sobre o processo e julgamento da ação direta de inconstitucionalidade e da ação declaratória de constitucionalidade perante o Supremo Tribunal Federal. *Diário Oficial* [da República Federativa do Brasil], Brasília, 11 de novembro de 1999.

CAHALI, Yussef Said. *Responsabilidade civil do Estado*. 2. ed. São Paulo: Malheiros, 1995.

CANOTILHO, José Joaquim Gomes. *Direito constitucional e teoria da Constituição*. 3. ed. Coimbra: Almedina, 1998.

———. *Constituição dirigente e vinculação do legislador*: contributo para a compreensão das normas constitucionais programáticas. Coimbra: Coimbra Ed., 1982.

———. Tomemos a sério o silêncio dos poderes públicos — O direito à emanação de normas jurídicas e a proteção judicial contra as omissões normativas. *As garantias do cidadão na justiça*. São Paulo: Saraiva, 1993.

———. Rever ou romper com a Constituição dirigente? Defesa de um constitucionalismo moralmente reflexivo. *Cadernos de Direito Constitucional e Ciência Política*, São Paulo: Revista dos Tribunais, n. 15, abr./jun. 1996.

———. *O problema da responsabilidade do Estado por actos lícitos*. Coimbra: Almedina, 1974.

CAVALCANTI, Amaro. *Responsabilidade civil do Estado*. Rio de Janeiro: Borsoi, 1956.

CLÈVE, Clèmerson Merlin. *A fiscalização abstrata da constitucionalidade no direito brasileiro*. 2. ed. São Paulo: Revista dos Tribunais, 2000.

COUTINHO, Jacinto Nelson de Miranda (org.). *Canotilho e a Constituição dirigente*. Rio de Janeiro: Renovar, 2003.

CUNHA JÚNIOR, Dirley da. *Controle judicial das omissões do Poder Público*. São Paulo: Saraiva, 2004.

CURY, Maria Cecília Paiva. *O mandado de injunção como instrumento de controle da omissão parcial:* a busca pela maior efetividade das normas constitucionais. Dissertação de mestrado submetida à Pontifícia Universidade Católica de São Paulo, 2005.

DIAS, José Aguiar. *A responsabilidade civil*. Rio de Janeiro: Forense, 1983. v. 1 e 2.

———. *Responsabilidade civil em debate*. Rio de Janeiro: Forense, 1983.

DINIZ, Maria Helena. *As lacunas do direito*. São Paulo: Saraiva, 1989.

———. *Norma constitucional e seus efeitos*. São Paulo: Saraiva, 2003.

———. *As lacunas no direito*. 5. ed. São Paulo: Saraiva, 1999.

DINIZ, Rivanildo Pereira. *A responsabilidade do Estado na inconstitucionalidade por omissão*. Tese de doutorado apresentada na Pontifícia Universidade Católica de São Paulo, 2004.

DÓRIA, A. de Sampaio. *Curso de direito constitucional*. 2. ed. São Paulo: Ed. Nacional, 1946. v. 1.

ENTERRÍA, Eduardo García de. *La Constitución como norma y el Tribunal Constitucional*. 3. ed. Madrid: Civitas, 1983.

FERRARI, Regina Maria Macedo Nery. *Normas constitucionais programáticas*. São Paulo: Revista dos Tribunais, 2001.

———. *Efeitos da declaração de inconstitucionalidade.* 5. ed. São Paulo: Revista dos Tribunais, 2004.

FERRAZ, Anna Cândida da Cunha. Inconstitucionalidade por omissão: uma proposta para a constituinte. *Revista de Informação Legislativa,* Brasília, n. 89, jan./mar. 1986.

———. *Processos informais de mudança da Constituição.* São Paulo: Max Limonad, 1986.

FERRAZ JÚNIOR, Tércio Sampaio. *Constituinte*: assembleia, processo, poder. 2. ed. São Paulo: Revista dos Tribunais, 1986.

———. *Interpretação e estudos da Constituição de 1988.* São Paulo: Atlas, 1990.

———. *Constituição de 1988:* legitimidade, vigência e eficácia, supremacia. São Paulo: Atlas, 1989.

———. *Introdução ao estudo do direito.* 2. ed. São Paulo: Atlas, 1994.

FERREIRA, Aurélio Buarque de Holanda. *Novo Aurélio Século XXI*: o dicionário da língua portuguesa. 3. ed. Rio de Janeiro: Nova Fronteira, 1999.

FERREIRA FILHO, Manoel Gonçalves. *Curso de direito constitucional.* 30. ed. São Paulo: Saraiva, 2003.

———. *Do processo legislativo.* 5. ed. São Paulo: Saraiva, 2002.

FUX, Luiz. *Curso de direito processual civil.* 2. ed. Rio de Janeiro: Forense, 2004.

GARCIA, Maria. Os efeitos do mandado de injunção e o princípio da separação de poderes. *Cadernos de Direito Constitucional e Ciência Política,* São Paulo: Revista dos Tribunais, v. 3, p. 80-84, abr./jun. 1993.

———. *Desobediência civil.* Direito fundamental. 2. ed. São Paulo: Revista dos Tribunais, 2004.

GASPARINI, Diogenes. *Direito administrativo.* 8. ed. São Paulo: Saraiva, 2003; 9. ed. 2005.

GRAU, Eros Roberto. A Constituição brasileira e as normas programáticas. *Revista de Direito Constitucional e Ciência Política,* Rio de Janeiro, Forense, n. 4.

GORDILLO, Augustin. *Princípios gerais de direito público.* São Paulo: Revista dos Tribunais, 1977.

HÄBERLE, Peter. *Hermenêutica constitucional.* A sociedade aberta dos intérpretes da Constituição: contribuição para a interpretação pluralista e procedimental da Constituição. Trad. Gilmar Ferreira Mendes. Porto Alegre: Fabris, 1997.

HELLER, Hermann. *Teoria do Estado.* Trad. Lycurgo Gomes da Motta. São Paulo: Mestre Jou, 1968.

HESSE, Konrad. *A força normativa da Constituição.* Trad. Gilmar Ferreira Mendes. Porto Alegre: Fabris, 1991.

HOBBES, Thomas. *Leviathan*. São Paulo: Martin Claret, 2002.

IHERING, Rudolf von. *A luta pelo direito*. Trad. Pietro Nasseti. São Paulo: Martin Claret, 1998.

JUSTEN FILHO, Marçal. Eficácia das normas constitucionais. *Revista do IAP*, 5/38-71.

KELSEN, Hans. *Teoria pura do direito*. Trad. João Baptista Machado. São Paulo: Martins Fontes, 1987.

KRELL, Andreas Joachim. *Direitos sociais e controle judicial no Brasil e na Alemanha:* os (des)caminhos de um direito constitucional "comparado". Porto Alegre: Fabris, 2002.

LASSALLE, Ferdinand. *A essência da Constituição*. 6. ed. Rio de Janeiro: Lumen Juris, 2001.

LESSA, Pedro. *Do Poder Judiciário*. Rio de Janeiro: Francisco Alves, 1915.

LOEWENSTEIN, Karl. *Teoría de la Constitución*. Trad. Alfredo Gallego Anabitarte. Barcelona: Ariel, 1986.

LUÑO, Antonio Enrique Pérez. *Los derechos fundamentales*. 3. ed. Madrid: Tecnos, 1988.

MACHADO, Carlos Augusto Alcântara. *Mandado de injunção, um instrumento de efetividade da Constituição*. São Paulo: Atlas, 1999.

MACIEL, Adhemar Ferreira. Mandado de injunção e inconstitucionalidade por omissão. *Revista de Informação Legislativa*, Brasília, n. 101, jan./mar. 1989.

MARINONI, Luiz Guilherme. *Novas linhas do processo civil*. São Paulo: Revista dos Tribunais, 1993.

MEDEIROS, Rui. *Ensaio sobre a responsabilidade civil do Estado por actos legislativos*. Coimbra: Almedina, 1992.

MEIRELLES, Hely Lopes. *Direito administrativo brasileiro*. 26. ed. São Paulo: Malheiros, 2000.

———. *Mandado de segurança*. 22. ed. São Paulo: Malheiros, 2000.

MELLO, Celso Antônio Bandeira de. *Curso de direito administrativo*. 13. ed. São Paulo: Malheiros, 2001.

———. *Conteúdo jurídico do princípio da igualdade*. São Paulo: Malheiros, 2000.

———. *Elementos de direito administrativo*. São Paulo: Revista dos Tribunais, 1991.

MELLO, Oswaldo Aranha Bandeira de. *Princípios gerais de direito administrativo*. Rio de Janeiro: Forense, 1974.

MELLO FILHO, José Celso de. *Constituição Federal anotada*. 2. ed. São Paulo: Saraiva, 1986.

MENDES, Gilmar Ferreira. *Jurisdição constitucional.* 3. ed. São Paulo: Saraiva, 1999.

———. *Jurisdição constitucional.* 4. ed. São Paulo: Saraiva, 2004.

———. *Direitos fundamentais e controle de constitucionalidade.* São Paulo: Celso Bastos Editor, 1998.

———. *Direitos fundamentais e controle de constitucionalidade.* 4. ed. São Paulo: Saraiva, 2004.

———. *Controle de constitucionalidade*: aspectos jurídicos e políticos. São Paulo: Saraiva, 1990.

MENDES, Gilmar Ferreira; MARTINS, Ives Gandra da Silva. *Controle concentrado de constitucionalidade.* São Paulo: Saraiva, 2001.

———. *Tratado de direito privado*: parte geral. Rio de Janeiro: Borsoi, 1954, t. 4.

MIRANDA, Jorge. *Manual de direito constitucional.* Coimbra: Coimbra Ed., 1991. t. 2.

———. *Manual de direito constitucional.* Coimbra: Coimbra Ed., 1988. t. 4.

———. *Manual de direito constitucional.* Coimbra: Coimbra Ed., 2001. t. 6.

MODESTO, Paulo Eduardo Garrido. Inconstitucionalidade por omissão, categoria jurídica e ação constitucional específica. *Revista de Direito Público,* São Paulo, n. 99, p. 121, jul./set. 1991.

MORAES, Alexandre de. *Direito constitucional.* 15. ed. São Paulo: Atlas, 2004.

MORO, Sérgio Fernando. *Desenvolvimento e efetivação judicial das normas constitucionais.* São Paulo: Max Limonad, 2001.

———. *Jurisdição constitucional como democracia.* Tese de doutoramento apresentada na Universidade Federal do Paraná.

MOTA, Maurício Jorge Pereira da. *Responsabilidade do Estado Legislador.* Rio de Janeiro: Lumen Juris, 1999.

NOBRE JÚNIOR, Edilson Pereira. Responsabilidade civil do Estado por atos legislativos (revivescimento de uma antiga questão). *Revista de Direito Constitucional e Internacional,* São Paulo: Revista dos Tribunais, ano 11, n. 45, out./dez. 2003.

PIOVESAN, Flávia. *Proteção judicial contra omissões legislativas.* 2. ed. rev., atual. e ampl. São Paulo: Revista dos Tribunais, 2003.

———. *Temas de direitos humanos.* 2. ed. rev., ampl. e atual. São Paulo: Max Limonad, 2003.

———. *Direitos humanos e o direito constitucional internacional.* 5. ed. rev., ampl. e atual. São Paulo: Max Limonad, 2002.

PONTES DE MIRANDA, F. C. *Comentários à Constituição de 1946*. 4. ed. São Paulo: Borsoi, 1963.

———. *Tratado de direito privado*: parte geral. Rio de Janeiro: Borsoi, 1954, t. 4.

REALE, Miguel. *Lições preliminares de direito*. São Paulo: Bushatsky, 1973.

———. *Filosofia do direito*. São Paulo: Saraiva, 1965.

RIBEIRO, Maria Chantal da Cunha Machado. *Da responsabilidade do Estado pela violação do direito comunitário*. Coimbra: Almedina, 1995.

RIZZATTO NUNES, Luiz Antonio. *Manual da monografia*: como se faz uma monografia, uma dissertação, uma tese. 4. ed. São Paulo: Saraiva, 2002.

ROCHA, Cármen Lúcia Antunes. Observações sobre a responsabilidade patrimonial do Estado. *Revista de Informação Legislativa*, Brasília, v. 28, n. 111, p. 79-122, jul./set. 1991.

———. *Constituição e constitucionalidade*. Belo Horizonte: Ed. Lê, 1991.

RUSSOMANO, Rosah. Das normas constitucionais programáticas. In: Bonavides, Paulo et al. *As tendências atuais do direito público (Homenagem ao Prof. Afonso Arinos)*. Rio de Janeiro: Forense, 1976.

SARLET, Ingo Wolfgang. *A eficácia dos direitos fundamentais*. 3. ed. Porto Alegre: Livraria do Advogado, 2003.

SICHES, Luis Recaséns. *Nueva filosofía de la interpretación del derecho*. México: Porrúa, 1973.

SIDOU, J. M. Othon. *"Habeas corpus", mandado de segurança, mandado de injunção, "habeas data" e ação popular:* as garantias ativas dos direitos coletivos. 6. ed. Rio de Janeiro: Forense, 2002.

SILVA, José Afonso da. *Curso de direito constitucional positivo*. 23. ed. São Paulo: Malheiros, 2004.

———. *Aplicabilidade das normas constitucionais*. 6. ed., 2. tir. São Paulo: Malheiros, 2003.

———. *Mandado de injunção e "habeas data"*. São Paulo: Revista dos Tribunais, 1989.

SOIBELMAN, Leib. *Enciclopédia do advogado*. 5. ed. Rio de Janeiro: Thex, 1996.

SPINOZA, Baruch. *Ética*. Trad. Joaquim Ferreira Gomes. Rio de Janeiro: Abril Cultural, 1973 (Col. Os pensadores, v. 18).

STOCO, Rui. *Responsabilidade civil e sua interpretação juriprudencial*. 3. ed. São Paulo: Revista dos Tribunais, 1997.

STRECK, Lênio Luiz. *Jurisdição constitucional e hermenêutica*. Rio de Janeiro: Forense, 2004.

SUNDFELD, Carlos Ari. Mandado de injunção. *Revista de Direito Público*, n. 94.

TÁCITO, Caio. O desvio de poder no controle dos atos administrativos, legislativos e jurisdicionais. *Revista de Direito Administrativo*, n. 188, p. 1, 1992.

TAVARES, André Ramos. *Curso de direito constitucional*. São Paulo: Saraiva, 2002.

———. *Tribunal e jurisdição constitucional*. São Paulo: Celso Bastos Editor, 1998.

TEIXEIRA, J. H. Meirelles. *Curso de direito constitucional*. São Paulo: Forense Universitária, 1991.

TELLES JÚNIOR, Goffredo. *Direito quântico:* ensaio sobre o fundamento da ordem jurídica. 7. ed. São Paulo: Juarez de Oliveira, 2003.

TEMER, Michel. *Elementos de direito constitucional*. 16. ed. São Paulo: Malheiros, 2000.

TUCCI, Rogério Lauria; TUCCI, José Rogério Cruz e. *Constituição de 1988 e processo*. São Paulo: Saraiva, 1989.

VAZ, Manuel Afonso. *A responsabilidade civil do Estado:* considerações breves sobre o seu estatuto constitucional. Porto: Universitas Catholica Lusitana, 1995.

VELLOSO, Carlos Mário da Silva. Responsabilidade civil do Estado. *Revista de Informação Legislativa*, Brasília, ano 24, n. 96, p. 233-252, out./dez. 1987.

———. A nova feição do mandado de injunção. *Revista Trimestral de Direito Público*, v. 2, 1993.